# 高校辅导员
# 工作机制研究

程树武 ◎ 著

江西高校出版社
JIANGXI UNIVERSITIES AND COLLEGES PRESS

图书在版编目(CIP)数据

高校辅导员工作机制研究/程树武著. ——南昌：江西高校出版社,2020.4(2022.2重印)
ISBN 978-7-5493-9831-7

Ⅰ.①高… Ⅱ.①程… Ⅲ.①高等学校—辅导员—工作—研究 Ⅳ.①G645.1

中国版本图书馆 CIP 数据核字(2020)第 048496 号

| 出版发行 | 江西高校出版社 |
|---|---|
| 社　　址 | 江西省南昌市洪都北大道96号 |
| 总编室电话 | (0791)88504319 |
| 销售电话 | (0791)88522516 |
| 网　　址 | www.juacp.com |
| 印　　刷 | 天津画中画印刷有限公司 |
| 经　　销 | 全国新华书店 |
| 开　　本 | 700mm×1000mm　1/16 |
| 印　　张 | 16.75 |
| 字　　数 | 270千字 |
| 版　　次 | 2020年4月第1版<br>2022年2月第2次印刷 |
| 书　　号 | ISBN 978-7-5493-9831-7 |
| 定　　价 | 58.00元 |

赣版权登字-07-2020-256
版权所有　侵权必究

图书若有印装问题,请随时向本社印制部(0791-88513257)退换

# 前　言

　　大学要不要建立一支辅导员队伍？对于这个问题，现在的答案毫无疑问是肯定的，但曾经答案却是不同的。其实这并不是一个新的问题，自从20世纪50年代清华大学建立辅导员队伍起，这个问题就一直争论不休。可以这样讲，回顾半个多世纪的历程，辅导员队伍是在起起伏伏中建立起来的。

　　大学要建立一支什么样的辅导员队伍？《大学》指出，"大学之道，在明明德，在亲民，在止于至善"。大学之大，不在于大楼之大，而在于大师之大。大学是明德育人的场所，是大师著书立说的场地，肩负着培养人才、科学研究、社会服务、文化传承创新、国际交流合作五大职能，而人才培养是其第一职能，其他四大职能的完成均需以人才培养为依托。全国高校思想政治工作会议精神强调，高校思想政治工作关系高校培养什么样的人、如何培养人以及为谁培养人这三个根本问题；要坚持把立德树人作为中心环节，把思想政治工作贯穿教育教学全过程，实现全程育人、全方位育人，努力开创我国高等教育事业发展新局面。全国教育大会精神明确指出，在党的坚强领导下，全面贯彻党的教育方针，坚持马克思主义指导地位，坚持中国特色社会主义教育发展道路，坚持社会主义办学方向，立足基本国情，遵循教育规律，坚持改革创新，以凝聚人心、完善人格、开发人力、培育人才、造福人民为工作目标，培养德、智、体、美、劳全面发展的社会主义合格建设者和可靠接班人，加快推进教育现代化，建设教育强国，办好人民满意的教育。新时代对大学使命的定位、对高校人才培养的新指向、对高校思想政治工作的要求,对处于育人一线的辅导员提出了更高的要求。只有按照"政治强、业务精、纪律严、作风正"的要求,打造一支"专业化、职业化、专家化"的高素质辅导员队伍,才能更好地适应新形势的发展。

依据新时代高校落实立德树人的根本任务和做好思想政治教育工作的任务要求,辅导员要自我定位为开展大学生思想政治教育的骨干力量,成为高等学校学生日常思想政治教育和管理工作的组织者、实施者、指导者。辅导员应当努力成为学生成长成才的人生导师和健康生活的知心朋友。如何围绕这一定位,建立符合办学规律且行之有效的辅导员队伍工作机制?笔者认为,高等学校要坚持把立德树人作为中心环节,把辅导员队伍建设作为教师队伍和管理队伍建设的重要内容,整体规划、统筹安排,不断提高队伍的专业水平和职业能力,保证辅导员工作有条件、干事有平台、待遇有保障、发展有空间。高等学校要不断深入研究辅导员日常工作运转机制、考核机制、晋升机制等表现形式:一是体现新时代对高校,特别是对辅导员的工作要求;二是确保所建立的机制具有可操作性,以构建更加科学完善的辅导员工作机制,完成辅导员立德树人的根本任务,培养德、智、体、美、劳全面发展的社会主义建设者和接班人。

笔者在高校工作十余年,长期在学生管理岗位,特别是思想政治教育工作岗位从事学生管理工作,一是熟悉,更重要的是热爱这份工作,有做好高校思想政治教育工作强烈的使命感;二是从目前国内外的研究现状来看,辅导员工作机制的建立还存在一些不足。本书的创新点在于,紧密结合全国高校思想政治教育工作会议精神、全国教育大会精神、新时代全国本科教育大会精神,详细介绍辅导员工作机制的内容,围绕工作机制的建立这个中心点来进行。第一章阐述辅导员的工作方法论,从工作内容概述、具体的工作方法、工作方法的演变以及具体的实施和创新等角度来展开,说明辅导员的工作职责及其现状,以及辅导员在大学生教育以及管理等方面的重要性。第二、三、四章是对辅导员管理机制、考核机制、晋升机制的现状说明以及研究,论述了这三个方面的制度建设和对策建议,为辅导员热情投入教育工作提供必要的保障,加快推动高校辅导员工作机制的建立,这部分内容是辅导员工作机制建立的核心。第五章回到辅导员工作机制本身,回到辅导员自身,从辅导员的工作职责、自身素养以及国家政策、学校制度等方面来保障辅导员的发展空间,从而使辅导员更加坚定"立德树人"的信念,牢记育人的使命,加快推进教育现代化的进程。高校辅导员责任重大,他们的能力、专业素养、职业态度决定着高校思想政治工作的成败。因此,加强高校辅导员专业队伍建设,加大对辅导员在职培训的力度,提高辅导员的专业知识能力与实践的能力,符合新时代对高校思想政治工作的新要求。

  高校辅导员工作机制的建立任重而道远,需要致力于该领域研究的各位同人共同努力、共同推进该领域的建设。笔者将高校辅导员工作机制作为研究课题,一是为了对自己所从事的工作进行总结归纳,二是希冀抛砖引玉,引发学界的研究热情,从而推动该领域研究成果的丰富和发展。

# 目录

**第一章　高校辅导员工作方法论　/1**
　　第一节　高校辅导员工作概述　/1
　　第二节　高校辅导员工作方法简述　/26
　　第三节　高校辅导员教育工作方法的演变　/34
　　第四节　高校辅导员工作方法的实施与创新　/39

**第二章　高校辅导员教育管理精细化探析　/43**
　　第一节　高校大学生思想政治教育工作分析　/43
　　第二节　高校教育管理信息化对辅导员的助力　/53
　　第三节　高校辅导员队伍管理精细化办法研究　/87

**第三章　高校辅导员考核机制研究　/97**
　　第一节　绩效评价基本理论述要　/97
　　第二节　高校辅导员工作绩效评价的方法与技术　/109
　　第三节　高校辅导员工作绩效评价结果的反馈与应用　/124
　　第四节　高校辅导员工作绩效评价长效机制建设　/135

**第四章　高校辅导员晋升机制研究　/148**
　　第一节　高校辅导员职业发展研究　/148
　　第二节　高校辅导员晋升的现状　/152
　　第三节　高校辅导员晋升对策研究　/162
　　第四节　高校辅导员发展机制建议　/174

## 第五章　高校辅导员工作长效机制构建研究　/211

　　第一节　秉承传统,坚定辅育人的信念　/212

　　第二节　职责明晰,划清工作界域　/217

　　第三节　培养培训,提高工作水平　/227

　　第四节　制度保障,增大发展空间　/240

## 结束语　/256

## 参考文献　/260

# 第一章 高校辅导员工作方法论

伴随着经济全球化的不断深入和社会主义市场经济的不断发展,我国正经历广泛而深刻的变革,大学生正面临多元思想文化、价值观念的冲击,这给大学生思想政治教育工作带来了许多新的挑战。开展辅导员工作研究是加强和改进大学生思想政治教育的有效手段。认真研究构建高校辅导员工作方法体系,为高校一线辅导员的日常工作提供科学有效的指导,是思想政治教育领域一个崭新而重大的课题。以此为背景,本章节分析和阐释了高校辅导员工作方法体系构建的时代背景、理论依据、基本原则,尝试构建高校辅导员工作的方法和体系,丰富了高校辅导员工作的理论和实践。

## 第一节 高校辅导员工作概述

辅导员制度自产生以来,历经中华人民共和国成立初期的发展、"文化大革命"期间的冲击、改革开放时期的恢复和调整、20世纪90年代的发展和改善后,逐渐趋于完善。随着时代的发展、高等教育的变革,辅导员的角色定位和岗位职责也随之改变,素质要求更加具体全面,辅导员制度逐步系统化、科学化。

### 一、辅导员的产生与发展

1952年,国家提出要在高校设立政治辅导员;1953年,清华大学、北京大学(尤其是清华大学蒋南翔校长)向当时的教育部提出试点请求,此后,不少高校建立了辅导员制度,主要做政治工作,是学生的"政治领路人";1961年,庐山会议出台专门的文件,提出在各高校设立专职辅导员,并得到实施;二十世纪六七十年代,思想政治工作声誉遭到破坏;改革开放以来,党和政府出台了一系列政策措施加强高校辅导员队伍建设,大致可以划分为恢复建设(1978—1983年)、提高发展(1984—2004年)、专业化与职业化建设(2005年至今)三个阶段。

第一阶段恢复了政治辅导员制度,重新确定了政治辅导员的角色地位、选拔条件、职责要求、应享受的政治与物质待遇。因原先的思想政治工作人才(包括辅导员)大部分转岗,于是,由专业教师兼任政治辅导员。辅导员工作不再停留在政治工作上,逐步向思想政治教育转变。

第二阶段通过设置思想政治教育专业,加强正规化培训,制定评聘教师职务的政策,使辅导员队伍的整体素质得到较大程度的提高。

在第三阶段,随着改革开放的深入,高校出现了很多新情况,比如帮困工作、心理辅导、职业辅导等成为辅导员工作的一部分。进入21世纪,党和国家越发重视思想政治教育工作,2000年、2004年分别出台文件促进大学生思想政治教育工作。尤其是2004年16号文件《关于进一步加强和改进大学生思想政治教育的意见》,以及教育部令24号文件《普通高等学校辅导员队伍建设规定》,拓展了辅导员的职能,将"帮助学生解决实际问题"作为一项职能写进了文件(包括帮困、心理、就业、生涯规划、人际关系等),并从很多方面为辅导员的出路和保障做出了努力,进一步完善了辅导员队伍的选聘机制、管理机制、培养机制和发展机制,辅导员队伍建设呈现出系统规划、整体推进、理论与实践相互促进、蓬勃发展的崭新局面。

## 二、全校辅导员制度的产生及发展

### (一)高校辅导员制度的产生

中国共产党非常重视思想政治教育尤其是高等教育战线的思想政治教育工作,辅导员制度是中国共产党在教育战线尤其是高等教育领域开展思想政治教育工作的重要载体。这一制度借鉴了苏联的有关经验,是在革命战争时期优良传统的基础上产生的。

辅导员制度起源于革命战争时期。在中央苏区红军学校的基础上,中国共产党于1931年在江西瑞金成立了中国工农红军学校,学员是来自红军营、团级以上的军事和政治干部,1933年扩建为红军大学,1934年随中央红军长征,改称干部团。红军长征到达陕北后,中国工农红军大学恢复创建于陕西省延安市子长县瓦窑堡镇,后为配合党的抗日民族统一战线政策,改称中国人民抗日军事政治大学,简称"抗大",分三科来培养党的干部。除了培训红军干部,抗大还招收从外地来延安的知识青年。学校的政治部负责学生的政治教育,在各大队设有政治委员,各支队设有政治协理员,各中队设有政治指导员。政治指导员负责基层中队学员的思想、学习、健康和生活等工作,辅助学校开展教育教学工作。政治指导员制度团结了力量,凝聚了人心,鼓舞了士气,增强了军队的战斗力,为培养优秀的军事政治干部做出了杰出的贡献,是我国高校政治辅导员制度的萌芽。

中华人民共和国成立初期,政府更加重视高校的思想政治工作,在政策层面确立了政治辅导员制度。中华人民共和国成立后不久,政府即提出"教育工作要为政治服务""高等教育要为经济建设服务"等方针。为贯彻落实上述方针,1951年10月,教育部向东北、华北、西北、西南、中南、华东行政区和内蒙古自治区发出《关于加强对学校政治思想教育的领导》的文件,要求对各级各类学校加强思想政治工作。作为教育领域的关键环节,高等教育的思想政治工作更是重中之重,教育部于1952年10月下发《关于在高等学校有重点地试行政治工作制度的指示》,要求在高等学校设立政治工作机构"政治辅导处",配备若干名辅导员,以指导学校教职工的政治理论学习和学生的社会活动,掌握教职工和学生的思想政治状况,管理他们的历史、政治材料,主持毕业生的鉴定和分配工作。此时的政治辅导员的主要职责是协助党团组织开展思想政治工作,还附有一定的教育职能,这标志着我国高校政治辅导员制度在政策上的确立,这与国家的政权建设基本同步。

清华大学率先设立了政治辅导员制度。1953年4月,清华大学校长蒋南翔提出在学校设立政治辅导员,选拔思想政治觉悟高、业务素质好的高年级学生和青年教师,"半脱产"地从事思想政治工作。《关于在高等学校有重点地试行政治工作制度的指示》在高等学校的逐步落实,加强了学校的思想政治工作,高等学校政治辅导员队伍的地位和作用逐渐明确。政治辅导员制度的实施,为高校建设了一支相对稳定的力量,使高校思想政治工作明显加强,锻炼和培养了一大批优秀的人才。政治辅导员制度,是我国高校现行的辅导员工作制度的开端。这一时期,高等学校逐步形成了党委领导,团组织指导,政治辅导员为主体,工会、学生会积极配合的思想政治工作格局。

这一时期,政治辅导员制度紧密围绕党和国家的中心任务开展思想政治工作。作为高校思想政治工作的基层队伍,政治辅导员积极组织师生参加土地改革,进行反封建教育;开展"抗美援朝"政治教育,开展廉洁教育;组织师生投入社会主义改造运动;学习毛泽东同志的报告,提高学生对社会主义改造必要性、重要性的认识,使学生认清中国从新民主主义走向社会主义的道路。他们在高校思想政治工作中充分发挥了组织、协调和宣传的作用。中共中央、国务院于1958年9月下发《关于教育工作的指示》,要求高等学校加强思想政治教育工作,尤其是要加强青年学生的思想政治工作,要求党员深入学生,以年级和班为阵地,做好思想政治工作。然而,在实际工作中,思想政治工作向"左"偏离,过分强调政治性,政治思想活动密度很高,干扰了教学秩序和学生的正常学习,一定程度上削弱了辅导员的威信和影响力。这一时期,很多政治辅导员是经过革命战争锻炼的同志,还有不少由党团干部兼任。在清华大学等一些高校,政治辅导员还由高年级的学生担任。随着高等学校党团组织、群众组织进一步的健全,政治辅导员队伍得到进一步的充实,工作格局得到了改善。1961年9月,中共中央批准试行《教育部直属高等学校暂行工作条例(草案)》,确立了"调整、巩固、充实、提高"的八字方针,进一步加强和改进思想政治教育的内容和方法。"在一、二年级设政治辅导员或者班主任,从专职的党政干部、政治理论课教师和其他青年教师中挑选有一定政治工作经验的人担任。同时,要逐步培养和配备一批专职的政治辅导员。"这是第一次正式提出要在高等学校设置专职政治辅导员。在1961—1962年的高校思想政治教育中,政治辅导员充分发挥党、团组织的引领作用和党员的模范带头作用,在学生中开展忆苦思甜的革命传统教育,开展"向雷锋同志学习"的教育活动,带动学生努力读书。政治辅导员深入学生当中,与学生同吃、同住、同学习、同劳动,培养了很多优秀的学生骨干和一大批社会主义人才。政治辅导员们以身作则,吃苦在前,享乐在后,对保证思想政治教育工作收到预期的效果起了十分重要的作用。多数学生党、团组织在这些活动中成了名副其实的战斗堡垒。

1962年以后,受国内政治局势的影响,政治辅导员制度开始受到冲击。在教育要改革、学校要加强政治工作的导向的影响下,阶级斗争教育和反对修正主义教育成为高校思想政治教育的主题。1964年6月,高等教育部党组改为党委制,高等教育部和直属高等学校设立政治部,高等学校政治部成为校党委的工作机构。北京大学和清华大学作为试点学校,要求2—3年内配齐班级的专职政治工作干部,编制为平均每100个学生至少配备一人,从高等学校毕业生中选留。这一时期,政治辅导员在组织高等学校师生参加农村社会主义教育运动中发挥了重要的影响。到1965年底,全国有395所高等学校的师生22万余人参加了社会主义教育运动,而当时全国共有高校434所,在校人数也只有674436名。

20世纪70年代,高等学校思想政治工作受到严重的冲击,组织、派系争夺高校领导权，高等学校思想政治教育管理体制被冲垮，工作机构和队伍几乎瘫痪。"四人帮"炮制"两个估计"，全盘否定中华人民共和国成立17年来的教育工作，否定了党对学生思想政治教育的领导、党在思想政治工作方面的经验和传统，"四人帮"诬蔑高校政治工作人员是"修正主义教育路线的卫道士"，否定思想政治工作的原则和方法。政治辅导员制度遭到否定，高校许多政治辅导员的身心受到严重的摧残，高校思想政治工作陷入瘫痪，高校长期处于无领导、无组织的混乱状态，政治辅导员制度名存实亡。

**（二）高校辅导员制度的发展**

改革开放后，政治辅导员制度得以恢复和发展。1978年4月至6月，全国教育大会召开，会议注重整顿和恢复高等教育，加强和改进高等学校的思想政治工作、政治辅导员队伍建设，决定"在一、二年级设政治辅导员或班主任"，从专职的党政干部、政治理论课教师和其他青年教师中挑选有一定政治工作经验的同志担任辅导员，兼顾业务学习和学生的思想政治工作，以提高思想政治工作的思想性和有效性。至此，高校政治辅导员制度得到恢复。党的十一届三中全会召开后，高校思想政治工作得到进一步加强和改进，政治辅导员制度也得到进一步发展。1980年4月，教育部、团中央联合下发《关于加强高等学校思想政治工作的意见》，明确指出："各校要根据具体情况建立政治辅导员制度或班主任制度。"政治辅导员"既要做思想政治工作，又要坚持业务学习，有的还要担负一部分教学任务"，要求高校重视政治辅导员队伍的建设和发展，学校领导要从政治上和业务上关心他们的成长，帮助他们落实政治学习和业务进修计划。1981年7月出台的《高等学校学生思想政治工作暂行规定》对高校学生思想政治工作做出了明确的规划，选拔政治觉悟高、作风好，具有一定思想理论水平、政治工作能力的具有大学文化程度的干部、教师和高年级学生从事学生思想政治工作，尽快建立一支又红又专、专职与兼职相结合的队伍；同时还对政治辅导员职称评定和福利待遇做出了相应的规定。此后，各高校越来越重视专职政治辅导员队伍的建设，逐步建立了专职政治辅导员制度和兼职班主任制度，逐渐形成了一支专兼结合的思想政治工作队伍。这一时期，政治辅导员积极组织学生开展"学雷锋，树新风"和"五讲四美"活动，学习四项基本原则，批判资产阶级自由化思潮，有力地推动了高校思想政治工作的顺利开展。

辅导员制度在时代的变迁中不断得以调整和改善。随着改革开放的深入，高校思想政治工作面临许多新问题,思想政治工作队伍存在数量不足、思想不稳、后继乏人等问题,思想政治工作理念和业务不适应形势发展的需要。为适应形势,教育部开始在部分高校设立思想政治教育专业,培养思想政治工作专门人才,为思想政治工作奠定了专业队伍基础。1984年,南开大学、清华大学等部分高校的思想政治教育专业开始招生,该专业毕业生成为高校思想政治工作队伍的重要来源。各高校在加强和改进专职政治辅导员队伍建设的同时,配备兼职的班主任,部分学校实施导师制,一些学校逐步成立了少数专职、多数兼职,专兼结合的思想政治工作队伍。1987年5月,中共中央颁发《关于加强和改进高等学校思想政治工作的决定》,要求高校建设一支坚强的思想政治工作队伍,实行思想政治工作责任制,明确规定"从事学生思想政治教育的专职人员,是教师队伍的组成部分,应列入教师编制,实行教师聘任制",辅导员的教师身份得到进一步的明确。此后,各高校将学生思想政治工作干部列入教师编制,稳定了思想政治工作队伍,促进了思想政治工作的开展。

20世纪90年代以来,辅导员制度建设进入新的阶段,得以不断充实和完善。1995年,国家教委(1998年更名为教育部)颁布的《中国普通高等学校德育大纲》中再次赋予辅导员以"德育专职教师"的身份,并将德育专职人员确立为教师队伍的重要组成部分。2000年7月,教育部颁布《关于进一步加强高等学校学生思想政治工作队伍建设的若干意见》,将辅导员定性为"学生思想政治工作的组织者和指导者,是高等学校教师和管理队伍的重要组成部分",规定专职学生辅导员的任期一般为4—5年,原则上可按1∶120—1∶150的比例配备专职学生思想政治工作人员。2005年,教育部又出台《关于进一步加强和改进师德建设的意见》和《关于加强高等学校辅导员、班主任队伍建设的意见》,明确规定,辅导员是高等学校教师队伍的重要组成部分,是高等学校从事德育工作、开展大学生思想政治教育的骨干力量,是大学生健康成长的指导者和引路人。专职辅导员总体上按1∶200的比例配备,保证每个院系的每个年级都有一定数量的专职辅导员,要统筹规划专职辅导员的发展,鼓励和支持一批骨干攻读相关学位、进修相关业务,长期从事辅导员工作,向职业化、专家化方向发展。2006年9月,教育部颁布实施《普通高等学校辅导员队伍建设规定》,重申了辅导员具有教师和干部的双重身份,将辅导员的性质进一步定位为"大学生日常思想政治教育和管理工作的组织者、实施者和指导者,辅导员应当努力成为大学生的人生导师和健康成长的知心朋友"，并以文件的形式明确了高校辅导员的工作职责。国家这一系列环环相扣、衔接有序的制度不断强化了辅导员的地位，加强了辅导员队伍的建设和管理，为辅导员制度的完善明确了方向，奠定了坚实的政策基础。

随着学生工作领域的拓展，高校使用"政治辅导员"这一称呼的频率越来越低，而更多地使用"学生辅导员"或"辅导员"这样的称呼。中共中央、国务院2004年下发的《关于进一步加强和改进大学生思想政治教育的意见》，教育部2017年出台的《普通高等学校辅导员队伍建设规定》中都使用了"辅导员"这个称呼，这种改变标志着辅导员角色内涵的深化和外延的扩大，也反映了辅导员制度的进一步发展。

**（三）高校辅导员制度的现状**

辅导员制度是适合我国高等教育的思想政治教育制度，承担着开展大学生思想政治教育、培养社会主义合格建设者和可靠接班人的重要使命；辅导员制度还是我国高等教育管理制度的重要内容之一，辅导员担负着管理并引导大学生健康成长成才的重任。经过几十年的建设和发展，辅导员制度日臻完善，在领导体制、工作机制、队伍建设方面积累了丰富的成果，在角色定位、工作内容和工作方法方面积累了丰富的经验，逐渐形成了党委领导、与第一课堂相衔接、与第二课堂相融合、与党团组织活动相结合、与人才培养目标一致的长效工作机制。

目前，辅导员由高等学校党委学生工作部门指导和统一管理，由所在院系党委具体管理。现阶段，我国高校辅导员主要有三种形式：一是专职辅导员；二是由专业课教师担任班主任的兼职辅导员；三是专兼职结合的辅导员。大多数高校辅导员队伍是由专兼职结合的辅导员组成的。我国高校按学生比例配备辅导员。1999年以来，高校持续扩招，大学生数量明显增加，而辅导员数量则变化不大，学生和辅导员的比例失调。2006年，《普通高等学校辅导员队伍建设规定》出台，要求高等学校总体上要按师生比不低于1∶200的比例设置本、专科生一线专职辅导员岗位，有效地改善了辅导员相对短缺的情况。在各高校，辅导员在学生工作部门和学院的双重领导下，担任党支部书记、团委书记等职务，通过党、团组织和班级建设等载体，组织、指导和实施大学生的日常思想政治教育和管理工作，在教育引导、生活指导、心理辅导、就业导航等方面有力地促进了大学生的健康成长和成才，也有力地加强和改进了大学生的管理,既服务了高校的改革发展大局,又服务了学生的成长成才大局,在宏观和微观层面有效地履行了工作职责。

目前,我国非常重视辅导员制度的发展和完善,在制度、政策、平台等方面出新招、出实招,取得了明显的成效。教育部先后出台了一系列的文件,大力加强和改进辅导员制度,进一步明确辅导员的地位、职责,完善了辅导员队伍的选聘、考核、培养和发展体系,建立了首批21个教育部高校辅导员培训和研修基地,营造了辅导员制度发展的良好氛围和有利态势。

各高校因势利导、因地制宜,在加强辅导员制度建设的过程中逐步形成了特色,积累了经验。我国部分高校的辅导员制度在符合教育部相关要求的基础上,形成了自己的风格,较具代表性的是清华大学的"双肩挑"制度和复旦大学的"人才工程预备队"制度。1953年,清华大学设立了"双肩挑"的政治辅导员制度,辅导员承担思想政治工作和业务工作,将思想政治工作与业务工作有机结合起来,"又红又专"既是选拔辅导员的标准,也是辅导员工作的目标。至今,清华大学在人员配备方面实行"大多数兼职,少部分专职",形成了"党政负责,齐抓共管"的领导体制与"使用与培养相结合"的工作模式,50多年来为国家培养了大批人才,也为辅导员制度的完善提供了宝贵的经验。复旦大学从1994年开始实施"人才工程预备队"制度,建立了一支专兼职相结合的队伍,鼓励"双肩挑",引导辅导员成为复合型人才;2005年成立辅导员协会,并引入新的工作方法、工作手段和培训体系,推进辅导员工作的规范化和专业化,有效地避免了辅导员队伍"边缘化""政工化"的倾向,增强了学生工作者的信心,为社会培养了一批人才。复旦大学的"人才工程预备队"制度为辅导员制度的发展提供了新的方向和途径,也为辅导员制度的科学化、专业化积累了宝贵的经验。此外,国内部分高校也因地制宜,从队伍建设、考核体系、能力素质培养等方面大力完善辅导员制度。武汉大学从2006年开始,每年派出10余名辅导员前往美国著名大学见习,借鉴美国著名大学的学生工作经验,开启了辅导员制度的国际化维度。2005年,上海交通大学用于辅导员考察、培训及科研奖励等费用已达100万元。北京的高校也不断加强辅导员队伍建设,制定选聘标准,单独评审职称,启动名师工程,这既从制度上又从平台和机制上加强和改进了辅导员制度。

在专职辅导员队伍之外,我国多数高校为每个班级配备一名由专业教师担任的班主任,负责在专业学习和大学生活等方面细致、深入地指导学生,指导学生学习和组织课外学术活动,对学生进行生活、健康、就业和行为等方面的指导,并协助专职辅导员开展思想政治教育工作和事务管理工作,帮助学生制订学习计划、选课方案,帮助学生优化学习方法,指导学生开展社会实践活动,指导学生制订职业规划,帮助学生解决学习和生活困难。2005年,《教育部关于加强高等学校辅导员班主任队伍建设的意见》出台,为班主任担任兼职辅导员提供了制度保障。各高校从思想素质好、业务水平高、奉献精神强的教师特别是中青年教师中选聘班主任,同时从制度上、机制上完善班主任制度,将教书与育人结合起来,将辅导员制度建设与师德师风建设结合起来,为学生的全面发展提供优质、个性化的服务和指导。一些高校从制度上、机制上加强班主任队伍建设,清华大学制定了《清华大学关于进一步加强辅导员、班主任队伍建设的意见》;武汉大学制定了《武汉大学本科生班级导师工作暂行办法》,班级导师每学期的工作量必须达到48学时,每周必须深入学生班级一次,并设立了班级导师学生工作特色基地,进一步明确班主任的角色和职责,加强班主任工作队伍的培养、管理和考核。

目前,我国高校辅导员制度结构合理,机制运转良好,既有专职辅导员队伍,又有兼职辅导员班主任队伍。专职辅导员侧重"条"状管理,在年级、团组织、学生会等范围内从思想、学生管理等方面开展工作;班主任则侧重"块"状管理,在班级内从学术、学习、生活等方面开展工作,两者各有侧重,相辅相成,相得益彰,形成了合力,为高校大学生思想政治教育工作奠定了坚实的组织基础。

**(四)高校辅导员制度的走向**

总体来讲,我国辅导员在宏观上制度到位,政策到位;在微观上规章不够到位,部分高校落实不够到位,专业化程度不够到位。解决这些微观问题也是我国辅导员制度取得突破的关键。

40年来,中国发生了广泛而深刻的变革:经济体制深刻变革,社会结构深刻变动,利益格局深刻调整,思想观念深刻变化,思想大活跃,观念大碰撞,文化大交融。这些交错的变革在增强大学生的自强意识、创新意识、成才意识、创业意识的同时,也带来了不容忽视的负面影响,当代大学生存在不同程度的政治信仰迷茫、理想信念模糊、价值取向扭曲、诚信意识淡薄、社会责任感缺乏、艰苦奋斗精神淡化、团结协作观念较差、心理素质欠佳等问题。这些问题导致大学生思想政治教育弱化、淡化和钝化,大学生思想政治教育面临严峻的挑战和考验,这给辅导员制度带来了新的课题和挑战。

目前的辅导员制度存在数量不足、质量不高、职业化程度较低等问题。由于高校的连续扩招,总体来讲,与在校大学生数量相比,我国高校辅导员数量不足,低于教育部规定的1∶200。由于辅导员扮演着教育者、管理者、服务者等多重角色,复杂的角色既导致学生对辅导员的认识不清,也导致辅导员对自身的认识混乱。此外,学生事务日益繁杂,辅导员投入事务性工作中后,用在"管理""服务"上的时间过多,用在"教育"上的时间过少,思想政治工作效果弱化,导致不少辅导员对职业的认同度较低,思想不稳定,态度不端正,工作缺乏热情。时代的发展和大学生强烈的成才需求,也对辅导员提出了更高的素质要求,相较之下,辅导员的专业化和职业化水平显得较低;辅导员的工作也存在不平衡的问题,理想信念教育、思想道德教育、爱国主义教育、公民道德教育的效果弱化,思想政治教育的效果不容乐观。在学生管理方面,我国高校辅导员工作效能相对较高,具体表现在我国高校稳定、学风良好等方面,而在心理辅导、职业辅导等方面的服务专业化程度较低,不能很好地满足广大学生健康成长、成才、就业的需求。

随着我国社会的进一步发展和国际化的进一步深入,我国高等教育的国际化水平逐步提高,高等教育的变革速度加快,辅导员制度在理论、制度和实践上也出现了新的发展趋势:辅导员制度化建设进一步完善,职业化水平进一步提高,国际化水平进一步提高。

辅导员的职责定位将进一步明确,辅导员是"高等学校教师队伍的重要组成部分,是高等学校从事德育工作,开展大学生思想政治教育的骨干力量,是大学生健康成长的指导者和引路人"。辅导员的地位进一步提升,职责进一步明确,教育、辅导的职能变得更加突出;辅导员的专业化发展也将稳步推进,辅导员的职能将进一步细化,心理辅导、职业辅导等方面的职能将进一步强化;辅导员的选聘将被纳入高校教师和干部系列的人事制度运行机制,进一步规范化;辅导员的配备逐步制度化,各高校的专职辅导员总体上按1∶200的比例配备;辅导员的工作方式也将进一步转变,由传统的管制型到辅导型,充分发挥学生的主体意识、主角意识;随着辅导员培训基地的建立和拓展,辅导员的培训将被纳入学校师资培训规划和人才培养计划,享受专任教师培养同等待遇,进一步正规化、常规化;辅导员分流机制也将进一步形成，辅导员队伍将成为后备干部培养和选拔的重要来源。

总之，辅导员制度逐渐完善，辅导员工作内容分化、活动分工、环节分解，辅导员队伍聘用有章、考核有准、晋升有望、流动可行、角色明确、职责清晰、素质过硬。辅导员制度正在并将随着我国高等教育的发展而进一步发展，适应了高等教育大众化的趋势，适应了当代大学生的思想特点，做出了不可替代的贡献，满足了国家、社会、高校和大学生的需要。

### 三、高校辅导员的工作定位

#### （一）高校辅导员的角色定位

作为个人与社会的媒介，角色是符合特定期望、实现特定权利和义务的特殊行为模式。角色需要学习、认识、扮演、定位，以满足特定的期望和职责。对辅导员进行准确、全面和透彻的定位，有助于厘清辅导员工作岗位的职能、权利、责任，提高辅导员工作岗位的专业程度和效率。辅导员只有正确认识自身的角色，准确定位自身的角色，包括明确的认知定位、恰当的情感定位、正确的价值观定位，才能寻找到工作的动力，并通过不断的自我完善，逐渐掌握教育工作中的主动权，做好高校学生的思想政治教育工作。总的来说，高校辅导员是一个"角色丛"，扮演着政治上的引导者、思想上的教育者、行政上的管理者和心理健康知识的传播者等多重角色。

自辅导员这一职业诞生开始，思想政治教育工作者一直是辅导员的主导角色。随着时代的发展和高等教育改革的不断深入，辅导员的工作领域不断拓宽，角色内涵随之不断丰富，呈现出多样性与发展性的特征。由于社会环境、教育环境的复杂化和学生思想出现的新特点，辅导员的职责已从单纯的思想政治教育工作扩展为集教育、管理、服务为一体，引导大学生全面健康成长，其角色定位已从最初的"政治引路人"逐渐走向多元，由单一的角色转换为新的"角色丛"。

辅导员角色既代表辅导员个体在社会群体中的地位与身份，也包含社会对辅导员行为模式的期望；既包括国家、党派、社会和学校管理者对辅导员的行为期待，也包括辅导员对自己的认识，还包含着广大学生对辅导员的行为期待。作为开展大学生思想政治教育的重要工作力量和高等教育管理制度的重要内容，辅导员制度既需要在党、国家、社会的大框架中宏观定位，也需要在高等教育的系统中中观定位，还需要在具体的工作环境中微观定位。

辅导员的宏观角色定位。教育部《关于加强高校辅导员、班主任队伍建设的意见》指出:"辅导员、班主任是高等学校教师队伍的重要组成部分,是高等学校从事德育工作、开展大学生思想政治教育的骨干力量,是大学生健康成长的指导者和引路人。"教育部是从国家、政党和社会这个整体做出宏观角色定位的。德育教师的身份,折射了中国特色社会主义高等教育的特色,是国家培养合格公民的需要;大学生思想政治教育的骨干力量的地位,体现了党对辅导员制度的功能设计,是培养社会主义合格建设者和可靠接班人的需要;大学生健康成长的指导者和引路人,是社会对辅导员的职能要求,是培养合格人才的需要。由此可见,辅导员的宏观角色定位,综合反映了国家、社会、政党对辅导员的角色期望。在宏观角色定位中,大学生思想政治教育的骨干力量的角色重于德育教师的角色,而德育教师的角色又重于大学生健康成长的指导者和引路人的角色。在某种情况下,三种角色会出现一定的冲突,这种冲突是辅导员制度的结构性冲突,也给辅导员队伍工作的开展带来了困难。辅导员宏观角色定位的"政治性"和"教育性"相对突出,具有较明显的"集体导向"和"社会本位"。

辅导员的中观角色定位。在承担宏观角色定位的前提下,高校又从中观层面赋予辅导员较准确的角色定位。这些定位大同小异,如清华大学对辅导员的角色定位是:组织引导学生努力学习马列主义、毛泽东思想、邓小平理论、"三个代表"重要思想、科学发展观、习近平新时代中国特色社会主义思想和党的路线、方针、政策,对学生进行爱国主义、社会主义和共产主义教育;结合学习任务做好学生思想工作,关心学生成长,帮助学生从德、智、体、美各方面实现全面素质发展;结合学校一流大学建设做好学生思想工作,维护学校发展的大局,促进学校政策的贯彻落实,形成学生成长的良好环境;做好学生党团建设工作;指导共青团组织和学生班级深入开展学生思想政治、品德、纪律和法制教育,广泛开展健康有益的学生活动,建设良好的校风、学风。政治辅导员应重点做好学生党建、学生骨干培养、班集体建设和个别有特殊情况的学生的工作。由此可知,高等学校在宏观角色的基础上又赋予辅导员更具体的角色期望,这种期望更多的是从高校学生管理的角度来设计的,无论是班级管理,还是学风建设,抑或是党、团组织建设,都服务于"维护学校发展的大局"。在高校对辅导员的角色定位中,辅导员与任课教师、导师、"两课"教师("两课"指我国现阶段在普通高校开设的马克思主义理论课和思想政治教育课)、党政管理干部、团干部一起构成了高校学生工作的整体。

习总书记在全国高校思想政治工作会议上发表的重要讲话中提到"围绕学生、关照学生、服务学生"。这也是《普通高等学校辅导员队伍建设规定》对辅导员工作的要求。每一代人有每一代人的困惑和特点,从高中走到大学,角色的转变意味着心智、品性的转变,大学生像刚长成的小树苗,虽然生命旺盛、富有朝气,但同时也需要修剪、扶持,才能向阳成长。在这个过程中,辅导员扮演了不可或缺的植树人的角色,"围绕学生、关照学生、服务学生"便是植树人最实在的工作方针。

不同于德育教师,辅导员的工作范围较广,辅导员在学生的日常学习、生活中开展德育工作,注重在日常管理和教育中提高学生的思想政治素质和道德素质;不同于"两课"教师,辅导员在学生的日常生活和学习中,在第二课堂中开展丰富多彩的活动,融思想政治教育于其中;不同于党政管理干部,辅导员是大学生思想政治教育工作队伍的基本力量,直接和学生接触,上传下达,执行各项工作任务;不同于团干部,辅导员主要以班级为单位开展工作,在班级建设、学风建设、奖助贷等工作中履行职责。总的来讲,辅导员在学生工作中扮演着一个"枢纽"的角色,是学生工作链条上的关键一环,承上启下。由此可知,在高校的视野中,辅导员的"管理"职能相对突出,重在"执行"学校的各种工作和政策,加上高等教育的发展和学生工作的日益拓展,辅导员的工作重心日益转移到学生事务中去,思想政治教育功能有所弱化。

辅导员的微观角色定位。在具体的工作实践中,辅导员应当在国家、党、社会的宏观角色定位和高等学校的中观角色定位的基础上,根据大学生的特点,明确自身的微观角色定位。具体说来,辅导员的微观角色定位包括,因材施教地开展思想政治教育,因地制宜地开展学生日常管理,因人而异地为学生提供相应的辅导和服务。在思想政治教育中,辅导员要准确地把握当代大学生的思想特点,采取多样的形式、灵活的方式和学生喜闻乐见的载体深入细致地开展理想信念教育、思想道德教育、爱国主义教育、形势政策教育;在学生日常管理中,辅导员要在班级管理、行为规范、安全保卫、评优评先中,提高学生工作的科学化、民主化和公开化水平,通过讲座、报告会、座谈会、知识竞赛等多种形式,开展一系列环环相扣、富有针对性的活动,正确引导大学生的价值取向;在辅导和服务中,辅导员要为学生提供学习、生活、职业方面的辅导,在学习上指导,在心理上开导,在生活中引导,在困境中疏导,同时,解决思想问题与实际问题相结合,解决大学生的经济困难,消除大学生的心理困境,着力消除大学生成才的后顾之忧,为大学生集中学习、全心成才凝聚力量。总的来讲,在微观角色定位中,辅导员以服务的方式、管理的手段完成教育的目标,引导大学生的价值取向,规范大学生的行为,促进大学生的成长,激励大学生的精神,稳定大学校园的秩序,领导大学生的党团班级建设,夯实高校学生工作的根基。

宏观视角、中观视角和微观视角环环相扣、缺一不可。宏观视角是站在国家、党和社会的高度来确定辅导员的性质;中观视角是站在高校的层面来明确辅导员的职责;微观视角是从学生工作领域来明确辅导员的任务。宏观角色是辅导员角色的前提,中观角色是辅导员角色的基础,微观角色是辅导员角色的关键。在辅导员角色扮演中,三者的地位是不同的,宏观视角是方向性的,是辅导员队伍建设的依据;中观视角是指导性的,是辅导员队伍开展工作的指南;微观视角是执行性的,是辅导员履行职责的标准。

辅导员要在宏观、中观、微观的综合角色定位中,准确、全面、透彻、灵活地把握自身的角色,实现宏观、中观和微观层面上的和谐统一。辅导员既要处理好宏观、中观、微观角色间的关系,分清轻重缓急和主次先后,在相似的工作岗位中,根据不同的年级、不同的专业、不同学生的不同情况开展工作,又要处理好微观角色中的教育、管理、服务间的关系,化繁为简,以简御繁,尽量避免几者间的冲突和矛盾,该教育时教育,该管理时管理,该服务时服务,避免角色缺位、角色错位、角色越位、角色模糊,明确辅导员角色的内涵,履行辅导员的职责,完成辅导员的任务,与"两课"教师、党政管理干部、导师、团干部一起完成育人的责任,培养合格的人才,满足国家、党、社会对辅导员的角色期望。

### (二)高校辅导员的岗位职责

改革开放以来,中国社会不断进步,高等教育持续变革,高校辅导员的角色和岗位职责也随之发生了很大的变化,人们对高校辅导员角色和岗位职责的认知越来越多元,对辅导员角色内涵的认识也越来越丰富,但一些"角色不明""职责不清"的状况的出现,给辅导员履行岗位职责带来了困惑和干扰。针对这种情况,《中共中央国务院关于进一步加强和改进大学生思想政治教育的意见》进一步明晰了辅导员的岗位职责:"辅导员、班主任是大学生思想政治教育的骨干力量,辅导员按照党委的部署有针对性地开展思想政治教育活动,班主任负有在思想、学习和生活等方面指导学生的职责。"

为了与角色定位相匹配,教育部于2017年出台了《普通高等学校辅导员队伍建设规定》(以下简称《规定》)。《规定》指出,辅导员是开展大学生思想政治教育的骨干力量,是高等学校学生日常思想政治教育和管理工作的组织者、实施者、指导者。辅导员应当努力成为学生成长成才的人生导师和健康生活的知心朋友。《规定》进一步明确了辅导员的角色,准确、全面、立体、深入、透彻地为辅导员进行了角色定位。这要求辅导员恪守爱国守法、敬业爱生、育人为本、终身学习、为人师表的职业守则;围绕学生、关照学生、服务学生,把握学生的成长规律,不断提高学生的思想水平、政治觉悟、道德品质、文化素养;引导学生正确认识世界和中国的发展大势,正确认识中国特色,正确认识时代责任和历史使命,胸怀远大抱负,脚踏实地,成为又红又专、德才兼备、全面发展的中国特色社会主义事业的合格建设者和可靠接班人。

1. 做好日常思想政治教育。引导学生深入学习习近平总书记系列重要讲话精神和治国理政的新理念、新思想、新战略,深入开展中国特色社会主义、中国梦宣传教育和社会主义核心价值观教育,帮助学生不断坚定中国特色社会主义道路自信、理论自信、制度自信、文化自信,牢固树立正确的世界观、人生观、价值观。掌握学生的思想行为特点及思想政治状况,有针对性地帮助学生处理好思想认识、价值取向、学习生活、择业交友等方面的具体问题。

第一,做好理想信念教育。当代大学生的理想信念趋于务实,价值观务实进取,社会责任感和历史使命感较强,并呈现务实化、个性化、多样化的特点。高校辅导员要针对这些特点,在提高自身的理论水平、文化修养的基础上,因地制宜地贴近学生、贴近实际、贴近生活,开展大学生喜闻乐见的活动,进行社会主义核心价值观教育,引导大学生在理性和思辨中透彻、灵活地掌握马克思主义的立场、观点和方法,树立积极向上的世界观、人生观和价值观,树立社会主义核心价值体系,树立中国特色社会主义的共同理想,引导大学生正确认识社会的发展规律、国家的前途命运和自身的社会责任,将个人的发展与国家的发展结合起来,将个人的命运和国家的命运结合起来。

第二,做好爱国主义教育。当代大学生视野开阔,思维活跃,关心时事,关注社会热点问题，政治鉴别力有所增强，对政治问题的分析更趋冷静和理性化，但少数学生对深层次的重大理论问题仍然存在认识模糊的情况，高校辅导员要针对这些特点，因材施教，引导大学生在了解、理解国家的历史和现状的基础上深化认识，进行民族精神教育，引导大学生全面、正确地认识中国的历史和现状，正确地认识中国和西方的差异，正确地认识中国现阶段的国情和走中国特色社会主义道路的必然性和优越性，增强大学生的文化归属感和政治归属感，从心灵和精神层面引导大学生树立报效祖国的远大志向；同时引导大学生在胸怀天下、志存高远的基础上，求真务实，知行相济，德才兼修，掌握服务祖国的本领，引导学生在民族精神的层面上将爱国、爱党和爱校有机结合起来。

第三，做好公民道德教育。当代大学生的思想一直保持积极、健康、向上的主流态势，在思想上和行动上逐步认同以爱国主义、社会主义和集体主义为核心的主流道德价值观，但少数大学生丢掉了艰苦奋斗的传统美德，诚信意识淡薄，社会责任感缺乏，艰苦奋斗精神淡化，团结协作观念较差。辅导员要针对这些特点，结合实际，以身作则，晓之以理、动之以情，采取灵活多样的载体和形式，开展社会公德教育、职业道德教育、诚信教育，引导大学生树立"爱国守法、明礼诚信、团结友善、勤俭自强、敬业奉献"的观念，正德修身，德才兼修，在实践中锻炼道德习惯，砥砺品行，深化、内化公民道德教育。

第四，做好新生入学教育。针对新生入学后角色变化、生活变化、学习变化、交际变化、心理变化、管理变化等情况，以及新生对社会角色之间的联系和区别认识不清，存在诸多误区，对标准的认识绝对化、抽象化，知行上容易脱节等特点，辅导员要开展爱校教育，使新生尽快了解学校的发展目标、人才培养理念、人文精神以及学校的历史和现状，使他们尽快融入大学；开展专业思想教育，邀请专业教师介绍专业功能、专业特点、专业课程等情况，引导学生尽快稳定专业思想，改进学习方法，树立正确的专业学习观；开展法规校纪教育，增强学生的自我管理意识，使新生顺利转换角色，适应大学环境，尽快走上正确的成才之路。

第五，做好形势政策教育。当代大学生的自主性不断增强，他们关注国家和社会问题以及高等教育等问题，思辨能力越来越强，自我意识日益彰显。不少大学生受到了西方文化思潮和价值观念的冲击，某些腐朽没落的生活方式对大学生的影响不可低估。辅导员要针对大学生的思想特点和他们关注的热点问题，开展生动深入的形势政策教育，引导大学生树立自主学习的意识，帮助学生认清国际大势、国内局势和政策态势，引导学生全面、准确地理解认识党和国家的方针、路线和政策，激发学生的爱国热情，培养学生的时代精神和成才意识，维护国家、社会和学校的稳定，自觉抵制错误思想的侵蚀。

第六，做好心理健康教育。当代大学生的自主意识、竞争意识、创新意识、效率意识明显增强，成才愿望日益强烈。面对学习、就业、经济等方面的压力，部分学生产生了不同程度的心理问题，也有不少学生因"个人感情问题""人际关系紧张"及在"集体中缺少温暖"而感到苦恼。辅导员要针对这些特点因材施教，在准确地把握学生问题的基础上，从生活上去开导、学习上去指导、人际关系上去疏导、行为上去引导，把解决心理问题与实际问题相结合，为学生提供更多更有针对性的建议，提供更多更好的选择、更广更大的舞台、更好更多的资源，提高大学生自由、自主、自觉、自立、自强的意识，增强大学生应对挑战、解决困难、化解矛盾的能力，同时，协助心理咨询师做好心理健康教育工作。

第七，做好毕业教育。当代大学生的自主意识、竞争意识、创新意识、效率意识明显增强，成才愿望日益强烈，部分学生对就业感到迷茫、困惑、苦闷、压抑、烦躁、焦虑。辅导员要针对这些特点，与时俱进、因势利导、顺势而为，结合社会形势、专业特点、学生情况对毕业生进行择业、就业和创业教育，引导学生正确地认识学业、专业、职业、事业和人生的关系，从大处着眼、小处着手，准确地认识和把握自己的情况和社会的形势，掌握就业的相关政策方向，消除就业方面的困惑，避免就业的随意性、盲目性和短视性。

2. 做好大学生的事务管理。开展入学教育、毕业生教育及相关的管理和服务工作；组织开展学生军事训练；组织评选各类奖学金、助学金；指导学生办理助学贷款；组织学生开展勤工俭学活动，做好困难帮扶；为学生提供生活指导，促进学生和谐相处、互帮互助。

第一，做好安全管理。社会复杂多变，加上很多大学生远离家庭，安全意识淡薄，这给学生的安全管理带来了严峻的挑战。辅导员要定期开展安全教育，尤其是考试期间、放假期间的安全问题；提醒大学生养成良好的生活习惯和学习习惯；提示大学生从细处、小处入手，处理好不同场合的人际关系；提高学生的自我保护意识，保护自身的生命安全、财产安全，提高学生自我管理的意识和能力；在住宿、医疗等方面,配合相关部门做好大学生的安全管理。

第二,做好行为管理。针对当代大学生平等意识、民主意识、自我意识强的特点,辅导员要淡化管理的刚性色彩,增强管理的柔性和弹性,通过搭建平台、政策引导、机制保障和个别指导等措施,做到宽严相济,实现人性化管理。以文体、社会实践等活动为契机,引导学生团结友爱、积极向上,弘扬民族精神和爱国主义;以评优、评先、保研等政策为导向,引导学生勤奋学习,自强不息,处理好学业、事业和职业的关系;以党支部、团委、学生会开展的活动为机制,引导学生志存高远,坚定信念,热爱祖国人民,弘扬正气;通过个别指导,与班主任、学术导师一起发挥教育的感染示范作用,引导学生遵纪守法,增强社会责任感,积极实践,做到教学相长。

第三,做好评优管理。充分发挥评优政策的导向作用,引导广大学生自主地树立好学深思、积极向上、团结友爱、诚信自尊的作风。采取自评与他评、群众评议与老师审核相结合的方法,做好"优秀共产党员""优秀共青团干部""优秀共青团员""优秀学生干部""社会活动积极分子"的评选,培养学生的主人翁意识和参加社会工作的积极性;根据公开、公正、公平的原则,充分发挥班集体和班主任的作用,做好奖学金、"三好学生"、优秀学生、优秀班集体的评选工作,培养学生认真学习和全面发展的观念。

第四,做好组织管理。针对当代大学生个性突出、自我中心意识强的特点,辅导员要加强对学生党团组织、学生会和学生社团的指导,发挥学生党支部的政治优势和组织优势,做好党员的培养、发展、教育和考核,发挥共青团在教育、团结和联系学生方面的优势,开展丰富多彩的思想政治教育活动,发挥学生会的桥梁和纽带作用,开展生动有效的思想政治教育活动,加强班集体和社团建设,发挥班级和社团的团结、组织和教育学生的职能,坚持学生组织建设与学生骨干队伍建设相结合,努力组建素质高、能力强的学生骨干团队,增强学生组织的凝聚力和战斗力。

3.着力为大学生成才服务。在做好日常思想政治教育和学生事务管理的基础上,高校辅导员要根据学生的特点和实际情况,有针对性地协助学校的心理健康教育机构开展心理健康教育,对学生的心理问题进行初步的排查和疏导,组织开展心理健康知识普及宣传活动,培育学生理性平和、乐观向上的健康心态;为学生提供科学的职业生涯规划、就业指导以及相关服务,帮助学生树立正确的就业观念,引导学生到基层、到西部、到祖国最需要的地方建功立业。

第一，做好经济资助。从解决学生的实际困难入手，通过国家奖学金和助学金、国家助学贷款、国家及社会助学金、经济补助、减免学费等途径和手段，充分发挥学生资助工作的育人功能，实现社会的公平和公正，构建和谐校园。在帮助贫困家庭的学生顺利完成学业的同时，教育引导学生树立自尊自立、顽强拼搏的精神，结合交纳学费、偿还助学贷款，在欠缴学费同学中大力开展诚信教育，增强学生的社会责任感，通过大力开展勤工助学活动，培养学生的劳动观念和职业道德，锻炼学生的品格和毅力，提升大学生的综合素质，注重发挥资助工作的育人导向性。

第二，做好毕业指导。根据不同专业、不同学生的特点和优势，辅导员要在就业政策、程序、技巧等方面给予毕业生具体而有针对性的指导，引导学生了解国内外的经济和政治形势、国家人才需求的走向、国家就业政策的走势，指导学生有针对性地开展社会实践，使学生正视自身的不足，克服自傲、自卑等不良情绪，增强自信和经验，用正确的态度和多元的视角看待社会。

第三，做好其他服务。针对大学生生活和学习的具体情况，辅导员要循序渐进、细致周到地为不同专业、不同年纪、不同阶段、不同情况的学生提供适合的服务和指导；努力给学生提供多样化的信息、资源和机会，在生活上关心学生，在学习上指导学生，在人格上引导学生，在心理上开导学生；帮助学生做好人生规划和选择，把握好大学时光，使学生无愧于时代，无愧于国家，无愧于自己的青春年华。

总之，辅导员要以人为本，联系学生成长成才的实际情况，针对学生不同的需求，以教育为导向、以管理为保障、以服务为方法，潜移默化，将教育与自我教育相结合，将政治理论教育与社会实践相结合，将解决思想问题与解决实际问题相结合，将教育、管理与服务相结合，促进大学生的全面发展，在思想政治教育工作中充分尊重学生的主体性、选择性、多样性和差异性，不断推动大学生思想政治教育在内容、方法和途径上的发展与创新，完成角色赋予的使命和任务，完成岗位职责。

**四、高校辅导员的素质要求**

辅导员需要具备与角色定位和岗位职责相适应的职业素质。辅导员的职业素质大致可以分为环环相扣的三种素质：政治素质、业务素质和道德素质。其中，政治素质是辅导员职业素质的前提，业务素质是辅导员职业素质的基础，道德素质是辅导员职业素质的关键。

**(一)高校辅导员的政治素质**

1."四个自信"。学习贯彻党的十九大精神,就要坚持中国特色社会主义道路自信、理论自信、制度自信、文化自信。一是坚定道路自信。高校辅导员必须有强烈的忧患意识、责任意识,在政治上、思想上、行动上自觉向党中央看齐。二是坚定理论自信。深入学习习近平总书记系列重要讲话精神和治国理政思想,深入学习贯彻党的十九大精神,做到真学、真做、真懂、真用,使理论对实际工作产生强大的推动作用。三是坚定制度自信。高校辅导员在工作中要自觉地坚持党的领导,自觉地听党的话、跟党走。四是坚定文化自信。高校辅导员要善于打造行之有效的形式、平台和载体,让广大群众参与到文化建设中。

这"四个自信"是实现"中国梦"的有力保证。在文化自信方面,我们要弘扬中国传统文化,让它生根发芽。在道路自信方面,我们坚信现在的这条道路是富有生命力的,要在这条道路上昂首挺胸、大踏步地向前进。在理论自信方面,我们要大胆地把所学的理论运用到实际工作当中,自觉地按照新时代的要求审视自己的三观。在制度自信方面,我们要在这种自带优势的制度下自觉地跟着党的步伐前进。

2."四个意识"。学习贯彻党的十九大精神,就要进一步增强政治意识、大局意识、核心意识、看齐意识。一是要有政治意识,即无论何时何地遇到何种情况,高校辅导员都不要被负面舆论牵着鼻子走,要严守政治纪律。二是要有大局意识。高校辅导员要学会认识大局、把握大局、服从大局,不能只关心局部而忽视全局,也不能为了局部而影响全局,更不能让局部和全局发生冲突。三是要有核心意识。每个辅导员都要切实增强核心意识,坚定不移地保持对党唯一的、彻底的、无条件的、不掺任何杂质的绝对忠诚。四是要有看齐意识。唯有看齐,才能统一思想、统一步伐,勠力同心、团结奋斗。

"四个意识"集中体现了根本的政治方向、政治立场、政治要求,是检验党员干部政治素养的基本标准。增强"四个意识",也是做好一个合格党员的重要前提。我们应当注重从思想上建党,不断提高党性修养,坚持正确的政治方向。每个党员干部都应该把"四个意识"落到实处,把"四个意识"体现在生活、工作中,把"四个意识"贯穿在锻炼党性的过程中。深入学习习近平总书记系列重要讲话、深刻领悟习近平总书记系列重要讲话精神,是每个党员的基本责任和义务。

3."两个维护"。"两个维护"是党的政治建设的首要任务。我们应当做到"两个维护"——坚决维护习近平总书记党中央的核心、全党的核心地位,坚决维护党中央权威和集中统一领导。这是党和国家的前途命运所系,是全国各族人民的根本利益所在,是最根本的政治纪律和政治规矩。党员要从战略高度深刻领会"两个维护"的重要性,从而提高"两个维护"的自觉性。

4. 适宜的灵活性。国际国内局势的变化和当代大学生思想的变化,要求辅导员在落实贯彻"四个自信""四个意识""两个维护"的基础上,依凭较高的政治觉悟,因地制宜,因材施教,与时俱进,提高自身的灵活性。在实际工作中,辅导员要把握好场合、尺度,将理论、政策的精神融入具体的工作实践中,全方位地融入学生思想政治教育工作的全局、全过程;透彻灵活地把握政治、政策、路线的精神和实质,不为形式所拘,不为细节所束,不为条条所框,结合当代大学生的思想特点、身边典型、社会特点、兴趣特点、心理特点、生活实际、现代意识、发展实际,采用灵活的方式、方法、路径和技术组合,淡化灌输,强化理性渗透,正确地引导大学生树立世界观、人生观和价值观;同时,避免教条主义、本本主义,将思想政治教育与大学生成长成才相结合,与学院和学校发展相结合,与时代发展和社会进步相结合,加大思想政治教育的深度和广度,充实大学生思想政治教育的内容和内涵,增强思想政治教育的针对性和有效性,提升思想政治教育的吸引力和感染力,引导大学生树立正确的世界观、人生观和价值观,增强大学生对中国特色社会主义道路的认同程度,使大学生成长为社会主义事业的合格建设者和可靠接班人。

在理性和思辨的教育过程中,科学开展大学生思想政治教育工作,不断创新理念、机制、内容、方式、方法,以符合大学生的身心特点和认知规律,增强思想政治教育的知识厚度和文化浓度,整合日常思想政治教育,创新大学生教育管理,用党的力量凝聚大学生,在贴近实际、贴近生活和贴近学生中,激发大学生的主体意识,充分发挥大学生的主体作用,着力提高思想政治教育的效果;做好困难扶助和心理健康教育,开展榜样示范教育,加强就业、创业指导,在教育、管理和服务中,激活大学生的主角意识,着力提高思想政治教育的效率;深入开展大学生社会实践活动,积极发展丰富多彩的校园文化,大力推进思想政治教育网络化建设,在学生自我教育、自我管理、自我服务中,激励大学生的主动意识,提高思想政治教育的效能,实现"化于心,见于行",促使学生从"要我学"转化为"我要学",从"我要学"升华为"我要学好",熔铸和谐的思想政治教育。

(二)高校辅导员的业务素质

1. 文化修养。作为高等学校教师队伍的重要组成部分,辅导员需要具有相当程度的知识水平。党和国家的方针政策在高等学校的落实也要求辅导员具有相当程度的认知能力和文化修养。大学生的健康成长成才也要求辅导员具有相当程度的科学文化素质。辅导员要想有效地指导不同学科、不同年级、不同情况的大学生,就必须具备基本的科学素质和人文素质,这样辅导员既能赢得学生的尊重,也能有效地开展思想政治教育工作。辅导员以"文化"倡导"文化",以"修养"砥砺"修养",通过言行渐渐地影响大学生的身心,渗透性地激发他们的志气,砥砺他们的品行,规范他们的行为,矫正他们的习惯,悉心指导大学生的校园文化活动、社会实践,在此基础上,引导学生求真、向善、臻美。实际工作中,文科院系的辅导员宜掌握基本的科学知识,具备一定的科学修养,引导文科大学生健康成长、全面成长;理工科的辅导员宜掌握基本的人文知识,具备一定的人文修养,引导理工科学生协调发展、可持续发展,实现人文素质和科学素质的相辅相成,引导大学生树立科学的成才观。

2. 学习能力。40年来,随着改革开放的深入,中国工业化、城镇化、国际化、信息化进程加快,社会进一步转型,体制进一步转轨,环境进一步转变,世情、国情和社情也发生了广泛而又深刻的变化,新思潮、新知识、新技术层出不穷,知识的更新速度大大增强,带有时代烙印的大学生群体出现了新的思想特点,国家政策态势不断变化。高校自身的改革和发展继续推进,辅导员制度也在改进,辅导员的角色定位、岗位职责日益明确丰富,工作领域不断拓展。这些变迁、变化、变革要求辅导员主动、积极地去学习国家的政策、学校的政策,优化自身的知识结构和认知能力,以适应新形势,完成新任务。党的十六大提出了建设"全民学习、终身学习的学习型社会"。这种形势和挑战要求辅导员审时度势,树立学习意识,养成学习习惯,学习相关的知识和技能,既提升自身的文化修养,又学习与所在学院、专业相关的基础知识。辅导员要及时更新观念,与时俱进,把握新形势,准确把握当代大学生的思想特点,提高自身的教育能力、管理能力和服务能力。

3. 教育能力。作为高校教师队伍的重要组成部分、大学生思想政治教育的骨干力量、大学生健康成长的指导者和引路人,辅导员具有明显的教育功能。辅导员要因人施教、因势利导地指导大学生的思想,引导大学生的学习,疏导大学生的心理,开导大学生的疑惑,倡导积极向上、勤奋好学的学风。辅导员要教育学生正确地认识和处理国家、社会、个人之间的关系,正确地认识和处理自己不同角色之间的关系,树立正确的世界观、人生观、价值观和成才观。在实际工作中,辅导员要与学生建立信任关系,营造民主、平等的氛围,建议而不决策,引导而不领导,到位而不越位,在学生学习、生活、社会活动中循循善诱,潜移默化。具体来讲,辅导员要开展好新生入学教育,促使学生尽快了解、适应大学的氛围,顺利完成角色的转变;开展好形势政策教育,引导学生了解国际大势、国内局势和政策态势,明确国家和社会对人才的需求变化;开展好毕业教育,引导学生树立正确的就业观、择业观和创业观,处理好学业、职业、事业和人生的关系。此外,辅导员要善于把握机会,利用重大节日、重大活动,开展深入浅出、活泼生动的爱国、爱校教育等适宜的思想政治教育,将教育渗透到大学生成长成才的全过程。

4. 管理能力。在思想政治教育的职责之外,辅导员还承担管理学生事务的职责。辅导员要提高自己的辨别能力、沟通能力、决策能力和创新能力,增强管理工作的准确性、有效性和创新性。辅导员要做好学生行为、学生活动和学生组织的管理,因地制宜,既做好个别学生、个别班级、个别学生组织的管理,又要以点带面、化繁为简,做好学生的学习管理、行为管理和生活管理,还要织线成面、以简御繁,做好学生的全过程和全局管理,提高工作的效率和效果。在实际工作中,辅导员要具备组织的凝聚力、协调的亲和力、沟通的渗透力。这就要求辅导员能统揽全局,既能管理好学生,又能管理好学生事务,也能管理好学生组织,还能管理好自己的工作、学习和生活。在管理过程中,辅导员要以人为本,增强管理的柔性、弹性,减少命令和指挥,多引导、多鼓励,结合学生的实际情况,综合运用多种方法、方式,解决学生的思想问题和实际问题,在坚持原则的前提下发挥自己和学生的主动性和积极性,结合班级和学生的特点开展工作,创新载体和活动形式,贴近学生、贴近生活、贴近实际,做好计划、策划、规划和考核,增强管理的科学性和实效性。

5. 服务能力。高等学校的核心任务是培养有理想、有道德、有文化、有纪律的社会主义合格建设者和可靠接班人,这决定了辅导员工作应该以学生为本,服务大学生的成长成才,为大学生的成才需求提供满意周到的服务。在实际工作中,辅导员要树立服务意识,做到认识到位、行动到位,提高自身的服务能力和技巧,因人而异地提供相应的服务,在基础、琐碎、复杂的学生事务工作和思想政治教育工作中贯彻服务的理念,主动关心学生,设身处地地了解、理解学生,替他们出谋划策,为他们排忧解难,帮助大学生集中精力学习,心无旁骛地成才。在新的形势下,辅导员在做好基础的服务工作外,还需要创新思路、搭建平台、营造氛围,为大学生理论联系实际服务,为大学生第一课堂和第二课堂的衔接服务,为大学生的全面成长成才服务,为大学生的自主、自立、自强服务,为大学生的创新、创造、创业服务,充分发挥大学生的主体意识,充分发挥学生组织的服务意识和能力,引导大学生做好自我教育、自我管理和自我服务。

工作的复杂性和基础性,要求辅导员兼顾原则性与灵活性、一般性和特殊性,充分认识文化修养、学习意识、教育能力、管理能力、服务能力之间的有机联系,统揽全局,顾全大局;抓好学生组织和学生骨干,提纲挈领,抓好活动载体和平台,拓宽空间,增强效果,提高自己的文化修养,以具备基本的科学素质、人文素质和相应的专业素质;引导学生处理好多方面的关系、多方面的角色、多方面的任务和多方面的目标,做到轻重缓急有序;积极学习,提高自身的教育能力、管理能力和服务能力,以教育为方向,以管理为方法,以服务为载体,为大学生科学成才贡献力量,实现教育育人、管理育人和服务育人的融合,达到"润物细无声"的效果。

**(三)高校辅导员的道德素质**

1.坚持教书和育人相统一。教书是手段,育人是目的。教书和育人紧密联系、相互促进。教育活动历来不是随意性的,而是把社会确定的教育目标和教学内容传授给学生,培养社会需要的人才。教书为育人服务,立德树人是教育的中心,贯穿于教育的全过程。教师如果只顾教书,不管育人,将二者割裂开来,成为单向传授知识的"教书匠",就会使教书失去育人的功能,从而影响学生的健康成长。教师不仅承担着向学生传授知识、培养学生的能力和素质的职责,而且肩负着帮助学生树立正确的人生观、价值观和培养高尚的情操的重任。教师只有坚持教书和育人相统一,自觉当好学生正确政治方向的引导者和高尚品质的塑造者,才不愧为一位合格的人类灵魂工程师。

2.坚持言传和身教相统一。言传与身教相辅相成,是教书育人不可分割的两个部分。教师不仅要善于言传,而且要善于身教,让学生眼见为实,从而引起思想的共鸣,进而促进学生对教师言传的认同和接受,最终实现教师对学生心灵和人格的塑造。从某种意义上说,身教比言传更重要,正所谓"喊破嗓子,不如做出样子"。因此,教师要求学生怎么做,自己先要做表率,这样才能让学生信服,才能赢得他们的尊敬。"桃李不言,下自成蹊。"教师不仅是知识的传授者、智慧的启迪者、人格的影响者,也是良好的道德品格的实践者和示范者。在良好的师德、师风的影响和带动下,学生才会亲其师、信其道,进而乐其道。

3. 坚持潜心问道和关注社会相统一。这里的"道"指的是马克思主义科学理论,是共产主义远大理想和中国特色社会主义共同理想,是社会主义核心价值观,也是整个人类社会历史发展的必然。"孔德之容,惟道是从。"认识万事万物要从"道"开始,求学问道是教师的基本专业素质要求。教师要站在人民的立场上,关注人类社会生活的本质和社会发展的规律,掌握科学的方法,在实践中摸索,勇于探索,善于回答时代提出的命题,彰显学问的价值。关注社会不仅是学问的价值取向,也是学问保持强大生命力的源泉。习近平总书记要求,高校教师要坚持教育者先受教育,努力成为先进思想文化的传播者、党执政的坚定的支持者,更好地担起学生健康成长的指导者和引路人的责任。坚持潜心问道和关注社会相统一,对教师提出了更高的要求:将个人价值和社会价值相统一。教师求道不应只为了实现个人价值,满足自身的物质和精神需求,应该本着完成小我、成就大我的心态,倾力做到个人价值和社会价值相统一。

4. 坚持学术自由和学术规范相统一。学术自由是所有一流学校孜孜以求并赖以立足的最宝贵的根基,是科学文化繁荣的必要前提。一定程度的学术自由,客观上能够为学者们提供一个良好的发展平台。早在1956年,毛泽东同志就明确提出了"百花齐放,百家争鸣"的方针,以促进我国社会主义文化的繁荣。学术自由强调的是学校和社会要为学者提供追求科学真理的条件保障,以宽松的学术环境来保障学者追求真理的自由。但任何自由都是有条件的,离开纪律的强制性,自由也就无法实现。学术自由和学术规范也是如此,二者辩证统一。学术活动的健康发展离不开学术规范,社会的进步与发展离不开理论创新,学术自由为理论创新提供了前提和保障,为学者们发挥"思想库"作用创造了条件。但是,"无规矩不成方圆",倡导学术自由,并不代表学者们可以放任自流。学术自由需要学术规范的约束,学术成就需要学术规范去评定。学术规范的缺席,不仅会造成学术界一片混乱,而且会影响国家的稳定和发展。

"四个统一"是新时代对师德师风建设提出的客观要求。只要我们认真贯彻落实,师德师风建设就会出现符合时代需要的新气象。

辅导员大部分时间直接与青年学生打交道,面对求知欲旺盛、探索欲强烈的大学生,辅导员要提高自身的政治素质、业务素质、道德素质,和谐地融入辅导员这一角色中。同时,辅导员要因地制宜,因材施教,因人而异,顺势而为,不断学习新思想、新知识和新技术,知行相济,德才兼修,实现原则性和灵活性的统一,理论与实践的统一,自身成长与学生成才的统一,优化工作思路、方式、方法,夯实大学生成长成才的基础,为大学生的成长成才提供保障。

辅导员既是一个培养人的岗位,也是一个锻炼人的岗位。辅导员既要有坚定的政治立场、较强的政治原则性、较高的政治觉悟、适宜的政治灵活性,又要有一定的文化修养和科学文化素质,还要积极学习新知识、新技术,掌握新政策、新情况。同时,辅导员还要具备相当程度的教育能力、管理能力和服务能力,具有爱心、责任心、使命感和诚信意识,更要有角色意识,能全面、准确、深入、透彻、灵活地理解辅导员的角色内涵和外延,把握辅导员的权利、义务和职责,培养辅导员岗位所需的政治素质、业务素质和道德素质,切实地服务高校改革发展大局,切实地帮助大学生成长成才。

## 第二节　高校辅导员工作方法简述

### 一、辅导员教育工作方法的内涵

辅导员是大学生思想政治教育工作队伍的主体之一,是开展大学生思想政治教育工作的骨干力量。伴随着大众化高等教育的发展,大学生在学业、心理、生活、就业等方面的需求越来越多元化和个性化,高校的学生管理工作也逐渐独立、规范,越来越需要专门的组织和专业人员进行统一管理。在此背景下,高校辅导员有其特殊的历史使命:把大学生培养成社会主义事业的合格建设者和可靠接班人。

**(一)辅导员的定位**

《高校学生辅导员行动指引》中关于辅导员的定位是:辅导员是大学生人生发展的导航人、学生成才的指导者、心理健康的辅导者、学生权益的保护人、教学科研的承担者。《教育部关于加强高等学校辅导员、班主任队伍建设的意见》中明确指出,辅导员、班主任是高等学校教师的重要组成部分,是高等学校从事德育工作、开展大学生思想政治教育的骨干力量，是大学生健康成长的指导者和引路人。高校辅导员是"高等学校教师队伍和管理队伍的重要组成部分，具有教师和干部的双重身份"。由此我们可以得出，辅导员是学生政治工作、思想工作、教育管理、心理咨询、就业指导等方面的专家。在具体工作中，辅导员应该遵循大学生思想政治教育工作的规律，坚持继承与创新相结合，创造性地开展工作，促进学生健康成长成才。

（二）辅导员的基本素质

第一，具有较高的思想政治素质。辅导员首先要有一定的政治理论基础和较高的政策水平，要有坚定的共产主义信念，用中国特色社会主义基本理论指导工作。在具体工作中，辅导员要能运用马克思列宁主义的观点、立场、方法解决现实中的各种问题。辅导员只有树立正确的世界观和人生观，才能够把握政治理论发展的脉搏；只有及时更新自身的思想政治理论的知识结构，用最先进的思想政治理论武装自己的头脑，真正做到理论实际与思想教育紧密结合，做到有的放矢地对学生进行思想政治教育，才能在学生中产生巨大的感召力，从而达到影响和教育学生的目的。

第二，具有过硬的业务知识。由于一些新的知识、新的信息不断涌现，学生的信息源越来越多，这就要求辅导员不断加强自身的业务学习，要把相关的业务学习贯穿于工作的始终。在工作中，辅导员要树立终身学习的理念，要熟悉学校的管理规程、熟悉学校政策和国家政策，要掌握处理学生事务的各个环节，要掌握教育学生的方法和手段，要熟悉心理学、伦理学、社会学、法学等相关知识，成为一专多能的专家。同时，辅导员还要不断优化和丰富自己的知识结构，以便能在工作中回答、解决学生提出的各种各样的问题，做到以理服人，能在与学生的接触中找到共同语言，给学生树立榜样。

第三，具有正确的法制理念。社会主义法治理念的提出，是党中央从建设中国特色社会主义、构建和谐社会的总体布局出发，在认真总结我国法治建设实践经验和借鉴世界法治文明成果的基础上做出的一项重大决策。高校是培养和造就社会主义合格建设者和可靠接班人的摇篮，是传播先进文化的基地。开展社会主义法治理念教育，坚持用社会主义法治理念武装头脑、指导实践，以切实解决好"培养什么人""如何培养人"这一社会主义教育事业的根本问题。在学生中开展社会主义法治理念教育，关键是要增强学生的法律意识。辅导员要充分利用每周的党团活动日和班会等形式组织学生专题学习社会主义法治理念,把社会主义法治理念教育和共产主义理想信念教育、社会主义道德观教育、社会主义荣辱观教育结合起来,不断提高学生的综合素质,使学生牢固地树立忠于党、忠于祖国、忠于人民、忠于法律的政治信念①。

第四,具有较强的敬业精神。辅导员要有职业道德、有责任心、有较高的工作热情和敬业精神,要以身作则,多一些奉献精神,少计较个人得失,以培养出合格的人才为荣,这样才能培养出一大批为社会做贡献的大学生。

第五,具有爱心和耐心。爱心是辅导员工作的灵魂和根基,没有爱心,辅导员工作就难见成效。辅导员带给学生的应始终是一张热情、温暖的面孔,使学生时刻能感受到温暖,感受到学校和老师的关爱。辅导员只有发自内心地爱学生,才能与学生的心灵产生碰撞,才能达到心灵交融的完美境界,才能真正融入学生群体。另外,辅导员还应具有顽强的毅力和耐心。做学生的思想工作不是一朝一夕的事情,辅导员需要持之以恒,绝不能半途而废、知难而退。

**(三)辅导员教育**

教育是培养人的社会实践活动,是人类特有的社会现象。教育是在物质生产过程中适应社会和人类自身发展的需要,随着人类社会的产生而产生、随着人类社会的发展而发展的。

辅导员教育是培养学生健全的人格、良好的个性、优秀的品格以及进取精神和创新意识的重要保证。高校辅导员是一支特殊的队伍,他们处在高等教育的第一线,与学生联系最多,相处的时间最长,接触最频繁,是学生思想政治工作第一线的组织者和实施者,扮演着指导学生在德、智、体、美等方面全面发展的特殊角色。辅导员要通过学习心理学和教育学方面的知识来了解学生的特点,同时采取多种途径了解特殊学生的学习、生活和思维特点。

在具体工作中,辅导员一方面要主动与授课教师联系,了解学生的学习情况和学习状态;另一方面要经常与宿舍管理员交流,从而了解学生的生活动态,因为学生宿舍是比较固定的学生生活的场所,也是生活习惯养成教育的阵地。此外,辅导

---

① 温亚林.新形势下高校政治辅导员应具备的基本素质[J].黑龙江教育学院学报,2004,23(1).

员还要积极参与学生的第二、三课堂活动。

第一,接纳他们,逐渐建立起一种体现关爱、公正精神的教育模式。辅导员应经常与学生在一起,确定组织目标,拟定班级活动计划,创设活动情境,体验活动乐趣,达到师生之间、学生之间在教育活动中的主体交融。同时,辅导员在工作中应该提倡在引导和服务的过程中树立实现教育管理的理念;制定出一系列详尽的符合实际的关于学生学习、纪律、寝室卫生、请假制度等内容的实施准则;全面推进以德育为核心的素质教育,培养学生的创新精神和实践能力,使平时的管理程序化、制度化、标准化、人性化。有了规矩,学生的行为也就有了方圆,我们就能防微杜渐,把可能出现的问题消灭在萌芽状态。

第二,全方位地服务学生。随着高校体制改革的进行,辅导员对学生的管理逐步向服务转变。高校与学生的关系已不是传统意义上的纯粹的管理与被管理的关系,高校更多地倾向于为学生的成才成长提供服务。辅导员工作贯穿于学生成才成长的全过程,服务学生无疑是辅导员工作的主要内容。而服务内容随着学生需求的变化越来越多样化,比如教务、学生教育和管理、党团管理、助学贷款和资助管理、学生会管理、心理咨询等方面,都需要辅导员的介入。辅导员要本着"一切为了学生、为了学生的一切、为了一切学生"的原则,深入了解学生的学习需要、心理活动和生活需求,为学生提供尽可能多的服务,建立和谐的师生关系,促进学生素质的不断发展。

第三,注重培养班干部。在高校工作中,学生是主体,培养学生自我教育、自我管理、自我服务的能力是辅导员工作的关键。在具体分工上,辅导员应该指明方向,放手让学生自己去做。这就要求辅导员注重培养班干部并发挥好班干部的作用,要在充分发扬民主的基础上,形成以班干部为中心的学生骨干力量。辅导员应放手让学生自主组织一些有意义的活动,并指导大方向,从全局去把握。这样可以调动学生的积极性,同时也给每个大学生锻炼和展示自己的机会。辅导员培养班干部,要从工作内容、工作方法、工作艺术上进行指导,帮助他们处理好学习和工作的关系,处理好锻炼能力和为同学服务的关系,处理好干部与学生的关系;同时要在学习、生活上严格要求他们,使他们真正成为班级建设的排头兵。

第四,完善工作制度。完善科学的工作制度是辅导员开展工作的重要手段。每个班级都应该有一个详细的班级管理制度,将班级事务尽可能地收录在班规中,除了规定学生的日常行为准则以外,还要赏罚分明。辅导员在执行过程中一定要做到按规矩办事,不能让学生有厚此薄彼或者远近亲疏的感觉。将一切工作制度化、透明化,不仅有利于班级事务的管理,更有利于学生思想的健康发展。

第五,注重学生的个体差异。在学生的日常管理工作中,辅导员要尽量考虑学生自身的特点和不同年级学生的特点,进行具体而又有差别的教育和管理;充分利用网络这个新平台开展学生的思想政治工作,通过加强学生工作网站建设、班级网站建设,用图片、声音、影像材料丰富网站内容,提高思想政治教育的可读性和可理解性;用学生喜闻乐见的形式,在较轻松的气氛中,增强学生的思想政治教育效果;同时利用网络良好的交互性,淡化辅导员在与学生沟通过程中的管理者的形象,使学生感受到他们是在与一个朋友谈心,这样辅导员更容易了解学生心中的真实想法,使思想政治工作真正做到有的放矢,而且也有利于建立和谐的师生关系。

## 二、辅导员教育工作方法的特点

辅导员教育是一项特殊的工作,它的特点主要表现在以下几个方面。

### (一)教育对象的特殊性

辅导员的工作对象不同于科学研究人员、经济管理人员,辅导员不直接作用于劳动产品,而是作用于社会生产力中最活跃、最积极的因素——大学生的身上,通过研究大学生的思维活动过程,来使大学生树立正确的世界观、人生观、价值观,使他们学会做人、做事、做学问,从而为社会培养出健康的、能积极发挥能动作用的人才。

### (二)教育方法的灵活性

一个学生就是一个世界。世界上没有完全相同的人,更不用说一个学校。辅导员面对的是一个个鲜活的学生,面对的是一个个不同的内心世界,这些内心世界会随着时间的推移不断变化。辅导员工作涉及管理、教育、教学、科研等方面,工作内容具有复杂性。因此,辅导员应根据不同的客体来因材施教,灵活运用教育工作方法。

### (三)教育内容的与时俱进性

高校辅导员在计划经济时代的主要职能是教育和管理,而现阶段的主要职能应该转变为服务,因为随着高校收费制度的改革,大学生逐渐成为高等教育的消费者,他们有权利要求学校提供满意的服务,高校辅导员理应成为大学生的服务者。

辅导员要为大学生的成长和成才提供思想方面的指导,提高学生的综合素质,挖掘学生的潜能,培养学生的创新精神,在学习和生活上为学生提供必要的支持与帮助,为学生就业提供必要的服务和指导。辅导员应该从传统意义上的"严师"转变成现代意义上的"师友"。在传统意义上,老师是权威,学生要尊重、顺从老师,学生要按照老师说的去做,老师和学生的地位是不平等的;而当今时代,人与人的地位是平等的。高校辅导员要实现工作目标,就要以平等的朋友身份与学生交流。

### 三、辅导员教育工作方法的基本内容

高校辅导员要对大学生进行思想政治教育,帮助大学生树立正确的世界观、人生观和价值观,具体可通过主题班会进行人生观讨论,也可通过学习当代英模的先进事迹,或邀请先进人物举办讲座来实现,用榜样的力量去感染学生,让学生看到社会的发展和进步需要一大批具有奉献精神的人,人只有对社会有所贡献才活得更有意义,要克服狭隘的个人主义,把个人理想和社会理想结合起来。

**(一)通过多种途径全面了解学生的情况**

大学生有其自身的特点,"学生"和"大人"交叠的双重身份,让他们一方面失去了孩子拥有的享受关怀和宽容的权利;另一方面,很多大学生心智没有完全成熟,他们第一次离开父母独立生活,面对学业、就业、人际关系和爱情等成长烦恼与困惑,远没有外表看上去那么成熟坚强。辅导员对学生进行针对性的指导,首先需要了解学生的情况。新生军训是一个了解学生的机会,辅导员要细心观察,深入军训现场,多与教官交流、沟通,从而获得第一手学生资料。大学生最主要的任务仍然是学习,因此辅导员要主动与任课老师联系,了解学生的学习情况和学习状态。宿舍管理员对学生在宿舍内的情况有一定的了解,辅导员可以经常与宿舍管理员交流,从而了解学生的生活动态,必要时,辅导员可以与学生家长取得联系,了解学生的成长经历与家庭背景。

**(二)制订教育计划,循序渐进地开展教育**

辅导员开展教育不能随心所欲,要从全盘考虑,制订计划:一方面要制订群体教育计划;另一方面,对于特殊的学生,还要结合其特点制订个别计划,从而使教育有序进行。无论是实行学分制的高校还是实行传统的学年制的高校,学生都组成一个相对固定的班级。这个班级一般称为自然班或者行政班,这是相对于教学班而言的。良好的班风对于生活在其中的每一个同学都有教育作用,反之,不良的班

风也会影响生活在其中的每一位同学。作为班级的管理者,辅导员要带领同学制订整体计划,明确各阶段的重点和需要达到的目标。例如,低年级学生主要侧重于行为规范和科学的人生观、价值观、世界观的养成,重在培养个人的行为习惯和良好的思想道德素质。高年级学生侧重于竞争能力和生存能力的培养,全方位地培养学生走向社会后应具备的各种技能和素养,使同学们认清就业市场和经济形势,增强竞争意识。在制订班级整体教育计划的同时,辅导员对于个别特殊的学生还要有个别教育的计划。所谓特殊的学生就是在学习、心理、人际交往、纪律等方面存在问题的学生。这些学生出现以上问题往往和不良的学习、生活习惯有密切的关系。辅导员要面向全体学生,以不放弃任何一个学生为宗旨,帮助学生全面发展。

### (三)完善班级制度,细化养成教育目标

俗话说,没有规矩,不成方圆。建立健全各项规章制度,加强管理,是对大学生进行教育的重要途径。进行学生管理不仅是为了使学校有正常的教育秩序、生活秩序和工作秩序,更重要的是通过管理对学生进行行为训练,这是教育的重要手段。在制定制度的过程中,辅导员要从大学生的思想特点和生活实际出发,充分考虑大学生的身心特点、个性差异和心理承受能力,做到"宽严适度,严而有格";要划清不允许与不提倡的界限、禁止与限制的界限、允许与鼓励的界限等,将教育的目标细化到管理制度中。班级的制度一般有《班规》《班级干部选拔任用考核制度》《德育成绩评定制度》等。在制定规章制度的过程中,辅导员要充分发扬民主,听取学生的意见,这不仅有利于完善制度,也有利于宣传制度、统一认识。同时,制度的执行应与学生思想教育工作相联系,辅导员应晓之以理、动之以情,争取学生发自内心的认同,真正达到"物我合一"的和谐境界①。久而久之,学生就会化外在的管制为内心自发的需求,道德品质便逐渐养成。在具体的执行过程中,辅导员要注意动态方法与静态方法的结合。学校制度文化具有规范性的特点,必须强化相应的监督、约束机制,确保其有效执行,但执行对象是灵活、能动的人,因而辅导员要随机应变地采用动态方法,具体情况具体分析,增进执行主体和客体在相互理解基础上的协调与互动,使"权力化"的制度变得"人性化",促进学生身心愉悦地发展。

---

① 彭凤飞.养成教育——高校辅导员工作的着力点[J].佳木斯学院学报,2010(5).

## （四）发挥学生的主体地位，调动学生的积极性

教育离不开实践，离不开活动与交往。道德规范不能够自动作用于人，也不能间接地传授于人。人们只有在活动与交往过程中，亲身去感受、去体验，才能将道德规范内化成自身的品质。大学生没有了升学的压力，取而代之的是就业压力，提高学生的就业竞争力是学生、家长和学校的共同目标。而就业竞争力考察的是一个人的综合素质，分数在大学生中已不是衡量学业是否成功的标准，这就给大学教育中加强素质养成教育提供了良好的外部环境。大学生已经成年，他们有自己的独立思考能力和是非判断能力。因此，辅导员要转变服务观念，变保姆式的服务为导师式的服务，放手让学生自己去尝试、去体验，从而得到实践经验。为了发挥学生的主观能动性，辅导员还要多鼓励少批评、多引导少强制，以理服人、以情感人，在入学初就让他们知道大学生的行为规范和社会对大学生的期望。

## （五）树立责任意识，推进班风建设

大多数学生家庭经济条件比较优越，在成长的过程中较少受到挫折，因此心理承受能力普遍较弱。他们习惯了家长和老师为他们安排好一切，如果安排不合他们的意愿，就会怨声载道。他们的维权意识大大增强，但对自己该承担的义务和责任却没有足够的认识。他们把家庭、学校和社会提供给他们的一切视作理所当然，认为家长就理应供他们上学，为他们安排好生活的一切，学校应该给他们提供优质的服务，社会应该给他们提供宽松舒适的环境，而很少思考自己作为家庭、学校、社会的一员，应该为家庭、学校和社会做点什么。因此，辅导员要让这些学生明白他们作为人子、作为学生、作为公民应该承担的义务和责任，要让他们懂得感恩。增强学生的责任感，首先要培养他们对自己的责任感。自己的事情自己做，自己做的事情自己负责，自己的选择自己承担后果和风险。当然，仅仅培养他们对自己的责任感是不够的，但一个肯对自己负责、自尊、自爱、自立、自强的人，才会对别人、对集体、对国家负责。辅导员要教育好学生，就必须不断了解和研究学生。这是教育学生、做好辅导员工作的必要条件。只有做到这一点，辅导员工作才能符合实际，对学生进行教育才能有的放矢，防止工作中产生主观主义和一般化的倾向，这样就能使班级工作有一个良好的开端。了解学生包括个人和集体两方面。了解学生的个人情况，主要包括个人德、智、体的发展，比如他的兴趣、爱好、特长、品质、性格，

他在家庭生活中的地位和他的社会交往情况。了解学生的集体情况是在了解学生的个人情况的基础上进行的,主要包括学生德、智、体发展的全貌以及班风等情况。

**(六)发挥网络的积极作用,引导学生健康上网**

互联网是一把双刃剑,在带给人们巨大便利的同时,也带来了不容忽视的负面影响。由于大学生正处在世界观、价值观的形成时期,因此任何消极的、不良的信息都会影响其品格的发展。目前,大学生因迷恋网络而无法正常学习、性格孤僻的现象已成为一个社会问题。因此,高校辅导员在利用网络与学生交流时,应加强对学生上网行为的引导,使他们形成正确的网络意识,培养学生养成良好的网络素养,防止网络越轨行为和破坏性行为的发生。同时,辅导员应该在校园网站上开辟网上论坛,与学生在网上直接进行交流;开设辅导员电子信箱,使大学生在遇到问题时能够及时与辅导员沟通。在网络教育中,辅导员要重视学生的个性发展,突出他们在教育中的主体地位,培养学生分辨信息和开发、利用、处理信息的能力,帮助和引导大学生抵制反动、色情、暴力、趣味低级的信息。

**(七)强化就业指导,帮助学生做好职业生涯规划**

职业生涯规划与就业指导并不是毕业班学生的专利,应当成为大学教育的一部分。其目的是让学生了解自己的专业、就业方向和就业前景,稳定学生的专业思想,提供学习动力。辅导员应做好简历制作指导,指导学生制作简历,便于假期打工实习;指导学生包装自己,让他们了解自己的优势和劣势,明确之后的发展目标;做好实习动员及指导,让学生明确实习的重要性以及实习对就业的影响,帮助学生通过实习直接或间接地找到对口单位;提供就业意向书的签订、面试技巧、礼仪知识、防骗等相关知识,让学生在就业过程中尽可能少走弯路,增强竞争力。

## 第三节 高校辅导员教育工作方法的演变

### 一、辅导员教育工作的发展趋势

经过40多年的实践与探索,高校辅导员队伍建设逐步走上正规化、科学化的发展之路,不仅积累了宝贵的经验,也为我们在新的历史起点上进一步加强辅导员队伍建设提供了一些重要的启示。

**（一）提高认识和健全制度相结合**

辅导员是开展大学生思想政治教育的骨干力量，是大学生日常思想政治教育和管理工作的组织者、实施者和指导者。加强和改进大学生思想政治教育，辅导员是关键。改革开放以来，党和政府制定了一系列政策与措施加强高校辅导员队伍建设，并取得了明显的成效。在党的领导下，广大辅导员勤奋工作、默默奉献，为培养社会主义事业合格建设者和可靠接班人，维护高校和社会的稳定，促进高等教育的改革与发展做出了重要的贡献。

改革开放40多年来的经验表明，加强高校辅导员队伍建设，提高认识是关键，制度建设是根本。没有认识的提高，就没有思想上的高度重视，也就不可能采取切实有力的政策与措施；而仅有思想上的重视，没有健全的制度做保障，辅导员队伍建设同样不能实现长期、稳定、健康的发展。辅导员队伍建设是一项长期性、系统性的工作，涉及编制、待遇、培养、培训、发展、管理等一系列问题，不仅需要我们在思想上长期加以重视，而且需要有一系列制度和措施相配套。高校要从思想认识、体制机制、政策措施、人才培养等方面采取有力的举措，调动广大辅导员的积极性，提高辅导员工作的水平。

当前，我国高等教育已进入一个新的发展阶段，高校辅导员队伍建设面临一些新的情况与问题。建设一支什么样的辅导员队伍？如何建设辅导员队伍？这是我们必须认真思考的问题。习近平总书记在全国高校思想政治工作会议上强调，教师是人类灵魂的工程师，承担着神圣使命。传道者自己首先要明道、信道。高校教师要坚持教育者先受教育，努力成为先进思想文化的传播者、党执政的坚定支持者，更好地担起学生健康成长的指导者和引路人的责任。要加强师德师风建设，坚持教书和育人相统一，坚持言传和身教相统一，坚持潜心问道和关注社会相统一，坚持学术自由和学术规范相统一，引导广大教师以德立身、以德立学、以德施教。

在新的历史起点上，我们不仅要深刻认识辅导员在我国高等教育发展中的特殊地位和历史贡献，而且要从高等教育大众化发展的规律中把握辅导员队伍发展的趋势，进而完善相关政策和制度。只有将提高认识与健全制度有机结合起来，建立长效发展机制，让广大辅导员干事有平台、发展有空间、待遇有保障、事业有成就，才能吸引和留住长期潜心从事辅导员工作的优秀人才，才能建立一支结构合理、业务精湛、相对稳定的辅导员队伍。

### (二)专职队伍建设和兼职队伍建设相结合

做好大学生思想政治教育工作,不仅需要一批专职人员做骨干,以承担繁重的工作任务,而且需要建立一支以教师、高年级学生和研究生为主体的兼职辅导员队伍,以利于将思想政治教育更好地渗透到专业课的教学及其他方面。改革开放以来,专职与兼职相结合始终是辅导员队伍建设所坚持的一个基本原则。1980年,教育部和团中央在《关于加强高等学校学生思想政治工作的意见》中指出,不仅专职、兼职的政工干部要做思想政治工作,业务课教师也要做思想政治工作,特别要注意发挥马列主义理论课教师和各科骨干教师的作用。1984年,中宣部、教育部在《关于加强高等学校思想政治工作队伍建设的意见》中进一步强调,高等学校的思想政治工作队伍必须实行专职和兼职相结合。2006年,教育部在《普通高等学校辅导员队伍建设规定》中进一步明确,辅导员的配备应坚持专职为主,专兼结合的原则。改革开放以来,辅导员队伍专兼结合的做法使育人为本和德育为先的理念在实际工作中得到贯彻落实,也成为培养和造就高素质人才的一个重要方法。2017年,教育部对《普通高等学校辅导员队伍建设规定》进行修订,提出,高等学校可以从优秀专任教师、管理人员、研究生中选聘一定数量兼职辅导员。兼职辅导员工作量按专职辅导员工作量的三分之一核定。随着我国高等教育大众化的不断推进,辅导员队伍在不断壮大。坚持专兼职相结合,不仅有利于减少学校的用人成本,提高办学效益,而且也有利于发挥兼职人员的特有优势,形成全员育人的大格局。

### (三)政治素质建设和能力建设相结合

高校的根本任务是培养德、智、体、美全面发展的社会主义事业的合格建设者和可靠接班人。"培养什么人、如何培养人",是我国社会主义教育事业发展中必须解决好的根本问题。正确认识和切实解决好这个问题,事关党和国家的长治久安,事关中华民族的前途命运。十九大报告提出要"立德树人",坚定有力地回答了这一事关党和国家前途命运的问题,具有里程碑意义。高校辅导员作为大学生思想政治教育的骨干力量,承担着宣传党的路线、方针、政策,传播社会主义意识形态和精神文明,用优秀文化培育大学生,维护高校和社会稳定等重要任务。这就要求他们首先要具备非常高的政治素质。

改革开放以来,党和政府始终坚持把政治素质建设放在辅导员队伍建设的首位,强调"在事关政治原则、政治立场和政治方向问题上不能与党中央保持一致的,不得从事大学生思想政治教育工作"。而大学生思想政治教育工作具有应用性、实践性强的特点,这要求辅导员掌握思想政治教育的基本原理和工作方法,具备从事学生教育教学和科研工作的能力。1984年以来,通过设置思想政治教育专业,加强正规化培训,辅导员队伍的业务素质得到一定程度的提高。但是,教育教学能力和科研能力薄弱一直是辅导员队伍建设存在的突出问题。这不仅制约了辅导员队伍的发展,也严重影响了辅导员的角色形象。随着我国经济和社会的发展,大学生的思想观念和价值取向日益多样化,独立性、选择性、多变性和差异性日益增强。这种变化客观上要求辅导员具备一定的科研能力,能够根据工作对象和工作条件的变化,及时调整工作思路和方法。而作为教师队伍的重要组成部分,辅导员本身的定位也要求他们具备一定的教学能力和科研能力。因此,将政治素质建设和能力建设结合,在提高思想政治素质的同时,不断提高辅导员的教育教学能力和科研能力,不仅是辅导员工作的客观需要,也是实现辅导员队伍自身发展的必然要求。

**(四)专业培养和职业发展相结合**

改革开放以来,关于如何建设高校辅导员队伍这一问题,人们在思想认识方面经历了一个逐步深化的过程。20世纪80年代初,全国高校基本上恢复了"双肩挑"制度。辅导员既要做思想政治工作,又要坚持业务学习,有的还担负着一部分教学任务。随着实践的深入,人们对辅导员队伍建设有了新的认识。1981年,时任教育部部长蒋南翔同志提出:"思想政治教育也是一门科学,应当不断积累和总结经验,探索客观规律,因此很需要根据各级学校的不同情况,设立必要的专职人员从事这方面的工作。"1984年以来,思想政治教育专业和思想政治教育专业第二学士学位班培养了一大批从事思想政治教育工作的专门人才,辅导员队伍的整体素质得到了较大程度的提高。但是,辅导员队伍建设在正规化培训的基础上还没有进入专业化培养阶段。长期以来,队伍不稳定、待遇与地位不高、工作职责不明确、专业性不强等问题一直困扰着辅导员队伍的建设,也严重影响了学生的培养质量。人们从实践中逐步认识到,仅有正规化培训而没有专业培养和职业发展,仍然不能建设一支高水平的辅导员队伍。有的学者提出,如果高校辅导员工作长期停留在经验型发展阶段,不积极主动地推进专业化和职业化进程,那么它的职业生命就会缩短,甚至被其他职业代替。在总结历史经验的基础上,2005年,教育部在《关于加强高等学校辅导员、班主任队伍建设的意见》中明确提出,要鼓励和支持一批骨干长期从事辅导员工作,向职业化、专家化方向发展。近年来,围绕辅导员的专业培养和职业发展,一些领导、专家和学者进行了深入的研究。这些理论成果一方面深化了对辅导员队伍建设规律性的认识,另一方面丰富了辅导员队伍建设的内容,拓展了工作思路。改革开放40年来的经验表明:没有专业培养做基础,辅导员队伍素质就必然参差不齐;没有职业发展做保障,辅导员队伍的可持续发展就必然受到影响。只有将专业培养与职业发展结合起来,辅导员队伍才能走上科学发展之路。

**三、辅导员教育工作方法的现实意义**

辅导员教育工作方法的效能如何,直接决定了辅导员队伍的性质和面貌,最终将影响大学生的健康成长。有效的辅导员教育工作方法是加强和改进大学生思想政治教育和维护高校稳定的重要组织保证和长效机制,对培养德才兼备、乐于奉献、热爱大学生思想政治教育事业的辅导员队伍具有特殊意义,也对新时期辅导员队伍的思想建设具有十分重要的现实意义。

知识经济对高校思想政治工作提出了严峻的挑战,也赋予了难得的机遇。如何科学、客观地分析和应对高校学生工作的发展趋势,研究高校辅导员教育方法是高校改革和发展的重要课题。高校思想政治工作不仅要靠教育者循循善诱地教育和启迪学生的心灵,更要靠辅导员利用自身的素质和形象来感染和影响学生,起到表率和典范作用。感人心者,莫先乎情。对学生有一颗爱心,是做好思想政治工作的重要前提。辅导员深入学生群体,想学生之所想、急学生之所急,通过发扬学生的长处,鼓励和激发他们积极向上的进取心,充分肯定他们的进步与取得的成绩;同时通过循循善诱,以理服人、以情感人,培养学生的自立能力和自强意识,达到"润物细无声"的效果,做到既有情感中的教育,又有教育中的情感。

总之,辅导员要通过现代化的教育手段和媒介,把新思路、新知识、新信息传递和灌输给学生,帮助他们树立正确的世界观、人生观和价值观。

## 第四节　高校辅导员工作方法的实施与创新

### 一、辅导员教育工作的支持力量

在多元文化冲击和世界性道德危机频出的背景下,高校辅导员工作面临着新的挑战。在科学发展日新月异、社会发展加速转型的背景下,国家对辅导员队伍建设给予了极大的支持,高校学生工作队伍的职业化、专业化发展既是高等教育改革和发展的需要,也是解决当前高校学生工作面临的某些突出问题的必然选择。高校辅导员队伍建设最根本的出路是进行专业化建设,建立职业化队伍,向专家型方向发展。

进一步贯彻落实教育部《普通高等学校辅导员队伍建设规定》的文件精神,分析当前辅导员队伍的现状,并提出相应的对策,并建设一支思想素质高、业务能力强、结构合理又相对稳定的辅导员队伍,对实现高校的育人功能和学校的稳定发展十分重要。

2018年全国教育大会上,习近平主席强调,长期以来,广大教师贯彻党的教育方针,教书育人、呕心沥血、默默奉献,为国家发展和民族振兴做出了重大贡献。教师是人类灵魂的工程师,是人类文明的传承者,承载着传播知识、传播思想、传播真理,塑造灵魂、塑造生命、塑造新人的时代重任。全党全社会要弘扬尊师重教的社会风尚,努力提高教师的政治地位、社会地位、职业地位,让广大教师享有应有的社会声望,在教书育人岗位上为党和人民事业做出新的更大的贡献。这说明了建立一支专业的教师队伍的重要性。

### 二、辅导员教育工作面临的挑战

#### (一)多元文化冲击给辅导员工作带来的挑战

21世纪初,传统与现代的相遇、新生与陈旧的交锋、先进与落后的对垒、东方文化与西方文化的碰撞,都对当代大学生的价值观念、社会心理和生活方式产生了巨大的冲击和影响,出现了许多前所未有的新情况、新问题,这就给辅导员工作提出了新要求。辅导员必须首先适应多元文化,从思想上坚定社会主义理想信念,才能帮助和引导大学生始终保持正确的政治方向。

**（二）新时期的大学生思想政治教育给辅导员工作带来的挑战**

《中共中央国务院关于进一步加强和改进大学生思想政治教育的意见》，是新时期高校辅导员指导大学生进行思想政治教育与管理的纲领性文件。文件要求辅导员以"学生为本"，牢固树立"全过程育人、全方位育人"的理念，自觉加强思想道德修养，提高政治觉悟。这对高校辅导员是一个挑战，因为长期以来高校存在专业知识学习与做人孰轻孰重的争论。这两者的关系实质上折射的是知识教育与思想政治教育的关系。辅导员引导学生正确地处理"学习"与"做人"的关系和把握它们之间的"关节点"，就显得比较困难。辅导员必须认真学习、深刻领会《普通高等学校辅导员队伍建设规定》文件精神，但成效如何关键要看高校辅导员贯彻和执行的情况。

**（三）世界性道德危机给辅导员工作带来的挑战**

联合国前秘书长加利在1995年召开的联合国社会发展世界首脑会议上指出，当今世界正面临社会和道德危机。无论是发达国家还是发展中国家，都对青年大学生的道德问题深感忧虑，当代的美国青年被称为"漠不关心的一代"，他们对"公民的权利和义务"只理解了一半，只强调权利而忽视义务；法国青年被人们称为"被牺牲的一代"，贪图享乐、无所事事、花天酒地，没有人生理想和目标。俄罗斯精神病专家鲍里斯·德拉普金认为，俄国青年一代在性格方面形成了病态的劣性：残忍、好斗、爱撒谎、有怨恨心理，对什么都无所谓；日本青少年的校内暴力、欺骗同学、逃学、自杀等"教育荒废"现象也愈演愈烈，成为各种社会问题中的核心问题。在第三世界国家，青年学生的道德问题也是人们普遍关注的话题。世界性的道德危机必然影响我国青年学生的人生观和价值观的树立。在世界道德危机的影响下，我国高校的学生工作面临许多问题。

辅导员队伍发展既有"先天的缺陷"，又面临社会道德危机、大学生整体素质下降和社会转型所带来的负面影响等"后天"的挑战。因此，只有从根本上提高辅导员的综合素质，建立科学的运行和奖惩机制，才能从源头上解决辅导员制度面临的困境。

**三、辅导员教育工作的实施与创新**

新形势下，高校辅导员要从关心学生的学习和生活入手开展思想政治工作，关心他们的身心健康，促进学生的全面发展，为学生的健康成长提供及时的指导和帮助;要针对不同群体的特点开展工作,强调工作内容和方法的针对性,对于存在心理缺陷和心理障碍的学生,尤其要找出切实可行的办法,避免对他们造成意外的心理伤害。高校辅导员的工作还要与时俱进、不断创新。

**(一)掌握学生信息,坚持因人施教**

辅导员要做好工作,首先要掌握和了解班级情况和学生情况。了解、研究学生时要求做到全面性、经常性和及时性。全面性就是指在了解班级情况时要从班级学生的构成情况、生源情况、思想状况、学习情况、学生干部情况、班级活动情况、纪律卫生情况等方面进行了解;了解学生情况时,要对学生的家庭情况、学习情况、生活情况、思想情况、兴趣爱好、性格特点等方面进行了解。经常性是指要经常深入学生群体了解情况,因为学生正处在生理、心理发展变化迅猛的阶段,各方面发生的变化很迅速,对学生的了解不仅仅是过去,更重要的是现在。及时性是指对班级和同学的情况应及时掌握,对出现的问题能及时妥善地处理好。可以采取观察、谈心、听课、查阅学籍档案等方法,针对不同的学生要采取不同的方法,因人施教。正如卢梭所说,每一个人的心灵有他自己的形式,必须按他的形式去指导他,必须通过他这种形式而不能通过其他的形式去教育,才能使你对他花费的苦心收到成效。

**(二)掌握年级特点,有的放矢地工作**

学生进校以后,不同的年级有不同的生理、心理、思想的特点,辅导员应根据不同的年级、不同阶段的特点有的放矢地开展工作。一年级学生的特点是对大学生活充满幻想,对新的生活、学习环境及生活方式、人际关系不适应,积极要求进步,渴望成才,思想不稳定,对所学专业知之甚少。对于一年级的新生,辅导员首先要帮助他们尽快适应大学生活、学习;其次要加强法制法规的宣传和教育,使他们从入学开始就遵纪守法,成为有良好的行为习惯和社会公德的人;再次要严格要求,使他们进入良性循环轨道。可以说,一年级学生的入学教育基础搞得好,以后的工作就好开展,反之则学生的整个大学生活都受到影响。二年级学生的特点是思想较稳定,渴望独立,渴望理解与友情,但处于心理发育期,容易出现焦虑苦闷、情绪消极、行为散漫等现象,以往的不良行为开始暴露。对于这部分大学生,辅导员首先要抓住主要矛盾,树正气、压邪气,当好过滤器;其次要帮助学生树立正确的人生观、价值观、爱情观;再次要帮助学生培养良好的情绪、健全的人格、良好的人际关系,使他们成为心理健康的人。三、四年级学生的特点是独立感较强,有成人意识,知识面较宽,自我意识强,关心自己的前途,但有的学生思想空虚,甚至看破红尘,玩世不恭。对于这部分大学生,辅导员首先要帮助他们树立正确的择业观,同时帮助他们搞好就业工作;其次是帮助他们正确看待挫折;再次是搞好毕业前教育,帮助他们及早适应社会。

### (三)掌握心理知识,培养良好素质

美国教育家戴尔·卡耐基调查了各界的许多名人之后认为,一个人事业上的成功,不是由于他们的学识和专业技术,而是靠良好的心理素质和善于处理人际关系的能力。人才的竞争,既有数量的问题,也有质量的问题。心理健康是关系到人才质量的重要问题。心理健康的重要性,现在已为越来越多的人所认识。《中共中央关于进一步加强和改进学校德育工作的若干意见》中,第一次正式提出,应通过各种方式对不同年龄层次的学生进行心理健康教育和指导,帮助学生提高心理素质,健全人格,增强承受挫折、适宜环境的能力。一个健康的人既要有健康的身体也要有健康的心理。随着社会的高速发展,人们的生活节奏日益加快,竞争的加剧、人际关系的复杂化、科学技术的快速发展、知识爆炸性的增加,迫使人们不断进行知识更新。这些都给人的心理带来了巨大的压力,给人的心理健康带来了一定的影响。作为社会的一员,高校大学生在心理健康方面不可避免地受到影响。不少学生在学习和生活过程中都不同程度地表现出一定的心理问题,他们本身还面临着就业、学习等方面的困扰。针对这些问题,辅导员必须具备一定的心理学知识以解决学生的心理问题,而不是用空洞的行政方式进行说教。

# 第二章　高校辅导员教育管理精细化探析

　　加强和改进高校大学生思想政治教育工作,是我国长期以来一项重大而紧迫的战略任务。这对培养德、智、体、美全面发展的社会主义事业的合格建设者和可靠接班人,实现伟大的中国梦,具有重大而深远的战略意义。伴随着全球经济一体化、政治多极化、西方意识形态的不断渗透以及新技术、新媒体平台的快速发展,当今中国的社会结构、人们的价值观念和思维方式等都发生了深刻的变化。在这种客观环境下,我国高校大学生思想政治教育工作正面临严峻的挑战。因此,在新的时期,结合时代特征和国家对高校人才培养质量的高要求,理清高校大学生思想政治教育工作的研究现状和实践现状,深入反思,找出新时期高校大学生思想政治教育工作中存在的问题,创新大学生思想政治教育工作的新思路和新方法,探索高校大学生思想政治教育工作的精细化,提高高校大学生思想政治教育工作的针对性和实效性,具有重大而现实的意义。

## 第一节　高校大学生思想政治教育工作分析

### 一、加强和改进高校大学生思想政治教育工作的紧迫性

　　加强和改进高校大学生思想政治教育工作是我国长期以来一项重大而紧迫的战略任务。进入21世纪后,我国高等教育进入发展的快车道,在校学生规模不断扩大。针对越来越多的在校大学生和世界环境的快速变化,高校大学生思想政治教育工作也要与时俱进,不断向前发展。

**(一)教育指导文件对大学生思想政治教育工作起到积极的推动作用**

　　高校要加大对思想政治教育工作的研究力度与实践力度,力争提高高校大学生思想政治教育工作的针对性与实效性,为培养出德、智、体、美全面发展的社会主义事业的合格建设者和可靠接班人做准备。面对新情况和新问题,国家相关部门高瞻远瞩,颁布了一系列重要文件,对大学生的思想政治教育工作、大学生社会主

义核心价值观的培育和践行以及意识形态教育工作等进行了顶层设计与具体部署,并给出了指导性意见。这充分说明党和国家对高校大学生思想政治教育工作的重视程度。这些文件对于提高大学生的思想政治教育工作的规范化和科学化水平起到了积极的推动作用。2000年至今,国家相关部门颁布的高校大学生思想政治教育工作文件汇总如下。

表2-1 高校大学生思想政治教育工作相关文件汇总

| 序号 | 文件名称 | 发文机构 | 发布时间 |
| --- | --- | --- | --- |
| 1 | 《关于进一步加强高等学校学生思想政治工作队伍建设的若干意见》 | 中共教育部党组 | 2000 |
| 2 | 《关于进一步加强和改进大学生思想政治教育的意见》 | 中共中央、国务院 | 2004 |
| 3 | 《中共中央宣传部 教育部关于进一步加强高等学校学生形势与政策教育的通知》 | 中共中央宣传部、教育部 | 2004 |
| 4 | 《中共中央宣传部 教育部关于进一步加强和改进高等学校思想政治理论课的意见》 | 中共中央宣传部、教育部 | 2005 |
| 5 | 《〈中共中央宣传部 教育部关于进一步加强和改进高等学校思想政治理论课的意见〉实施方案》 | 中共中央宣传部、教育部 | 2005 |
| 6 | 《教育部关于进一步加强和改进研究生思想政治教育的若干意见》 | 教育部 | 2010 |
| 7 | 《教育部等部门关于进一步加强高校实践育人工作的若干意见》 | 教育部、中宣部、财政部等七部门 | 2012 |
| 8 | 《全国大学生思想政治教育工作测评体系(试行)》 | 中共中央宣传部、教育部 | 2012 |
| 9 | 《教育部社科司关于印发〈高校思想政治理论课教学方法改革项目"择优推广计划"实施方案〉的通知》 | 教育部社科司 | 2013 |
| 10 | 《中共教育部党组关于在全国各级各类学校深入开展"我的中国梦"主题教育活动的通知》 | 中共教育部党组 | 2013 |
| 11 | 《中共中央组织部 中共中央宣传部 中共教育部党组关于进一步加强高校学生党员发展和教育管理服务工作的若干意见》 | 中共中央组织部、中央宣传部、中共教育部党组 | 2013 |
| 12 | 《关于培育和践行社会主义核心价值观的意见》 | 中共中央办公厅 | 2013 |

续表 2-1

| 序号 | 文件名称 | 发文机构 | 发布时间 |
|---|---|---|---|
| 13 | 《关于进一步加强和改进新形势下高校宣传思想工作的意见》 | 中共中央办公厅、国务院办公厅 | 2015 |
| 14 | 《关于加强和改进新形势下高校思想政治工作的意见》 | 中共中央、国务院 | 2017 |
| 15 | 《中共教育部党组关于印发〈高校思想政治工作质量提升工程实施纲要〉的通知》 | 中共教育部党组 | 2017 |
| 16 | 《教育部思想政治工作司关于培育建设高校思想政治工作创新发展中心的通知》 | 教育部思想政治工作司 | 2018 |
| 17 | 《教育部思想政治工作司关于建设高校思想政治工作队伍培训研修中心的通知》 | 教育部思想政治工作司 | 2018 |
| 18 | 《教育部思想政治工作司关于培育建设高校思想政治工作精品项目的通知》 | 教育部思想政治工作司 | 2018 |

本节就其中特别重要的、具有里程碑意义的、和高校学生思想政治教育工作密切相关的三个文件进行说明。

1.《关于进一步加强和改进大学生思想政治教育的意见》。2004年10月14日，为了贯彻党的十六大精神，中共中央和国务院联合颁布了《关于进一步加强和改进大学生思想政治教育的意见》。由于该文件是2004年发的第16号文件，因此，简称该文件为中央16号文件。在我国高等教育事业的发展进程中，我们必须要明白一个基本问题，即我国高等教育到底要培养什么样的人才、如何培养。大学生是我国未来发展的宝贵的人才资源，是伟大中国梦的践行者，是中华民族未来的希望所在。因此，使大学生成才，使之成为未来国家合格的建设者和可靠的接班人，是高校的重要任务。另一方面，大学生在成才的同时保持优秀的思想道德品质、过硬的思想政治觉悟、坚定的信仰以及健康的身体，即在发展"智"的同时，保证德、体、美和劳共同进步，事关国家和中华民族的未来大计。16号文件对新时期我国高校大学生的思想政治教育工作做了全面的动员和周密的部署，是我国高校大学生思想政治教育工作的纲领性文件。该文件的颁布具有里程碑意义。自该文件颁布后，相关的工作与研究主题都得到极大的推进，包括高校辅导员、大学生思想政治教育、大学生的社会主义核心价值观等,都得到了高校和学术界的高度关注,相关研究文献的发文量相较以前大幅度提高。

2.《关于培育和践行社会主义核心价值观的意见》。党的十八大报告用24个字描述了社会主义核心价值观的核心内容,明确提出"倡导富强、民主、文明、和谐,倡导自由、平等、公正、法治,倡导爱国、敬业、诚信、友善,积极培育和践行社会主义核心价值观"。为了深入贯彻和落实党的十八大和十八届三中全会精神,积极培育和践行社会主义核心价值观,2013年12月23日,中共中央办公厅印发了《关于培育和践行社会主义核心价值观的意见》(以下简称《意见》)。该《意见》分六大部分,共计23个小点,对培育和践行社会主义核心价值观提出了相关要求。六大部分分别是:培育和践行社会主义核心价值观的重要意义和指导思想,把培育和践行社会主义核心价值观融入国民教育全过程,把培育和践行社会主义核心价值观落实到经济发展实践和社会治理中,加强社会主义核心价值观宣传教育,开展涵养社会主义核心价值观的实践活动,加强对培育和践行社会主义核心价值观的组织领导。高校是社会的重要组成部分,培育和践行社会主义核心价值观是高校师生义不容辞的责任。该《意见》的第二部分专门分三个小点来说明把培育和践行社会主义核心价值观融入国民教育的全过程。《意见》指出"适应青少年身心特点和成长规律,深化未成年人思想道德建设和大学生思想政治教育,构建大中小学有效衔接的德育课程体系和教材体系,创新中小学德育课和高校思想政治理论课教育教学,推动社会主义核心价值观进教材、进课堂、进学生头脑",并提出了拓展青少年培育和践行社会主义核心价值观的有效途径:注重发挥社会实践的养成作用,完善实践教育教学体系,开发实践课程和活动课程,加强实践育人基地建设,打造大学生校外实践教育基地、高职实训基地、青少年社会实践活动基地,组织青少年参加力所能及的生产劳动和爱心公益活动、益德益智的科研发明和创新创造活动、形式多样的志愿服务和勤工俭学活动。《意见》对建设高素质教师队伍也提出了要求:着重抓好学校党政干部和共青团干部,思想品德课、思想政治理论课和哲学社会科学课教师,辅导员和班主任队伍建设。随着国家对大学生培育和践行社会主义核心价值观的重视,相关的理论研究,包括大学生培育和践行社会主义核心价值观内涵的理解、大学生培育和弘扬社会主义核心价值观的意义以及大学生培育和践行社会主义核心价值观的途径等,目前已经成为学术研究的热点。本章将对目前关于大学生培育和践行社会主义核心价值观的学术研究现状进行回顾和梳理。

3.《关于进一步加强和改进新形势下高校宣传思想工作的意见》。继中央16号文件下发以后,和高校思想政治教育最密切、最重要的文件当属中共中央办公厅和国务院办公厅于2015年1月19日印发的《关于进一步加强和改进新形势下高校宣传思想工作的意见》(以下简称《意见》)。《意见》站在时代的高度,紧紧把握时代的脉搏,进一步明确了高校作为意识形态工作前沿阵地所肩负的重要使命,为我国新形势下推进高校宣传思想工作进行了战略部署和安排。

在国家高度重视高校学生思想政治教育的背景下,对高校大学生的思想政治教育工作进行精细化管理意义重大。通过一系列高校思想政治教育工作精细化管理的策略,高校大学生思想政治教育工作的针对性和实效性能够进一步提升。

**(二)重视与加强思想政治教育是培养我国高校大学生创新能力的有效途径**

随着我国高校大学生思想政治教育工作的深入开展,大学生思想政治教育的内涵和形式正在不断延伸。除了传统的政治教育、道德教育和人生观教育,大学生思想政治教育内容还包含了法治观念教育以及世界观教育等。思想政治教育不仅能够让大学生具备较高的思想道德水平,还能够培养他们坚强的意志品质、抵抗挫折的能力以及宽广的视野。而这些能力正是我们国家一直以来倡导的素质教育和创新教育所要求达到的。因此,思想政治教育是培养我国大学生创新能力的有效途径。

**二、高校大学生思想政治教育工作的理论研究现状分析**

理论研究的目的在于更好地指导实践。在总结分析归纳高校思想政治教育精细化策略之前,我们有必要对高校大学生思想政治教育工作的理论研究进行梳理、总结和反思。

高校思想政治教育研究是我国哲学社会科学研究的重要组成部分,也是我国高等学校思想政治教育工作的重要手段和重要组成部分。高校思想政治教育工作理论研究要为高校大学生思想政治教育工作服务,要为培养社会主义合格建设者和可靠接班人服务,还要为有效地指导大学生思想政治教育实践活动服务。

加强和改进高校大学生思想政治教育工作是辅导员重要的工作职责。目前的高校大学生思想政治教育包括大学生社会主义核心价值观教育、大学生意识形态教育以及大学生思想道德建设等。党的十九大提出了社会主义核心价值观内涵,

2013年,随着中共中央办公厅《关于培育和践行社会主义核心价值观的意见》的颁布,加强社会主义核心价值观教育成为当前高校思想政治工作的重要内容。而随着国家对社会主义核心价值观的重视以及相关文件的发布,大学生社会主义核心价值观的相关理论研究越来越受重视。

2006年,党的十六届六中全会通过的《中共中央关于构建社会主义和谐社会若干重大问题的决定》,把建设社会主义核心价值体系放在了极其重要的战略位置。党的十九大明确指出,坚持社会主义核心价值体系,必须坚持马克思主义,牢固树立共产主义远大理想和中国特色社会主义共同理想,培育和践行社会主义核心价值观,不断增强意识形态领域主导权和话语权,推动中华优秀传统文化创造性转化、创新性发展,继承革命文化,发展社会主义先进文化,不忘本来、吸收外来、面向未来,更好地构筑中国精神、中国价值、中国力量,为人民提供精神指引。大学生理应掌握和践行社会主义核心价值观,他们是社会主义核心价值观培育的重要对象与实践的主体。

社会主义核心价值体系的提出至今已有十多年,大学生社会主义核心价值观的研究一直以来都受到学界的重视。特别是近年来,高校大学生社会主义核心价值观的培育和践行已经成为高校思想政治教育工作方面最活跃的研究热点。本小节在大学生社会主义核心价值观培育和践行越来越受重视和不断发展的背景下,以高校大学生社会主义核心价值观的培育和践行为研究对象,基于2006—2018年间CNKI期刊论文的文献计量和社会网络分析,对国内高校大学生社会主义核心价值观研究领域进行定量分析和系统梳理,从高校大学生社会主义核心价值观的培育和践行情况窥见近十年来高校思想政治教育工作的基本情况,进而分析研究高校大学生思想政治教育工作的精细化管理策略。

**(一)关于培育和践行大学生社会主义核心价值观的学术研究现状的分析数据来源**

2006年,党的十六届六中全会通过的《中共中央关于构建社会主义和谐社会若干重大问题的决定》,研究了构建社会主义和谐社会的若干重大问题,第一次明确提出了"建设社会主义核心价值体系"这个重大战略任务。自此,高校大学生社会主义核心价值观的培育和践行得到了学界的高度重视,相关研究成果陆续出现。大学生社会主义核心价值观相关研究文献来源于CNKI,文献检索的条件为:将词语"社会主义核心价值观"和词组"高校、大学生"构成两组主题词,即"大学生社会主义核心价值观"和"高校社会主义核心价值观",两组主题词的关系是"或者"。一共检索到相关研究期刊发表的论文为9710篇。在这9710篇研究文献中,最早的一篇发表于2006年,和2006年党的十六届六中全会通过《中共中央关于构建社会主义和谐社会若干重大问题的决定》的文件第一次明确提出"建设社会主义核心价值体系"这个重大战略任务的背景相符。

(二)大学生社会主义核心价值观培育和践行相关研究文献研究力量分析

文献计量学是借助文献的各种特征数量,采用数学与统计学方法来描述、评价和预测科学技术的现状与发展趋势的图书情报学分支学科。笔者采用文献计量学等方法对关于培育和践行高校大学生社会主义核心价值观的研究文献的时间分布、研究机构、来源期刊、发文作者以及高频被引文献进行统计分析,进而掌握十多年来该研究领域的演化历程,进而探测发展态势。

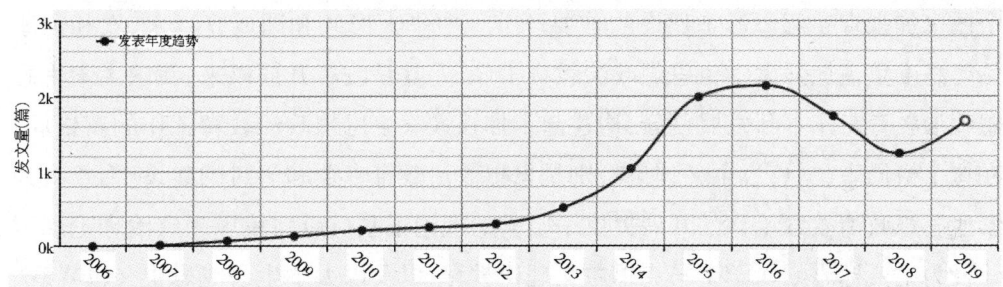

图2-1 高校大学生社会主义核心价值观相关研究文献的年代分布

研究文献的年代分布情况可以反映出一个研究领域的发展阶段、发展速度以及发展态势。图2-1是国内高校大学生社会主义核心价值观相关研究文献年代分布图。由图2-1可知,在2006年至2016年共计11年间,该领域的研究文献一直呈现上升态势,从2005年的1篇发展到2015年的1983篇,2016年,发文量达到顶峰。图2-1表明,我国高校大学生社会主义核心价值观研究开始于2006年,源于2006年召开的党的十六届六中全会。该会议通过了《中共中央关于构建社会主义和谐社会若干重大问题的决定》,提出要建设社会主义核心价值体系,把社会主义核心价值体系融入国民教育和精神文明建设全过程,贯穿现代化建设各方面。

由研究文献的年代分布图可知,国内高校大学生社会主义核心价值观研究大致分为两个阶段:阶段一是从2006年至2012年,该阶段是高校大学生社会主义核心价值观培育和践行学术研究的起源和稳步发展阶段,共计发文983篇,占总发文量的10.1%;阶段二是从2013年至2016年,该阶段是大学生社会主义核心价值观学术研究的快速发展阶段,年均发文量1885篇,三年间共计发文5655篇,占总发文量的58.2%。2012年,党在十八大报告对社会主义核心价值观进行了全新的概括,2013年的发文量增至511篇。2013年12月,中共中央办公厅印发了《关于培育和践行社会主义核心价值观的意见》,文件推动了高校大学生社会主义核心价值观的研究在广度和深度上进一步发展,2014年和2015年的发文量分别达到1028篇和1983篇。可以预见,随着国家对高校大学生思想政治教育工作的持续重视和务实推进,高校大学生社会主义核心价值观培育和践行的研究必将向现代化和系统化方向发展。

### 三、大学生思想政治教育工作现状及其重要性

大学生思想政治教育工作是高校宣传思想工作的重要组成部分,也是立足整个国家加强青年意识形态建设的首要环节。中华人民共和国成立以来,党和国家始终高度重视加强大学生思想政治教育工作,尤其是改革开放以来,我国大学生思想政治教育工作不断发展创新,构建起了加强大学生思想政治教育工作的新格局。在这个格局中,马克思主义理论特别是思想政治教育专业和学科的建设,为整个大学生思想政治教育工作的开展提供了坚实的理论根基。以高校思想政治理论课程建设为主要标志的大学生马克思主义理论教育,以及以大学生马克思主义世界观、方法论教育为灵魂的社会实践,共同构成了当前大学生思想政治教育工作建设的主要载体。与此同时,共青团系统和其他青年工作相关组织,共同构建起了大学生思想政治教育工作的复合体系。大学生思想政治教育工作基本格局的建立健全,为当前和今后的大学生思想政治教育工作的继续改革创新奠定了坚实的根基。

然而,就现时来看,大学生思想政治教育工作仍面临很多挑战。一方面,当前的青年大学生仍存在着很多错误、消极的价值取向。个人主义、享乐主义等价值取向在青年大学生中较为盛行。一些青年大学生受不良社会风气的影响,在学习、生活中"利"字当先;还有的青年大学生不思进取,贪图享乐。另一方面,青年大学生将个人的发展进步与国家民族的整体命运割裂开来甚至对立起来。就目前来看,极端主义思想也在青年大学生中蔓延,对大学生理性看待自身与社会的关系产生严重的阻碍。有的大学生不能正确看待社会生活中一些问题的存在和自身的失败

挫折，怨天尤人，滋生消极情绪，抑或醉心于各种"潜规则"之中。有的大学生不能准确地看待国家民族的发展进步，不能客观地认识实现民族复兴任务的艰巨性，"言必称西方"，缺乏为国家民族的发展进步贡献力量的决心和责任感。还有的大学生极端地认同行业和地区差距，产生族群和地域歧视思想。此外，"神秘主义"思想的蔓延传播也在青年大学生群体中有愈演愈烈之势。有的大学生不是把自己的发展进步依托于脚踏实地的奋斗，而是寄希望于占卜算命。有的大学生热衷于"占星术"，时时依靠所谓"星运"指数来做出各项言行决策。

同时，当前大学生群体中，政治信仰危机问题也有越发严重之势。一些大学生轻视甚至抵触接受马克思主义理论教育和思想政治教育，对于思想政治理论课程高呼"60分万岁"，甚至认为应当取消这些课程。有的大学生质疑甚至否定马克思主义理论的科学性，对坚持马克思主义世界观、方法论对自身学习生活的根本指导作用不以为然、嗤之以鼻。更值得注意的是，一些大学生受到西方所谓"普世价值"的影响，向往"西方民主"，缺乏中国特色社会主义的理论自信、道路自信、制度自信和文化自信。

我们常说，青少年是共产主义事业的接班人。中国特色社会主义事业的不断发展壮大，中华民族伟大复兴"中国梦"的实现，都有赖于一代又一代青年的贡献和共同努力。大学生是国家人才队伍建设的重要组成部分，大学生肩负着为国家经济、社会各方面建设做出贡献的重大使命。当前青年大学生群体中存在的价值取向乱象和政治信仰危机，不仅严重影响了青年大学生的健康成长和科学成才，而且危及国家的政治、社会稳定。特别是青年大学生的政治信仰危机问题，如果不尽力及早地解决，那么即便培养出顶尖的专业人才，也只不过是为他人"作嫁衣"而已。凡此种种都要求我们必须认真分析和科学认识大学生思想政治教育工作，特别是马克思主义理论教育和实践工作所面临的严峻挑战，以改革创新精神推进大学生思想政治教育工作。

**四、大学生思想政治教育研究的思路**

现时大学生思想政治教育工作之所以面临种种严峻的挑战，既有深刻的历史原因和现实原因，也有自身不足的原因。众所周知，改革开放以来，我国的思想政治教育专业和学科建设快速建立和发展起来。与此同时，青年群体思想道德修养滑坡和政治信仰危机也日益严重。这些问题的出现有复杂多样的历史和现实原因,值得我们反思的是:为什么我国的思想政治教育专业和学科建设快速发展却没能解决这些问题呢?我国的大学生思想政治理论课程教学工作长期存在话语体系乃至教学材料的陈旧和僵化问题,给学生一种教条和道德灌输的感觉,这样怎能起到引导大学生树立正确的人生观、世界观的作用呢?此外,现在的一些高校普遍存在着团学工作流于形式抑或功能作用异化的问题。更值得注意的是,以新媒体为代表的互联网信息交互手段的快速普及,使网络世界已经成为影响大学生思想认识发展的重要载体。如何将互联网信息交互平台与马克思主义理论和思想政治教育紧密结合,需要我们进一步探索经验。这些问题不解决,我们就无法自如地应对当前大学生思想政治教育工作所面临的困境和挑战。

首先,要彻底和深刻地反思大学生思想政治教育工作中存在的问题。推进大学生思想政治教育工作的改革创新,不是要"撤、并"或添加新的工作部门和成员,而是首先要彻底和深刻地反思大学生思想政治教育工作长期存在的问题,即青年大学生精神世界观的褊狭和片面。在中华民族内忧外患的20世纪之初进入国人视野的马克思主义特别是历史唯物主义,之所以能够为国人所接受,主要是因为它揭示了历史发展的必然规律。然而,历史唯物主义是有关人类社会历史发展的科学,不仅揭示了革命的逻辑,而且全面、彻底地揭示了人类一切思想活动的内在逻辑。对于这个问题,我们在中华人民共和国成立后乃至改革开放以来很长一个时期内,都没有全面和彻底的认识。正因为如此,自20世纪90年代开始,中国的马克思主义哲学界迎来了关注人的生活世界的华丽转身。应当说,这绝不是中国的马克思主义哲学界的某种发明,而是向马克思主义的回归。换言之,关注人的整个生活世界特别是精神世界,是马克思主义的原有之义,只不过这个问题没有引起我们足够的重视。这正是马克思主义的生活世界理论科学的揭示,即所谓文化绝不单纯指向人机械地反映实践或经济基础的某种精神产品,更不是我们惯常所说的科学研究或文艺产品生产,而是指向人较固定的和习惯性的所有思想和生活方式,更确切地说,它是指向人的整个精神世界和所有价值活动的。从这个角度来说,大学生思想政治教育工作如果不能全面和彻底地观照和指导青年大学生的整个精神世界,进而言之,如果不能依照历史唯物主义去发现、观照和批判一切影响青年大学生的思想认识乃至行为习惯的因素,大学生思想政治教育工作就不可能完全完成引导他们自觉树立马克思主义世界观和方法论的使命。

其次,深入文化哲学的层面,围绕观照和指导青年大学生的整个精神世界,创新我们的思想政治教育。反观我们长期以来的思想政治教育专业和学科建设、大学生思想政治理论教育课程教学、社会实践以及团学工作建设,看似在持续不断地对大学生施加思想影响,但就大学生的整体精神世界的建构来说,我们所关注的点仍然太少。相较于现在互联网世界对大学生的全面和普遍的影响,我们所关注的点甚至有居于次要之嫌。因此,我们必须深入文化哲学层面,围绕观照和指导青年大学生的整个精神世界,来创新我们的思想政治教育,研究生长点和各种工作方法,这才是我们改革创新大学生思想政治教育工作的应有思路。

再次,重视互联网对大学生精神世界构建的影响,探索互联网信息文化建设的合力机制。我们拟基于马克思主义生活世界理论,即基于文化哲学的视角,深刻地反思我们当前乃至长期以来大学生思想政治教育工作存在的主要问题,围绕社会主义核心价值观对青年大学生的入脑、入心和化于行,改革探索大学生思想政治理论课程教学方式和社会实践方式,改革探索共青团建设、学生会建设的工作方式,并探索构建加强互联网信息文化建设的合力机制。

## 第二节 高校教育管理信息化对辅导员的助力

进入 21 世纪后,信息技术的快速发展改变了人类原有的生活状态和工作方式,信息技术已经渗透到人类生活的方方面面。高校信息化作为国家信息化最重要的组成部分之一,能有效推动我国高等教育的发展与革新。西方国家高校信息化的成果表明,信息技术对高校教育发展具有革命性的影响。以高校信息化带动高校教育现代化,是我国高等教育事业发展的战略选择。随着以云计算、大数据、物联网以及移动互联网为代表的新一轮信息技术革命浪潮的到来,高校教育正在从电子化、信息化向智慧化过渡,智慧教育成为高校信息化发展的新理念和新实践。

高校信息化是一项系统化的工程,涉及高校工作的方方面面,既要做好总体的规划,又要循序渐进。高校信息化建设涉及高校信息化的目标、需求、规划、建设内容、实施效果以及评价体系等。本章不是对高校信息化的规划和实施的每一个细节进行描述,而是从高校信息化涉及的高校辅导员教育管理工作的角度去探讨信息技术如何推动辅导员教育管理工作精细化的问题,探讨通过高校大学生教育管理信息化推进辅导员工作变革,助力辅导员工作精细化。

## 一、高校教育管理信息化助力辅导员工作精细化的重要性分析

### (一)教育信息化的重要性

教育信息化是落实国家战略决策的重要举措,高校学生教育管理信息化是高校教育信息化中最重要的一环。

随着信息技术的迅猛发展,教育信息化已经成为世界各国高校的共识。世界各国普遍意识到教育信息化在提高国民素质和增强国家创新能力方面的重要作用。在此背景下,教育部制定了多个涉及教育信息化的文件。2012年3月,教育部颁布了《教育信息化十年发展规划(2011—2020年)》(以下简称《教育规划》)。《教育规划》特别指出,信息技术对教育发展具有革命性影响,必须予以高度重视。

现阶段,我国高等教育的改革和发展面临着前所未有的挑战和机遇。一方面,我国高等教育经历高校扩招以后,已由精英化教育转向大众化教育,高校的招生规模不断扩大,在校人数急剧增加。2018年底,我国高校在校学生人数已超过3700万。随着在校大学生规模的扩大,资源紧张的矛盾日益凸显。另一方面,进行高校信息化建设有助于提高高校的教学、管理以及科研等工作的效率,通过信息化带动高等教育现代化,能够有效地破解制约我国高等教育发展的难题。

高校大学生教育管理信息化是高校信息化的重要一环,有助于对大学生进行定量化服务管理,助力辅导员工作的精细化,能够增强大学生教育管理的针对性和实效性,保障大学生教育管理和服务的质量。因此,实施高校大学生教育管理信息化是落实国家战略决策的重要举措。

### (二)教育管理信息化助力提高辅导员工作效率的体现

大学生的日常教育管理工作繁杂而琐碎,以大学生的基本信息收集为例,该项工作是辅导员最基础的工作。辅导员收集到的相关信息越详细、越真实,就越能掌握学生的情况,进而有利于辅导员工作的开展。通常,辅导员会将学生的相关信息记录在Word或Excel等电子文档或表格中。学生的相关信息包括基本入学信息、相关科目的成绩信息、党团关系信息、历年获奖信息等。由于这些信息来自不同的部门,加上信息量大,信息格式不同,辅导员很难将学生的所有相关信息统计在同

一个电子文档或表格中。当分布在不同电子表格中的同一信息要修改时，辅导员需要对电子文档逐个修改，既麻烦又容易出错。辅导员平时收集的数据再详细，当需要统计时，都会有点儿犯难。

每学期开学时，学校的学生工作部都会让每个辅导员老师统计学生的相关信息，这些信息的字段包括（敏感字段没有列出）：所带学生总数、男生人数、女生人数、上学年学生干部人数、少数民族人数、少数民族党员人数、挂科一门的人数、挂科两门的人数、挂科三门及以上的人数、发表论文学生人数、参与课题人数、参与创新计划人数、参与实践及志愿服务人数、参与社团人数、有学习障碍及厌学学生人数、学习成绩突变的学生人数、经常缺课的学生人数、获奖学生人数、学业预警人数、因学习困难被降级人数、交入党申请书人数、参加党校培训人数、党员人数、预备党员人数、入党积极分子人数、贫困生人数、特困生人数、孤儿人数、出身于单亲家庭人数、学生家庭变故人数、有网瘾学生人数、有小说瘾学生人数、残障学生人数、其他需要重点关注的学生人数、被处分学生人数（包括院级处分人数、被学校处分的学生人数）、开除学籍人数、取消入学资格人数、自愿退学人数、转（专业）入人数、转（专业）出人数、接收降级人数、不在校住宿人数、有电脑学生人数、贷款学生人数、欠费学生人数、参与出国交流项目及参观人数、经常晚归的学生人数、经常酗酒的学生人数、常参加经商与中介活动的学生人数、勤工助学的人数、参加生涯规划的人数、参与专业职业咨询及培训学生的人数、准备考研的人数、准备就业的人数、准备出国的人数、参与创业培训的学生人数、创业筹备的学生人数、创业项目进入孵化器或加速器的学生人数、团队创业的学生人数、休学创业的学生人数、已有注册公司的学生人数、准备参军人数、上学期辅导员与家长联系次数、上学期辅导员与任课老师联系次数。

在统计这些数据和分析这些字段的特点之前，我们首先要明确，辅导员统计这些数据、字段无外乎两个目的：一是学校要掌握全校学生的整体情况，这要求辅导员老师必须能够提供第一手与学生相关的所有资料；二是通过要求辅导员统计这些和学生相关的重要信息，让辅导员对自己的学生情况有充分的了解和掌握，进而能够采取具体的措施，开展相关的工作。这样做的初衷是让辅导员平时就关注这些数据，而不是为了统计而统计。

这些需要统计的数据、字段的特点包括以下几个。

第一,需要统计的字段的信息非常多,信息量非常大。这里只列出了其中的一部分,有些字段在这里没有罗列出来。大部分的信息需要辅导员平时及时关注和统计,而不是为了一时完成学校下达的任务。统计的工作量很大,辅导员不能保证统计信息完全准确。

第二,相同字段的不同统计方法,可以体现出辅导员的主观能动性、把握学生工作关键环节的能力以及工作的方式方法。学生工作部一般在每个学期开学初的前三周要求统计这些数据。以统计挂科人数为例,辅导员采用的统计方法大概有四种:①寒暑假期间,到学校的教务处网站下载开学初需要参加补考的学生信息电子表格,将电子表格中自己所带的需要补考的学生名单以及需要补考的科目等信息记录下来;②到教务处网站下载需要补考的学生信息,然后按照统计字段的要求来统计挂科人数;③将所有要统计的信息发给各班的班长,让班长到班上统计相关信息,然后汇总给辅导员;④认定学校不会去确认核对,所以应付了事,数据按照自己估计的写。

采用第一种方法的辅导员,善于动脑筋,注意工作方法,具有主观能动性,把握住了学生工作中的关键环节,并对关键环节进行了精细化的处理。采用第二种方法的辅导员,善于思考,并注意工作方法,而且统计的数据也准确,但缺乏主观能动性,没有抓住学生工作的核心环节。统计数据只是手段,真正了解学生情况,采取应对措施才是目的,这才是辅导员要真正关心和花精力去做的事情。采用第三种方法的辅导员,不注重方法,缺乏能动意识,为了工作而工作,敏感字段的信息不能让班干部去统计。让班干部去询问这些信息,一方面有可能导致信息收集不准确;另一方面,可能会挫伤某些同学的自尊心,特别是有些对成绩比较敏感的学生,不愿意在同学面前暴露自己挂科的事实。这种统计方式会让某些挂科的学生产生心理阴影。相对敏感的数据需要辅导员自己收集掌握。采用第四种方法的辅导员,基本上是应付了事。仅以统计学生挂科情况为例,不同的统计方法和应对措施,可以体现出一个辅导员的工作方法、工作能力和工作态度。因此,在辅导员队伍专业化发展过程中,建立一套合理的辅导员工作质量科学评价体系,在定性和定量指标间取得平衡,依然有很长的路要走。

第三,理论上通过这种方式统计出来的大部分信息是不够准确的,这可以通过实践来验证。仅以人数的统计为例,可以看一个学年内的上、下学期全院或专业人数统计的数据,如果两次统计的总人数与男女生人数相差较大,就说明统计的信息不准确。另外,可以将统计的全院或专业总人数和男女生人数与教务系统中的数据进行比较,如果有差别,即说明统计数据有问题。如果统计出来的全院或专业总人数和男女生总人数都有明显的误差,那么其他不容易掌握或者统计的字段的数据就更不真实了。理性分析可知,统计数据出现误差无外乎两种可能:一种是主观因素,一种是客观因素。

下面我们在忽略主观因素的情况下进行分析,即假设每个辅导员都有主观能动性,都会注意工作方式,认真统计每个字段,那么这种情况下统计出来的信息是否能够保持准确。

目前大部分高校没有学生教育管理信息系统,辅导员日常办公基本上还处于电子化办公阶段,基本上采用 Word 文档或者 Excel 电子表格来保存学生的信息数据。这种电子化的无纸办公方式给工作带来了方便,但也存在一系列的问题。①效率较低,容易出错。辅导员一般将要保存的相关信息保存在不同的文档中,这些不同的文档无法实现数据关联和数据共享,某个学生的数据变更,相关文档中的数据都要逐个进行修改。因此,效率较低,而且非常容易出错。如果某个文档中的数据没有修改,那么以后统计的时候,这个数据就是不准确的。而学生的数据是动态变化的,例如学生的降级、学生提前毕业,辅导员要打开不同的文档修改数据,才能保证数据的准确性。②难以进行统计分析。这种数据额的保存或者更改是单向的,是辅导员主动修改或者学生将信息告知辅导员来修改。此举一方面,不能保证学生的真实数据都被收集到;另一方面,难以按照变化的字段需求来统计数据。③存在数据安全问题。这里包括两层含义:一是如果数据不小心被删除,很难恢复,也容易发生一些不易被发现的错误操作,造成数据错误;二是如果有些敏感数据外泄,也会引起安全问题。

如果有高校学生教育管理信息系统,通过建立基础数据库,既能保证数据的安全可靠,一改全改,提高效率,保证数据的插入、删除、查询以及更改等基本操作能实时更新,又能够在基础数据上进行分析统计,甚至预测某种趋势。因此,学生教育管理信息系统,可以使辅导员从琐碎的日常学生信息统计工作中解放出来,既能保证数据的准确,又能提高工作效率。辅导员将有更多的时间用于数据分析,找出那些可能在学习上或者生活上需要帮助的学生,并采取相应的措施,而不是把时间耗费在统计数据上。

### (三) 高校学生教育管理信息化

传统的管理方式是:学生信息主要通过纸质表格登记,辅导员将登记表收集起来作为学生信息的储备。但是调查发现,大部分高校摒弃了纸质信息收集方式,直接通过数字化信息技术储存学生信息,当需要学生信息时,直接在电脑搜索学生姓名就可以看到学生的所有信息,因此,建立健全学生数字化信息管理体系是实现学生管理信息化的关键所在。学生管理工作庞杂,涉猎范围广,在一个平台上处理并完成学生日常工作管理是十分必要的。在构建数字化信息管理体系过程中,新系统要和中心数据兼容,通常情况下新系统的数据信息会上传到中心数据库,可以保证信息化管理的集中性、专业性以及权威性,同时也可以保证数据的统一性、稳定性以及共享性。网络信息时代的到来让资源共享成为可能。资源共享能有效地保证资源的时效性,便于信息流通,这也是学校打造信息管理体系的关键。资源共享有助于学生学习、查询信息以及日常生活娱乐,也有助于管理层第一时间掌握学生的思想和学习动态。所以,搭建数字信息化平台时要建立综合数据信息库,让学生和工作人员都可以及时获取所需的信息,有效地解决工作人员有限的问题,减轻工作人员的工作量,提高工作效率,降低失误率;同时各个部门通过平台可以进一步完善内部工作,提高管理水平和效率。

当前,网络已经渗透到各个角落,包括高校学生的学习、社交以及生活等方面,譬如网上购物,用微信和QQ交流,还有网上收听音频、收看视频以及新闻等。网络彻底颠覆了传统的生活方式,高校管理和教育也是如此。现阶段高校学生管理内容较繁杂细碎,工作强度大,所以信息化网络平台的搭建是大势所趋。基于当下几乎所有学生使用QQ、微信等社交软件沟通交流的现状,辅导员在信息化管理中可以采用QQ、微信传递学校的最新通知以及相关管理信息,提高沟通的时效性和高效性。尤其是一些辅导员在学生管理工作中多通过QQ群、微信群传递学校通知以及相关管理文件等信息,与学生交流思想、沟通感情。信息化方式减轻了辅导员的工作负担,使高校辅导员开展工作更加得心应手。

### (四) 高校信息化存在的问题

目前高校信息化水平仍然较低,特别是教育管理信息化水平基本上处于电子校园阶段。各个高校都有自己的门户网站,负责高校的对外宣传以及一些校内外通知等,校内的大多数部门除了利用门户网站的相关链接,还利用管理信息系统,负责自己部门的信息化管理。与学生教育管理相关的部门包括学生工作部、教务处、招生就业处等,这些部门有些有自己的管理信息系统。然而,这些部门之间的信息相互之间不能共享,辅导员无法直接访问这些数据。因此,很多需要统计保存的数据无法从这些系统中得出,辅导员工作所需要的相关信息依然只处在电子化办公阶段,图2-2形象地对该问题进行了描述。高校的学生教育管理主要包括两个层级的管理,一级是学院层级的辅导员教育管理,另一级是学校的学生工作部。而目前大部分高校没有将学院一级的辅导员学生教育管理系统和学工部一级的学生教育管理系统进行整合。学生相关信息的收集主要采用Excel、Word等办公软件和人工统计,不仅效率低,而且极容易出错。相关数据的收集统计占用了辅导员大量的时间,效率不高导致辅导员的工作热情降低。高校学生教育管理工作信息化现状将在后文做详细的介绍分析。

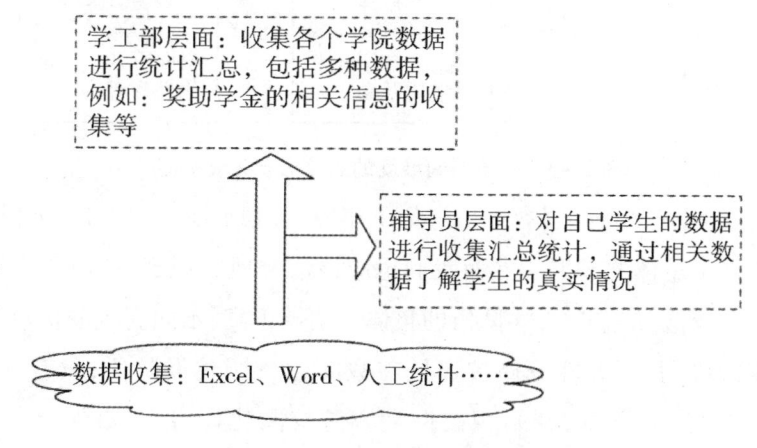

图2-2 学生教育管理数据收集示意图

通过以上高校信息化助力辅导员工作精细化的重要性分析可知,构建高校学生教育管理信息系统有助于提高高校辅导员工作的效率,提高辅导员的教育管理水平,减少人工产生的错误,增加数据的安全性和准确性,从而助力高校辅导员精细化管理。

二、高校学生教育管理工作信息化现状

1.目前,我国高校教育管理信息化整体上还处在数字校园阶段。以电子计算机的发明和应用为主要标志的第三次科技革命极大地推动了人类社会在经济、文化和政治等领域的变革。计算机从诞生到今天,经历了半个多世纪的发展。在近七十年的发展历程中,计算机推动的信息技术经历了不同的发展阶段。在不同的发展阶段,信息技术推动了高校信息化的发展。按照时间来划分,高校信息化的发展经历了电子校园、数字校园以及智慧校园阶段。电子校园阶段大约开始于20世纪70年代,通过使用计算机来保存数据,慢慢从纸质办公过渡到无纸化办公;数字校园阶段始于21世纪初,随着计算机网络的普及,高校不同部门的门户网站和管理信息系统开始建立,极大地推动了高校各个部门的办事效率;最近几年,随着以大数据、云计算、物联网和移动计算为代表的信息技术革命来临,智慧教育成为高校信息化建设新的理念和实践,追求高校校园的全面感知和智能化处理。基于时间维度的高校信息化演进如图2-3所示。

图2-3 基于时间维度的高校信息化演进图

2012年,教育部印发了《教育信息化十年发展规划(2011—2020年)》,对我国教育信息化做了总体的部署。然而我们也应该清醒地意识到,目前我国高校的信息化水平还比较低,信息化人才队伍的整体素质还不高,不同高校的信息化水平差距较大。现阶段,我国大部分高校还处在数字化校园建设阶段,只有部分高校,如清华大学、浙江大学等,开始积极探索智慧校园建设方案,并开始逐步实施。即使在同一所高校,不同的学院和不同的部门之间,信息化建设水平的差距也非常大。

2.高校对校园信息化建设不够重视、投入不够。目前国内的很多高校对教育信息化建设的重视程度不够,没有充分意识到教育信息化是教育现代化的重要标志。目前,大部分高校设立了管理信息中心,主要负责校园网络的运行、管理和维护工作以及信息统计、分析和报送等。由此可见,管理信息中心的主要工作是辅助各部门,而不是推进信息化的主管部门。因此,这些高校没有对校园信息化建设做统一的部署,校内各学院和部门只负责自己的信息化建设,这导致不同的学院和部门之间的信息化水平差别很大。

3. 目前，国内大部分高校没有学生教育管理信息系统。高校数字校园经过十多年的发展，取得了一定的成绩，学校各个部门基本上都建立了自己的门户网站，甚至有相关的管理信息系统。例如，学校的财务处建立了财务网站和财务管理信息系统，老师可以查询自己的收入情况和项目经费信息，学生可以查询自己的学费缴费情况；教务处建立了教务门户网站和教务管理信息系统，学生可以通过教务管理信息系统查询自己的课表、成绩，进行选课。但是目前大部分国内高校没有建立学生教育管理信息系统，辅导员仍旧采用较早的电子化办公方式，没有进入数字化办公。近十多年来，我国高校招生规模不断扩大，大学生的教育管理工作日益繁重。这些教育管理工作包括学生个人基本信息的维护，学生奖学金、助学金、贷款工作的管理，学生的成绩管理、就业管理等。辅导员所需要的学生信息要么自己用电子文档保存，要么采用电子文档的形式从其他的系统中导出或查询，例如从教务系统中导出学生的成绩，从财务系统中导出学生的缴费情况，从招生就业系统中查询学生的就业信息情况。辅导员没有自己的管理信息系统。这些琐碎的信息的查询、更新、修改以及删除等操作占用了辅导员大量宝贵的时间，而且难以统计分析，容易出错，极大地影响了辅导员工作的效率，难以适应高等教育现代化发展的新形势。

**三、高校学生教育管理信息系统的构建**

高校学生教育管理信息系统一定要符合辅导员日常教育管理的实际需要，系统后台的业务逻辑一定要符合辅导员的工作要求，前台的操作要简单方便。在系统的设计开发过程中，设计人员一定要和辅导员、高校学生工作部的管理人员等多沟通交流，最好有既熟悉学生教育管理工作，又能够进行系统开发的人员参与其中，这样才能确保设计开发出来的管理信息系统能够满足要求，切实地方便辅导员开展工作，提高辅导员的工作效率，助力辅导员工作精细化。相较于使用 Word 或者 Excel 等的电子化办公（电子校园时代），数字化的学生教育管理信息系统（数字校园时代）的最大优点是数据统一保存在学生教育管理信息系统数据库中。数据库可以消除冗余数据和错误数据，做到一改全改，方便高校辅导员和学生对有权限的相关信息的查询、插入、删除以及修改等操作。整个学生教育管理信息系统的操作示意图参看图 2-4。图中的学生基础数据、成绩数据、活动数据、就业数据等按照逻辑关系形成多张表格,并以一定的范式要求构成了学生管理信息系统的数据库。

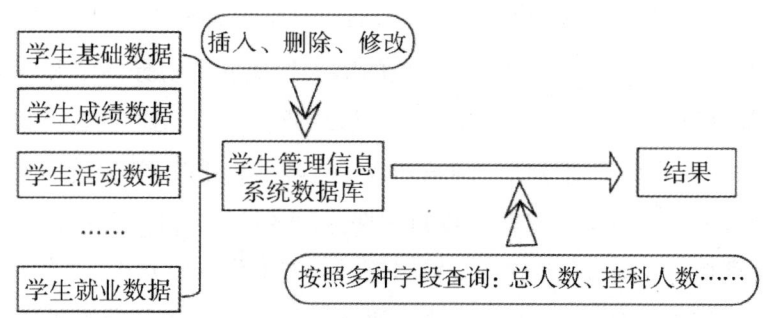

图 2-4 学生教育管理信息系统的操作示意图

高校学生工作部的老师、负责学生工作的副书记、辅导员以及学生按照事先分配好的权限,可以对数据库里面的数据进行相应的查询、插入、删除和修改等操作。例如,学校学生工作部的老师可以统计查询全院或专业所有学生的相关信息,既可以是全院或专业所有的信息,也可以是某个学院、某个年级部分或者单个学生的相关信息。这些信息包括前文描述的要求高校辅导员统计的信息,包括总人数、男生人数、女生人数、不同民族的学生人数、挂科情况等信息。各个年级的学生数据由辅导员来负责维护,不管是自己学生降级、退学还是升级,辅导员都会在系统里及时地进行更新操作。因此,学生工作部的老师查询到的信息是准确无误的。学生工作部的老师能按照要求快速地查询想要的信息,省去汇总的麻烦。相应地,学院负责学生工作的副书记可以对本学院的学生信息进行相应权限的操作。学生工作部的老师和学院的副书记对数据库中的数据主要进行查询操作。学生个人的相关信息,如是否发表了论文、是否参加了勤工助学、是否获得了学生竞赛名次等信息,由学生在系统中输入,并将相关的证书和证明扫描导入系统中,最后将原件拿给辅导员老师审核确认。这些信息也可能是学生的各类奖学金或助学金的评定依据。因此,有了学生教育管理信息系统后,学生的相关信息既能够得到比较全面的收集,又能够保证信息的相对完整和规范,方便统计。

(一)高校学生教育管理信息系统功能分析

高校学生教育管理信息系统主要利用计算机技术帮助高校辅导员完成日常教

育管理工作所涉及的学生基础数据管理,学生就业管理,学生奖、助、贷管理和党员管理等一系列数据的统计和分析工作。高校学生教育管理信息系统的功能模块主要包括:①学生成绩管理;②学生党员管理;③学生奖学金管理;④学生就业管理;⑤学生参与竞赛管理;⑥学生基础数据库维护;等等。高校学生教育管理信息系统的功能模块如图2-5所示。

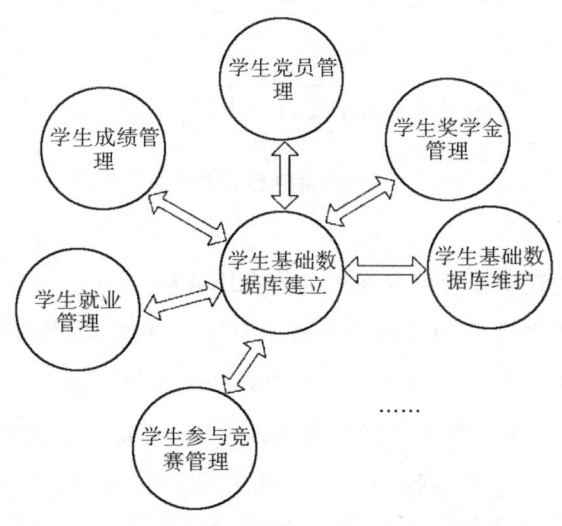

**图2-5 高校学生教育管理信息系统的功能模块**

高校学生教育管理信息系统的所有功能都是建立在学生基础数据库的基础上的。在高校新生入学伊始,学校就要开始建立学生基础数据库。这些数据的来源大致有四类。①招生就业处学生基础数据,这些数据以Excel形式保存,形成系统中最基础的数据。这些数据包含新入学学生的姓名、性别、出生年月、籍贯、民族、高考准考证号、家庭住址、联系电话、高中的表现等。②每个学期的学生成绩,这些成绩也是以Excel表格的形式保存,这些数据直接从学校教务系统中导出。③学生录入或更改的数据。这些信息包括学生参与竞赛的获奖情况、论文发表情况、学生函调地址以及联系方式、家庭住址信息等。④辅导员老师录入或更改的数据。这些数据包括学生参加党团活动的情况、入党情况等。学生基础数据库的数据来源参看图2-6。

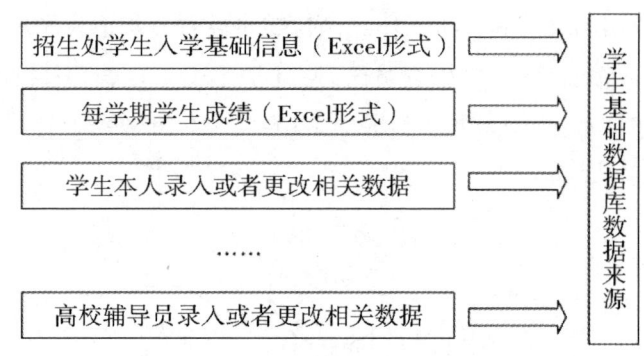

图2-6 学生基础数据库数据来源

## (二)高校学生教育管理信息系统具体模块分析

图2-5对高校学生教育管理信息系统中包含的模块进行了说明,这里以学生成绩管理模块为例,具体分析学生成绩管理模块的具体功能。

学生成绩数据来源于教务管理信息系统。因此,每个学期辅导员都要到自己所在学院的教务科,登录教务管理信息系统,将学生的成绩以Excel表格的形式导出来。辅导员通过了解和掌握学生成绩,及时督促学生采取措施提高学习成绩;通过连续两三个学期的学习成绩的对比,了解进步学生和退步学生的情况,对于成绩大幅下滑的学生,要重点关注和帮扶;通过学生成绩的分析,对比不同班级的情况,找出落后班级的班风和学风问题。另外,在学生奖学金评定过程中,成绩占很大的比重,辅导员需要对成绩进行排序等操作。前文已经详细分析了在Excel中对成绩直接操作带来的问题。下面分析将保存在Excel表格中的成绩导入学生教育管理信息系统后,学生成绩管理模块所具有的功能。学生成绩管理模块的功能如图2-7所示。需要说明的是,学生的成绩数据只有辅导员有权进行插入、删除和修改等操作,学生只有查看的权限。对于信息有误的成绩,学生提出申请,提交相关证明材料后,由辅导员进行更新操作。

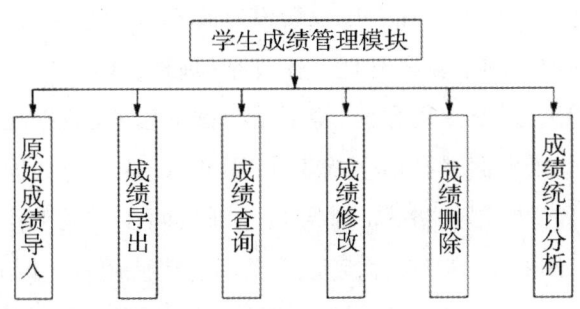

图 2-7 学生成绩管理模块的功能

1.原始成绩导入。从教务管理信息系统导出的学生成绩保存在 Excel 表格中，具有一定的格式。因此，在设计成绩导入功能时，要按照字段来设计，以保证 Excel 表格中的信息能够准确无误地导入学生教育管理信息系统的数据库中。

2.学生成绩导出。设计人员进行系统设计时，要能够满足用户选择的字段要求，比如是哪些学生，导出哪个学期的哪些成绩，导出的成绩是否需要排序等；要保证学生成绩导出能够自主选择，而不是仅有导出某个学期所有学生的所有成绩这个单一的功能。

3.学生成绩查询。辅导员可以按照多种要求灵活地查询成绩，比如输入学号、姓名、班级等。

4.学生成绩修改。学生补考成绩出来后，辅导员可以修改原来的成绩。这个操作是只有辅导员拥有的权限。

5.学生成绩删除。这个功能是对某个学生的全部成绩或者个别成绩进行删除。例如，学生升级或者降级，脱离原来所在的年级，将学生的所有信息包括成绩信息转移到其他年级的数据库中，然后删除原来的所有信息，包括成绩信息。

6.学生成绩统计分析。成绩统计分析功能是学生成绩管理模块的核心，能够智能化地分析年级、班级、个人成绩，而且能够以饼状图等方式显示出来。

(三)高校学生教育管理信息系统开发过程中的注意事项

开发一套信息系统相对来说比较简单，难的是开发出真正符合需要并且在以后的使用中能够不断升级的系统。学生教育管理信息系统在开发和使用过程中需要注意的问题总结如下。

1.要重视系统的需求分析。开发学生教育管理信息系统的第一步是要明确该套系统的确切功能。一套系统开发出来后没有真正使用起来,往往是由于前期的需求分析做得不到位。学生教育管理工作复杂、烦琐,涉及方方面面,这套系统不仅要能满足功能需求,还要使用方便,特别是数据的格式、数据之间的关系要定义好。例如,学生的基础数据来自招生就业处,因此,设计系统数据表的时候要先定义好这些数据,要提供数据的格式。辅导员老师长期在一线工作,熟悉业务,是学生日常教育管理工作的主要实施者,是该系统的主要使用者。因此,开发高校学生教育管理信息系统之前,开发人员要多和辅导员交流,充分做好需求分析。

2. 重视学生数据的安全性。为了保证数据的安全性,建议每个学院将此系统部署在各自独立的服务器上,这样可以降低数据泄露的风险。系统有明确的权限管理,确保每个辅导员只可以查看、修改自己学生的信息;学生可以查看自己的信息,修改自己的部分信息。高校学生工作部的老师也只能查看或者从系统中统计出全校的总人数、男女生人数、挂科信息、学生的论文发表数据等信息。学生的个人信息,如家庭住址、父母亲信息以及家庭单亲情况等敏感信息,只有辅导员有权限进行操作和查看。

3. 建立相对稳定的系统开发维护团队。开发一套系统容易,但是系统的长期维护相对来说较难。而且系统的生命力取决于使用后是否能够顺利地在系统中添加新的功能模块。因此,建立稳定的系统开发维护团队,有利于高校学生教育管理信息系统的长期使用。科技公司开发周期短、系统稳定,但是后期的维护和升级是一个大问题。因此,高校要依托自身的技术创新优势,组建高校自身的开发维护团队,最好有既了解学生工作流程又懂得技术开发的辅导员参与其中,这样既能够保证系统符合设计要求,又能够使后期的维护和升级工作得到保证。

**四、基于新一轮信息技术浪潮下的智慧校园平台建设**

以电子计算机和网络技术为代表的信息技术革命在过去的几十年里席卷全世界,人类的生活方式、思维方式发生了根本性的转变。经过十多年的校园数字化建设,高校的运行管理方式和高校师生的学习、生活方式发生了根本性的改变。高校的教育教学、行政管理、科学研究以及校园生活等方面都已经和信息化的数字空间紧密融合,网络空间已经成为高校师生日常生活、学习的重要组成部分。高校较完善的信息基础设施以及相关的应用管理信息系统是数据化校园的基本特征。高校的数字化校园建设成果在为高校师生带来极大便利的同时,也为智慧化校园的推进奠定了基础。

随着新一轮信息技术革命浪潮的到来,在云计算、大数据、物联网以及移动互联网等技术的共同推动下,智慧校园成为高校教育信息化发展的新理念和新实践。智慧校园是一种以新一代信息技术为基础,通过对校园各方面的数据进行监测、采集、传输、分析和应用,实现对高校校园资源的全面监控、高校校园环境的透彻感知、高校不同部门之间协调配合以及师生和校园之间和谐共赢等目标的新型校园形态,为高校的教育教学、行政管理、科学研究以及校园生活等提供个性化、智能化以及便捷化的服务。然而,智慧校园的发展在我国乃至世界都尚处于起步阶段,智慧校园的相关理论体系还未建立起来。理论体系的不完善将导致建设高校智慧校园服务平台的建设过程中出现资源浪费和效率低等问题。基于此,笔者将在阐述高校在充分发挥技术创新优势的基础上,探讨如何基于"五端联动"机制搭建高校智慧校园服务平台,通过科学的"平台+管理"模式创新高校智慧校园发展新思维,推动高校教育管理模式的变革,打造合理高效的高校智慧校园服务管理模式,从而进一步通过智慧校园服务管理平台助力辅导员工作精细化管理。

**(一)高校从数字校园过渡到智慧校园的必然性分析**

1.已有的管理信息平台难以克服"信息孤岛"问题。计算机技术和网络技术的快速发展,使信息资源的共享成为可能。然而,时至今日,高校"资源共建共享"多数依然停留在口号阶段,高校内部不同的管理信息平台之间数据相互隔离,单个的管理信息平台犹如一个个"信息孤岛",这阻碍了资源的共享。"信息孤岛"示例见图2-8。高校在数字校园建设阶段形成了大量的"信息孤岛"。目前,各所高校都建立了教务管理系统、招生就业系统以及财务管理系统等。这些系统在相应的部门实现了流程信息化,它们各自保存并修改学生的相关数据。它们的初始数据来源于新生入学时的招生信息库。然而,这些信息化管理系统当初是各自分散建设的,缺乏统一的接口标准,因此产生多头输入、各自管理、无法共享数据等问题,以致出现"信息孤岛"。在校期间,学生的信息可能会有变动,包括转专业、休学、降级甚至退学等。任何学生信息的修改,都要走流程,需要修改的信息要报备给相关的不同系统的维护人员,否则以后这些系统中的学生信息无法匹配,这额外增加了工作量。

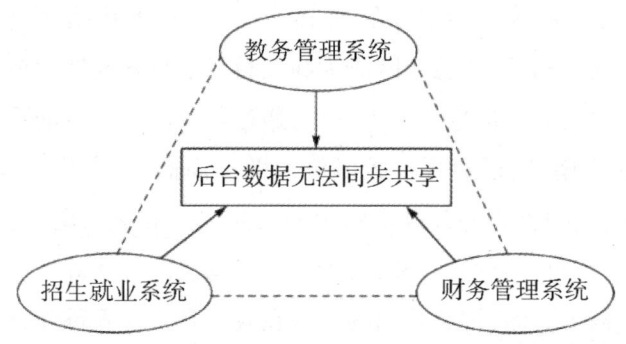

图2-8 不同管理信息平台之间产生"信息孤岛"

2.管理信息平台的智能化不足。当前的管理信息平台的主要功能是对数据库中的数据进行查找、插入、删除和修改等操作,对数据的使用仅限于简单的统计分析,没有进行深度挖掘,智能整合各种信息的能力差。主要表现在为高校老师和学生提供个性化定制服务的能力不足,只能提供单向的一般的资讯,而不能根据老师和学生的需求提供个性化的服务,智能化程度和智能服务水平都不太高。在男女比例不平衡的情况下,学生排队洗澡的"盛况"经常出现。如果智慧校园服务平台上集成学生洗澡预约系统,那么洗澡排长队的问题就会迎刃而解。系统通过长期采集学生一卡通刷卡洗澡的数据,并对这些数据进行分析,就可以得到学生洗澡的周期性规律和男女生洗澡的时间规律。学生基于这些规律,通过系统预约洗澡时间,系统可以采取"罚分"的方式来避免预约后不去洗澡的情况的发生。通过这套系统,学校的洗浴设施可以得到充分的利用,学生排队洗澡的情况得以避免。

3.智慧校园平台能够进一步助力高校辅导员工作的精细化。在大数据时代,涉及高校大学生的数据是海量的,这些大数据包括个人的基本信息、日常通过校园一卡通监测到的行为轨迹、大学生在图书馆的阅读信息、大学生在社交网络上的社交信息以及言论、平时上网的网络日志以及大学生在网上的学习资料信息等。通过对这些大数据进行采集、传输、预处理和挖掘分析,辅导员老师等教育管理工作者可以更加深入、全面地了解学生,增强大学生教育管理的针对性,提高高校大学生教育管理工作的质量,助力高校辅导员工作的精细化。例如,由关于大学生的网络大数据分析可知大学生的心理状态,从而为可能发生的紧急事件制订预案;通过对大学生饭卡刷卡数据的分析,结合对大学生的了解,辅导员能够进一步了解大学生的贫困程度,为高校的精准化资助提供依据;通过对大学生借阅图书数据的分析,辅导员可以分析出大学生的阅读趋势和阅读习惯。因此,依托大数据技术,深度整合高校大学生教育管理的相关数据,通过对大数据的挖掘,提高高校大学生教育管理的及时性、全面性、针对性以及高效性,助力辅导员工作的精细化、精准化,是时代发展的必然。

**(二)搭建高校智慧校园服务平台**

充分应用以云计算、大数据、物联网以及移动互联网为代表的新一轮信息技术是我国实施教育现代化转型升级战略的必然选择。目前新一轮的信息技术在各行各业呈现出迅猛发展的势头,如智慧医疗、智慧交通等的建设。这对发展智慧校园而言是一个新的契机。

1. 涉及智慧校园的主要技术有以下几种。

(1)云计算。云计算是一种新兴的计算模型和服务模式,它可以通过互联网向用户提供动态的、按需的、可扩展的资源。云计算技术从诞生到现在已经有十多年的历史。在这期间,云计算技术得到了广泛的应用。全球各地建立了大量的云数据中心,向用户提供云资源服务。云数据中心拥有大量的基础软、硬件资源,实现了基础资源的规模化。因此,云数据中心可以提高资源的利用率,降低单位资源的成本。云数据中心可以帮助智慧校园处理各种信息,云计算为智慧校园提供了技术支撑。

(2)大数据。大数据蕴含着巨大的价值和无限的潜能,由大数据带来的变革渗透到了政治、经济、教育以及社会生活的各个方面。大数据被认为是继云计算和物联网之后又一个具有革命性的信息技术。在大数据时代,不单单是构建信息化这么简单,更重要的是寻求管理模式上的创新和变革。高校师生关注能力的有限性和校园数据的无限性,加剧了"盲人摸象"效应。因此,大数据的特征决定了它在智慧校园中的应用价值,决定了它对教育信息化发展产生的巨大影响。智慧校园可以根据大数据开展一系列的研究,如基于高校网络舆论大数据的舆情预测、基于大数据的学生心理健康问题分析,进而提高高校辅导员工作的针对性和实效性,助力辅导员工作的精细化。

（3）数据挖掘。数据挖掘是从大量数据中挖掘有趣的模式和知识的过程。数据挖掘的功能包括关联分析、分类与回归、聚类分析以及离群点分析等。数据挖掘技术是大数据时代发现数据知识的一项核心技术，智慧校园的建设需要数据挖掘技术的大力支持。数据挖掘技术的应用在智慧校园中的最大挑战是如何从海量的校园数据中寻找适合具体应用的数据子集。大数据和数据挖掘技术的结合，可以推动新一轮生产力的增长。

（4）物联网。"物联网"的概念自麻省理工学院提出以来，在学术界和工业界都得到了广泛的研究和应用实践。物联网是未来网络的重要部分，它是以标准、互通的通信协议为基础，具有自我配置能力的全球性动态网络设施。智慧校园可以利用物联网技术改变师生和校园资源交互的方式，实现学习、教学、生活等与校园资源的整合。

（5）可视化技术。可视化是解释大量数据最有效的手段之一，率先被应用于科学与工程计算领域。将数据挖掘技术与可视化方法结合起来，可以更加直观、简单地展现出挖掘结果。

2. 智慧校园建设的"平台+管理"模式的基本架构。在新一轮信息技术革命浪潮掀起的背景下，高校智慧校园服务平台是由感知输入端、数据传输端、处理支撑端、信息处理端和应用输出端五端协同联动，集技术创新和管理创新于一体，外加权限管理、网络管理、服务质量管理以及安全管理等公共技术，进而进行整体顶层设计的一种智慧化、过程化、精确化的架构。该架构自下而上是以感知输入端做基础、数据传输端做桥梁、处理支撑端做大脑、信息处理端做决策、应用输出端做服务的"五端联动"模式。这五端有效连接并协同联动，构成了智慧校园服务平台的基本框架。智慧校园技术上的创新将推动管理上的创新，以技术为手段、以管理作为保障，通过"平台+管理"的创新模式推动高校智慧校园的建设。高校智慧校园建设的"平台+管理"模式的架构图参看图2-9。

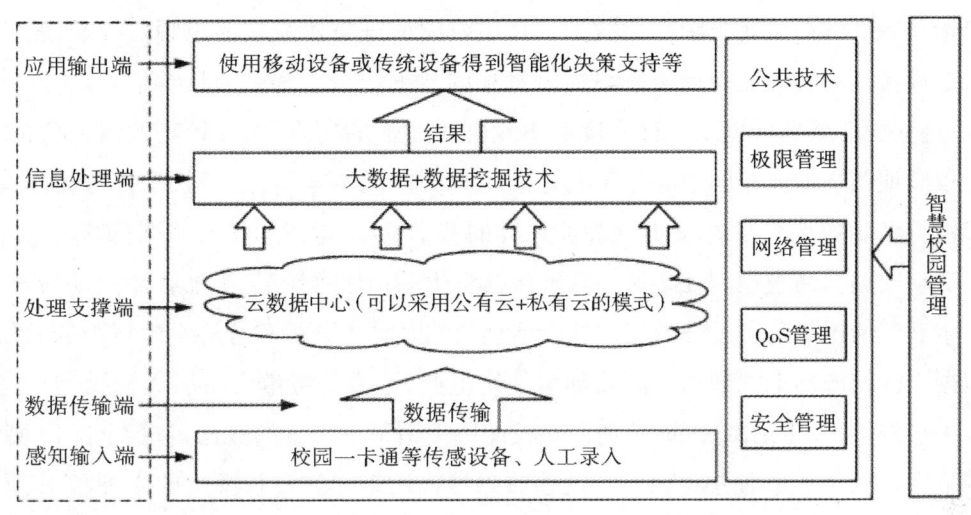

图2-9 高校智慧校园"平台+管理"模式的架构图

3. 智慧校园服务平台模块。

(1)资源平台——智慧校园服务平台的基础。智慧校园服务平台从顶层设计到具体的技术细节,都是以海量的校园大数据作为核心支撑的。校园大数据是智慧校园的根本,是校园智慧化的基础,这些数据是随着教育信息化的推进不断发展起来的。在数字校园的建设过程中,校园的各种教育管理与服务平台在提供信息服务功能的同时,也积累了海量的校园动态数据。在智慧校园建设阶段,首要的就是必须搭建以动态、准确、能够共享的数据库为基础的资源平台,打破传统信息化建设带来的"信息孤岛"问题,有效地整合各类资源。智慧校园信息平台中的各类数据是通过校园内无处不在的传感器、摄像头以及各类信息管理系统收集起来的。数据种类繁多,难以尽述。以下对智慧校园服务平台中较常用的数据类型进行简单的介绍。①高校师生基础数据。教职工和学生是高校办学的主体,他们的信息是智慧校园服务平台最基本的要素,其他任何应用研究都需要师生基础数据的配合。这些数据保存在不同的信息管理平台,包括教务、财务、人事、资产以及科研等系统中的数据。②客流数据。校园中师生进入教学区和生活区日常通勤的数据称为客流数据。学生进入图书馆、寝室、食堂以及澡堂等的客流数据可以使用校园一卡通的刷卡记录进行收集。客流数据种类繁多、来源真实、产生速度快,包含的校园活动信息非常丰富,可以用于学生行为研究、学生流动监测、学生安全监控以及流量预警等方面。③视频监控数据。高校校园内分布着大量的视频监控点,视频监控设备在不同的监控点所采集的海量视频数据记录了师生的日常学习、生活情况,这些视频数据可以从某种程度上再现师生生活的历史,具有较高的研究价值。④校园地图数据。校园中的道路和建筑是校园的基本架构,地图数据是对校园构架进行描述的基本方式,是智慧校园研究的基本资料,可以用于校园浏览等。⑤社会活动数据。高校校园社会活动数据包括学生参加比赛情况、参加社团活动情况、学生获奖情况等各种动态数据。社会活动数据是深入分析和理解学生行为的原始依据。⑥校园网上的数据。高校师生使用电脑、手机等终端设备联入校园网已经成为日常学习、生活的一部分,他们在校园网上留下了大量的数据,包括上网记录、网络舆论以及 App 使用记录等。这些数据可以用来研究高校师生的心理状态、预测高校网络舆情、挖掘社交关系等,因此具有较大的应用价值。⑦学习资料数据。学习资料包括多媒体课件、教学案例、电子图书以及文献资料等。这些学习资料是高校教师智慧教学和高校学生智慧学习所需要的基本资料。

(2)数据传输平台——智慧平台感知输入端和处理支撑端的桥梁。数据传输网络是智慧校园数据传输的通道,它通过有线或者无线的数据链接,将一卡通等终端感知到的数据或者将终端输入的数据上传到云数据中心进行处理。数据传输平台通过各种网络的互联互通,实现了校园中人与人、人与物、物与物以及系统与系统之间的全面互联,增强了信息实时获取的能力和服务的能力。

(3)云平台——智慧校园智能化处理的支撑。智慧校园的云平台内部包括教学云、校园安全监控云、科研管理云、校园游览云以及学生事务管理云等各种子云。可以利用云平台可最大限度地实现资源共享整合,避免重复建设,提高资源的使用效率,降低高校的运营成本,推动资源建设,实现资源使用的良性互动。目前有些高校建立了自己的私有云。为了节省成本以及保护重要的数据,高校可以采用"公有云+私有云"的混合云模式来支撑智慧校园的运作,即将需要加密的重要结果数据保存在私有云上,将需要加工处理的大数据放在公有云上,通过共享的方式节省高校的成本。智慧校园的云平台要能够整合现有的软、硬件资源和信息资源,能够提供统一的门户、统一的身份认证以及统一的接口等服务,以解决"信息孤岛"问题。

(4)信息处理平台——智慧校园的核心模块。大数据的深度分析和智能处理为智慧校园提供了机遇,是智慧校园不可或缺的一部分。信息处理平台通过整合校园相关业务资源,结合数据挖掘技术,对各类从资源平台上获取的大量原始数据,进行清洗、规范、整合、智能化分析和共享,提高了数据的科学性和有效性,改善了在校师生的使用体验,优化了服务流程,提高了服务质量,为高校的智能化管理提供了支持。对其中涉及高校学生教育管理的大数据进行分析挖掘,能够帮助辅导员精准地了解学生,提高辅导员工作的针对性,有助于辅导员工作的精细化。

(5)应用平台。各种智能终端为智慧校园的应用做保障,智慧校园的应用平台包括学校各个部门的管理平台和师生使用的客户平台。各种平板电脑以及智能手机等都可以作为智慧校园的智能终端,将经过信息处理平台智能化处理的信息转化为管理决策和优质的服务。

4. 智慧校园服务内容。智慧校园要推动相关信息技术与学生管理、行政管理、教育教学、科学研究以及校园生活等的深入融合,让智慧校园服务平台有效地推动学生智慧教育管理、智慧教学、智慧科研以及智慧服务等相关业务的顺利开展。通过智慧校园服务平台,我们能够进行透明高效的学生智慧教育管理、无处不在的网络智慧学习、融合创新的网络智慧科研以及方便周到的校园智慧生活。智慧校园服务内容的相关举例如表2-2所示。

表2-2 智慧校园服务平台服务内容的举例列表

| 类型 | 子类 | 具体内容 |
| --- | --- | --- |
| 智慧管理 | 校园安全 | 通过对教室、食堂等公共场合的视频监控,进行视频的智能化分析、搜索等;建立校园报警平台;所有的门禁系统(实验室、图书馆、围合等)通过一卡通实名授权使用;预测高校网络舆情等 |
| | 信息管理 | 学生所有信息的智能化汇总、查询等;学生成绩统计可视化显示;学生上课出勤预警、成绩预警等;高校资产数据的汇总、查询和分析等 |
| 智慧教学 | 学习教材 | 一体化的学习资源平台,包括电子教材、可编辑的课件等;学习资源个性化推荐;教师智能备课等 |
| | 学习环境 | 自然交互、情景感知等;数据化教学全程记录、分析等 |
| 智慧科研 | 科研信息 | 教职工交叉学科自动匹配;以教职工为中心的信息汇总 |
| | 项目管理 | 项目申报、项目成果智能化汇总等 |
| 智慧服务 | 校园服务 | 基于学习的校园澡堂人数预测;基于历史数据的图书馆人数预测和人数实时显示;基于学生行为分析的信息定制;基于三维技术的校园游览导航等 |

**(三)高校智慧校园服务平台建设的管理建议**

1. 以服务师生的理念为总体指导思路,重视智慧校园建设。高校作为智慧校园服务平台建设和维护的管理者,任何关于平台的决策行为都要以服务师生的理念为总体指导思路。高校要利用智慧校园服务平台的优势,提高智慧校园服务平台的水平和效率,提高高校的整体服务质量。

第一,高校要重视智慧校园建设,改变传统信息化建设多头管理的局面,设立高校智慧校园建设职能办公室,由校领导直接负责,统筹管理高校的信息化建设。智慧校园的发展和建设离不开校领导的支持和重视。在我国高等院校的管理体制下,校领导的重视是智慧校园建设工作有序开展的重要前提。传统的高校信息化建设缺乏统一的规划和管理,不同的部门和学院往往各自为政。因此,在校领导的直接领导下,设立高校智慧校园建设职能办公室,整合全校的资源,统一规划、整体实施、统筹管理,能使智慧校园建设决策更科学,能够有力地推动高校智慧校园建设。

第二,高校要加大智慧校园的资金投入。智慧校园建设是一项长期的系统工程,持续的资金投入是智慧校园建设最重要的保障。随着云计算技术的成熟和推广,高校可以改变传统的"重硬件、轻软件"的局面,将智慧校园服务平台搭建在云数据中心上,提高资源的使用效率,减少硬件的投入,加大对智慧校园应用的投入。

第三,高校要改变管理模式,重组业务流程,建立新的体制和机制,为智慧校园建设提供保障。传统高校信息化建设实行多头管理,效率低下。新型的智慧校园管理由校领导直接领导,负责智慧校园建设的战略规划与决策;下设智慧校园建设职能办公室,负责开展智慧校园的具体业务,起到上传下达的作用。智慧校园建设职能办公室对校内的职能部门和学院负责,不同的职能部门和学院配备信息化联络员。另外,为了解决数字校园建设过程中产生的"信息孤岛"问题,高校需要对业务流程进行重组。业务流程重组包括整合校内不同信息平台的资源,完善数字交换平台,统一身份认证等。

2. 通过课题的方式将平台向师生开放,提高师生的信息获取能力,共同建设智慧校园。智慧校园服务平台是一个长期的复杂的软、硬件系统,系统从前期的需求分析到后期的升级和维护都需要耗费大量的时间、资金和精力,特别是智慧校园后期的升级和维护。从这个角度来说,将智慧校园的建设完全外包给软件公司的风险极大。因此,高校应该建立一支专业技术团队,由智慧校园建设职能办公室来管理。该团队要负责智慧校园服务平台的研发和服务工作。

高校师生是智慧校园服务平台的直接使用者,他们的信息化素养情况直接影响到智慧校园服务平台的推广和使用。因此,为了提高师生的信息化素养,高校可以将智慧校园服务平台中的某些模块以课题的方式向全校师生开放,提供非敏感的数据,让全体师生集思广益,共同参与到智慧校园的建设中来,并将学生参与的项目统一纳入"大学生创新创业训练计划"进行正常管理。这种方式,既锻炼了师生的实际动手能力,也潜移默化地更新了他们的教学和学习观念,促进了信息技术和教学、学习的深度融合,让智慧校园融入师生的日常学习和生活。作为智慧校园平台的重要组成部分,高校学生智慧教育管理模块需要学生教育管理人员和学生集思广益,通过学生智慧教育管理模块进一步辅助辅导员工作的精细化。

3. 促进智慧校园相关技术的成熟和完善。智慧校园涉及的相关信息技术非常广泛,包括大数据、云计算、物联网、移动互联网以及传感设备等一系列软件和硬件。这些信息技术贯穿于高校智慧校园体系架构中感知输入端、数据传输端、处理支撑端、信息处理端和应用输出端五端协同联动的始终。智慧校园是一个巨大的复杂工程,需要对相关技术进行整合创新。高校应该鼓励和扶持智慧校园服务平台的相关理论和技术的研究,开展产、学、研合作,推动完善智慧校园的相关技术。

**五、应用举例:高校网络舆情分析平台助力高校辅导员工作的精细化**

随着移动互联网的崛起,网络媒体改变了信息的传播方式和社会形态的发展。在"人人都是新闻传播者"的自媒体时代,新兴媒体已经成为大家表达自己观点和诉求的集散地。这些网络新媒体用户有一个共同的特征:他们既是内容、信息和知识的消费者,又是相应网络内容、信息和知识的生产者。随着网络媒体这个"第四媒体"的快速发展,政府对网络舆情的重视程度已经上升到国家治理和国家安全的高度。2014年2月27日,中央网络安全和信息化领导小组正式成立,网络舆情工作受到前所未有的重视。习近平在小组成立大会上指出,做好网上舆论工作是一项长期的任务,要创新改进网上宣传,运用网络传播规律,弘扬主旋律,激发正能量,大力培育和践行社会主义核心价值观,把握好网上舆论引导的时、度、效,使网络空间清朗起来。作为与社会渐渐同步融合的高校,在面对频发的高校网络舆情事件时,缺乏有效的应对机制和应对措施。那些负面的高校网络舆情事件对学校造成了严重的负面影响,影响了高校大学生的思想政治教育的效果和社会主义核心价值观的践行,甚至对大学生的意识形态构成威胁,破坏了高校的和谐稳定。高校辅导员作为开展大学生思想政治教育的骨干力量,有必要研究和把握高校网络舆情对大学生思想政治教育的影响,并采取积极的应对措施。本文提出基于大数据等新一代信息技术构建高校网络舆情分析平台及高校网络舆情传播机制和网络舆论传播规律,在此基础上提出相应的高校网络舆情引导管理策略,来探讨以"平台+管理"的新模式开辟高校网络舆情研究的新视角。通过大数据等相关技术搭建的高校网络舆情分析平台将助力辅导员在新媒体时代对大学生的思想政治教育工作进行精细化管理,提高网络新媒体时代辅导员对大学生思想政治教育工作的针对性和实效性。

**(一)我国高校网络舆情整体情况分析**

1. 目前高校大学生网民的总体情况。随着我国经济的快速发展,我国网民的数量早已跃居世界首位。2014年7月发布的《中国互联网络发展状况统计报告》显示,在网民的职业结构中,学生占到25.1%,是所占比例最大的一个主体,而大学生又是这个群体的主力军。针对大学生的调查显示,98.9%的大学生拥有手机。随着移动互联网等信息技术的发展,4G网络开始迅速普及。在部分高校,校园无线网络基本可以覆盖整个校园。所有这些条件保证在校大学生能随时随地接入互联网,在上网学习的同时使用自媒体平台进行实时交流。

2. 高校网络舆情的特点主要有三个。

(1)高校大学生参与网络舆论"常态化"。互联网媒体的传播模式由传统媒体的"单中心、单方向"的传播模式转变为"多中心、互动式"的传播模式。2010年,微博服务是中国互联网发展最快的应用,在中国迅速兴起,2010年堪称中国的"微博元年";2014年,微信应用在中国迅速崛起,2014年因此被有些人称为中国的"微信元年"。通过这些移动社交应用的推动,自媒体方兴未艾。发微博、看微信、写评论已经成为现在高校大学生日常生活的一部分。他们是社会中最活跃的群体,他们充满激情,有强烈的求知欲望,关心校内校外时事,并实时参与网络讨论。网络新媒体具有匿名性以及不确定性,因此,如何引导高校大学生在自媒体中实事求是、理性表达,并善于思考,是摆在高校面前的一个亟待解决的问题。

(2)高校大学生参与网络舆论的表达载体"多样化"、表达内容"多元化"。信息技术的变革促进了自媒体平台的快速发展。目前,自媒体平台众多,如微博、微信。在校大学生善于接受新鲜事物,会根据周围的朋友"圈子"选择一个或者多个自媒体平台,参与网络互动交流。高校网络舆情内容类型多样,涉及校外和校内,大致可以分为:国际和国内重大社会问题,学校教育教学改革、师德教风、奖惩处分以及管理服务,校内的突发事件、校园周边的治安和卫生环境,高校的办学声誉、名校排名以及招生就业等相关信息。

(3)线上和线下讨论的叠加融合"快速化",影响更加深远。相较于社会网络舆情的线上传播模式,高校网络舆情的"线上+线下"的叠加传播模式更加明显。图2-10是高校网络舆情"线上+线下"的传播模式图。高校在校大学生大部分集中住宿,他们的知识水平和文化结构相差不大,有较多的共同话题。因此,高校网络舆情的传播空间相对集中。在校大学生除了通过自媒体平台发起议题或者参与议题讨论,还经常通过寝室夜话、聊天等方式对线上的议题进行当面交流。这两种传播模式的叠加融合,让大学生可以更加深入地讨论网络议题,使高校网络舆情的影响更深远。

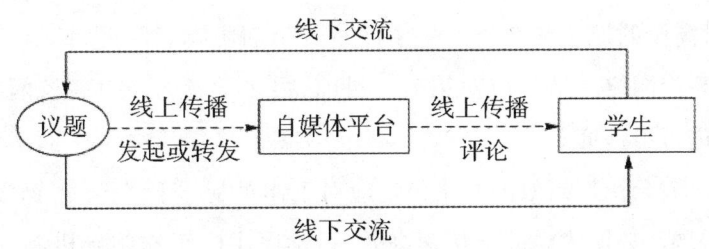

图2-10 高校网络舆情"线上+线下"的传播模式图

**(二)高校网络舆情的研究进展**

近年来,随着移动互联网和自媒体平台的快速发展,国家对网络舆情日益关注。网络舆情研究是一个新兴的研究领域,已经成为重要的社会科学研究课题。作为社会舆情的重要组成部分,高校网络舆情引起人们广泛的关注和重视。目前,我国高校网络舆情的研究主要集中在以下几个方面。

1.高校网络舆情研究与高校思想政治教育工作结合。多数学者认同通过对高校网络舆情的治理来提高高校大学生思想政治教育工作的针对性和实效性的观点。胡明辉等人认为,网络舆论引导是高校大学生网络思想政治教育的重要形式①。王国兴以人文关怀为视角,研究了高校网络舆情引导策略,提出了培养大学生网民的价值认同、提升大学生网民的主体性、重视大学生网民的个性差异以及提升网络舆论引导的亲和力等主张。汤力峰等人研究了自媒体环境下高校思想政治工作的创新思路,提出了建立专业队伍和学生"首领"相结合的自媒体"意见领袖"队伍、构建"网上网下"联动的自媒体舆情应急处置机制等建议。2015年1月,中共中央办公厅、国务院办公厅印发的《关于进一步加强和改进新形势下高校宣传思想工作的意见》明确指出,在自媒体时代要创新网络思想政治教育,壮大高校主流网络思想舆论等重要内容。这必将促进高校网络舆情和高校大学生思想政治教育工作研究向深入化和体系化发展。

2.高校网络舆情应对引导策略研究。高校网络舆情不是孤立存在的,是信息技术、社会以及高校发展到一定阶段的产物。我们要一分为二地看待高校网络舆情:一方面,通过网络舆情,高校可以获得学生对学校管理政策等方面实施效果的反馈,网络舆情可视作学校改革发展的催化剂;另一方面,由于网络的匿名性等特点,网络上常常出现影响校园和谐稳定的虚假信息以及一些乱贴标签的网络言论暴力行为,对高校的形象和名誉产生了严重的负面影响。因此,针对这种情况,我们需要研究高校网络舆情的应对策略。目前,很多学者已经对高校网络舆情的应对引导策略进行了探究。

一是建立健全快速高效的网络舆情应对工作机制。丁义浩、王铄强调,为了应对高校网络舆情,必须建立健全快速高效、科学民主的工作领导机制,具体包括成立高校网络舆情工作领导机构、建立健全决策程序以及制定切实可行的网络舆情预案。②

二是加强对高校网络舆论领袖的研究。在一系列的高校网络舆情事件中,网络舆论领袖始终扮演着重要角色。因此,需要加强对高校网络舆论领袖的研究,做到网络舆情应对有的放矢。尚俊杰等深入剖析了舆论领袖在高校网络舆情中的作用,并提出了高校网络舆论领袖的引导和管理策略:①与舆论领袖平等沟通,加强

---

① 胡明辉,蒋红艳.高校校园网络舆论引导工作探微[J].教育科学文摘,2013(1).
② 丁义浩,王铄.当前高校网络舆论工作中存在的问题及对策[J].东北大学学报(社会科学版),2013,15(4).

服务建设;②主动培养舆论领袖,把握话语权;③实行危机管理,重点监控;④以管理促发展,培养领袖型人才。

三是创新高校管理工作。高校网络舆情在一定程度上反映了在校大学生对高校管理的反馈意见和期望。此外,创新的高校管理工作能够减少网络舆情的发生。张秀红、郭云指出,大学生网络舆情给高校管理带来了新的挑战。他们提出高校教师要用马克思主义占领高校网络阵地、加强高校网络舆情管理队伍建设等建议。

3.针对网络舆情传播的自媒体平台研究。随着移动互联网等信息技术的快速发展,自媒体方兴未艾。目前高校大学生主要通过微博、微信等自媒体平台参与网络互动,看微博、发微信、写评论已经成为他们日常生活的一部分。栾盛磊以微博为例,对新媒体环境下的高校网络舆情进行了研究,介绍了基于微博的高校网络舆情的变动规律,提出了微博舆情引导策略。王光照等人通过对校园 BBS 的长期观察研究,深入了解了 BBS 舆论发展的基本状况,从校园管理者的角度,提出了有效引导校园舆论导向的策略。

目前高校网络舆情的研究多是从舆论学、管理学的框架衍生而来的,研究问题主要集中于高校网络舆情的传播效果、网络舆情应对的工作机制以及特定的舆情传播平台等层面,鲜有研究高校网络舆情的形成以及内部传播机制的。另外,目前的研究多停留在定性的、经验总结层面,很少使用定量的、跨学科的信息技术方法。本节将依据社会网络大数据分析等相关技术方法,探讨高校网络舆情内在的传播机制,并在此基础上提出对应的高校网络舆情引导管理策略,期望通过"技术+管理"的新视角,指导我国高校网络舆情的研究和实践,助力高校大学生思想政治教育工作的精细化管理。

**(三)采用信息技术定量研究高校网络舆情的可行性和必要性分析**

1.高校网络舆情的应对需要采用定量化的信息技术来预测处理。传统的高校网络舆情的应对是对已经发生的网络舆情采取相应的措施,或者采用人工的方式进行网络舆情监测,舆情事件发生后,再采取相应的应对措施。不管哪种应对方法,都是网络舆情事件发生后再采取一定的应对措施。应对方式都相对滞后,带来的影响较大。传统的高校网络舆情的应对流程如图 2-11 所示。

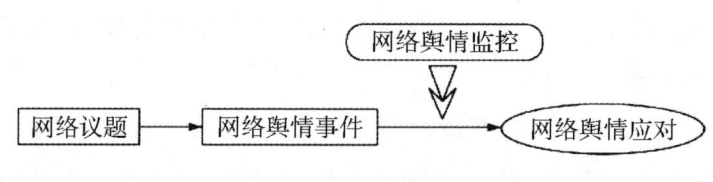

图 2-11 传统高校网络舆情的应对流程

习近平在中央网络安全和信息化领导小组成立大会上指出,做好网上舆论工作是一项长期任务,要创新改进网上宣传,运用网络传播规律,弘扬主旋律,激发正能量,大力培育和践行社会主义核心价值观,把握好网上舆论引导的时、度、效,使网络空间清朗起来。因此,在应对网络舆情的时候,要善于运用新一代的信息技术把握网络舆情的传播规律,提前预测高校网络舆情,提前应对处理,并善于运用网络传播规律,弘扬正能量,提高高校大学生思想政治教育工作的针对性和实效性。

通过长期对特定自媒体平台的舆论数据进行采集、传输、挖掘处理,并基于关系的视角考察网络传播结构,可以动态化研究网络舆情信息。来自网络社会化媒体的大数据,能够捕捉并挖掘人际传播路径和传播过程,并可以用来分析自媒体平台中每一个网络用户的行为和位置角色。即通过大数据等相关技术,以关系为视角考察舆论数据的传播,能够发现特定自媒体平台上的"舆论领袖",通过对"舆论领袖"的监测,及时采取应对措施,避免网络舆情事件的发生,提高网络舆情应对的时效性。高校网络舆情的应对流程如图 2-12 所示。

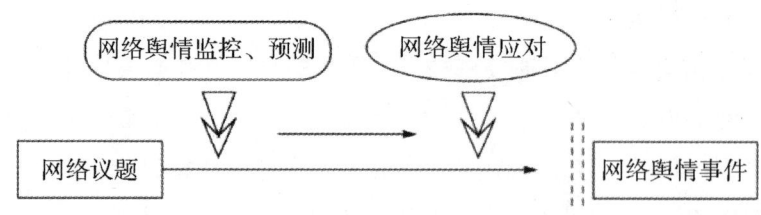

图 2-12 高校网络舆情的应对流程

2. 新一轮信息技术革命助力高校网络舆情定量化研究。以大数据、云计算、物联网以及移动互联网为代表的新一轮信息技术革命浪潮已经席卷世界,将这些信息技术应用到各行各业是科技、经济和社会发展的必然。目前,大数据、云计算等信息技术在各行各业迅速推广应用,这为高校网络舆情的定量化分析研究带来了新的契机。目前,网络已经深入人们的生活,并深刻地影响着我们的工作、学习、生活以及思维方式。在网络新媒体下,我们是信息的消费者,同时也是信息的生产者,生产了大量的网络媒体数据。随着网络大数据时代的到来,信息过载和信息噪声问题随之出现,人们面对网络大数据时犹如"盲人摸象"。如何从海量的网络媒体数据中发现知识,寻找出隐藏在网络信息中的真相,揭示网络舆情的形成和内在传播规律,需要我们具体而深入的研究。大数据时代使预测未来成为可能。大数据、云计算等具有革命性的技术使网络舆情定量化研究迎来了春天,拓宽了网络舆情研究的新思路。这些相关技术可以用于预测高校网络舆情,预判高校网络舆情的发展趋势,进而让相关管理机构全面掌握高校网络舆情的整体态势,对提高高校网络舆情的应对效能,提高高校大学生思想政治教育的针对性和实效性都具有重要的现实意义。

3.高校网络舆情传播的特点适合使用大数据等方法来分析。通过前面讨论的高校网络舆情"线上+线下"的特点可知,相较于社会网络舆情,高校网络舆情传播的时间和空间相对集中,需要分析的高校网络用户在自媒体平台上相互传播或者关注的比例高,网络用户的信息相对稳定。有效网络用户的信息相对较多,能够反映用户之间的真实关系,便于研究者使用大数据等方法进行分析研究。

**(四)搭建高校网络舆情分析平台,研究高校网络舆情传播机制**

充分应用大数据、云计算以及社会网络等技术研究高校网络舆情传播机制是科学应对高校网络舆情的必然选择。首先讨论基于云计算、大数据等技术搭建的高校网络舆情分析平台,进而对平台中的模块进行详细描述,最后就高校如何基于网络舆情分析平台科学化应对网络舆情,以提高高校大学生思想政治教育的实效性进行分析。"平台+管理"的新思维为高校有效应对网络舆情提供了新思路,为高校辅导员的思想政治教育工作提供帮助。高校网络舆情分析平台基础架构图如图2-13所示。

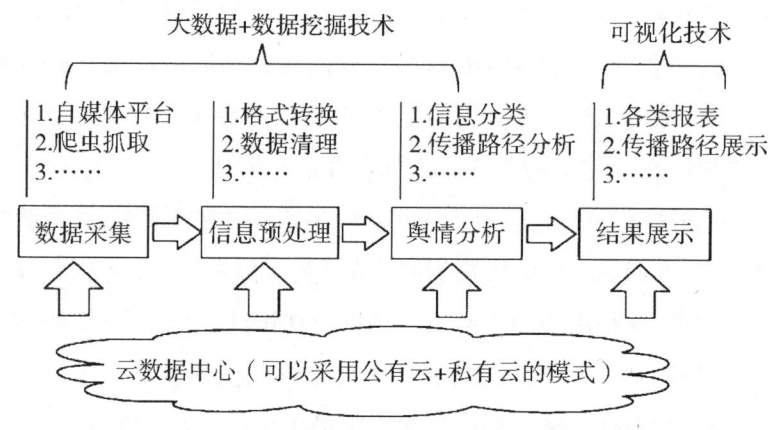

图 2-13 高校网络舆情分析平台基础架构图

高校网络舆情分析平台主要包括四个流程,分别是高校网络舆情的数据采集、数据的预处理、舆情分析和结果展示。整个高校网络舆情分析平台用到的技术包括云计算、大数据、数据挖掘以及可视化技术等。云计算为网络舆情大数据挖掘做后台支撑;大数据挖掘处理技术是整个高校网络舆情信息处理的核心;可视化技术可将高校网络舆情分析的结果简单明了地显示出来。整个高校网络舆情分析平台都搭建在云数据中心之上。随着云计算技术的发展和成熟,目前有些高校已经搭建了自己的"私有云"平台。为了节省成本和保护相关的隐私数据,我们可以将高校网络舆情分析处理流程搭建在"公有云+私有云"的混合云平台上,即将需要保密的重要舆情信息储存在学校的私有云平台上,将高校网络舆情的分析处理在"公有云"上进行,这样可以有效地节约成本。

1. 高校网络舆情数据采集。目前,自媒体平台包括微博、微信以及博客等。不同自媒体平台上的网络舆情数据的采集方式不同。以自媒体平台新浪微博为例,我们可以采用两种方法获取高校校内师生的舆情数据:利用新浪微博官方的应用程序编程接口 API 或者采用网络爬虫技术获取网络舆情信息。微博开放平台开放了包括微博、评论、用户及关系在内的二十余类接口,通过开放的 API 基本上可以得到需要分析的相关数据。采集得到的舆情数据包括指定时间间隔内的网络用户 ID、网络用户的 IP 地址、每个网络用户关注的用户 ID 列表、发表的微博数量、全部的微博内容以及转发的评论信息等。

2. 高校网络舆情信息预处理。采集到高校网络舆情数据后,首先要做的是对高校网络舆情数据进行预处理。在自媒体平台上,高校网络舆情信息总是由自媒体平台上少数有影响力的用户率先发布或者转发的,再通过整个自媒体平台关系网络中的其他用户的转发或者分享等在线行为进行传播,高校网络舆情信息借助线上的虚拟的社会关系网络不断扩大,进而形成高校网络舆情事件。由于自媒体平台上的话题非常多,因此预处理的第一步是对采集到的网络话题进行压缩,形成小规模的热门话题集;将形成的热门话题集的文本信息切成词语,然后对词语进行词频统计,通过词频统计可以得到热门话题。从统计学的角度来看,热门话题会吸引大量的网络用户。因此使用话题间的语义相似性和概念聚类方法可以对话题集进行压缩,从而形成小规模的话题集。通过热门话题,我们可以及时了解网络舆情的动态,缩小网络舆论话题集的监控范围。

3. 网络舆情分析。话题聚类后,我们可以得到网络舆论语料中的高频话题,然后基于某个高频话题研究用户和用户之间的关系并找出相应的网络舆情"意见领袖"。图2-14是舆情数据经过预处理后得到的网络舆情传播社会关系示意图。图中的7个用户基于话题2产生了社会网络拓扑图。用数学符号表示为有向图 $G=(V,E)$,其中节点 V 表示用户,边 E 表示用户之间的关系。图中的 $V_1$ 到 $V_7$ 分别表示7个用户,用户共享 n 个话题集。在图中,用户 $V_2$ 指向用户 $V_1$,表示用户 $V_1$ 对来自用户 $V_2$ 的话题2进行了转发或者评论。

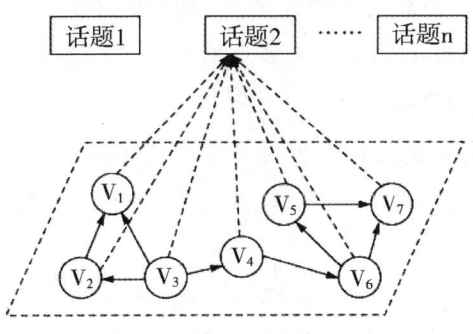

图2-14　基于话题2的高校网络舆情传播社会关系示意图

我们将图2-14中基于热门话题2的各个节点的用户关系的有向图用邻接矩阵 a 表示,两个节点的值用节点之间的方向表示。例如针对话题2,用户 $V_1$ 对用户 $V_2$ 的话题进行了转发或者评论,对应的值为1,整个邻接矩阵表示如下:

$$a = \begin{bmatrix} 0 & 0 & 0 & 0 & 0 & 0 & 0 \\ 1 & 0 & 0 & 0 & 0 & 0 & 0 \\ 1 & 1 & 0 & 1 & 0 & 0 & 0 \\ 0 & 0 & 0 & 0 & 0 & 1 & 0 \\ 0 & 0 & 0 & 0 & 0 & 0 & 1 \\ 0 & 0 & 0 & 0 & 1 & 0 & 1 \\ 0 & 0 & 0 & 0 & 0 & 0 & 0 \end{bmatrix} \quad (1)$$

近年来的社会网络研究表明,节点符合幂律分布规律,即社会网络中存在少数但数量不可忽略的具有巨大链接和强链接能力的节点,这些节点具有高的度分布,在网络中发挥着重要的作用。大量的网络舆情围绕这些重要的用户节点进行传播。我们可以通过社会网络中节点的中心性指标来测量和发现网络舆情中的"意见领袖",通过如下定量的中心性指标来进行网络舆论领袖的测量。

度指标。上文所举示例是社会网络的有向图,在有向图中,点的度包括点出度和点入度。图2-14中的节点$V_3$指向节点$V_1$,表示$V_1$对$V_3$的内容进行了转发或者评论。因此,这里的度指标指的是点出度的大小,用于描述网络中的节点的直接影响力。

$$C_D(v_i) = \sum_j a_{ij}, v \in V \quad (2)$$

因此,自媒体平台中节点的度指标越大,说明有直接影响的节点越多。在矩阵(1)中,某个节点的度指标的大小为该节点所在行的所有数值的总和。通过计算,图2-14中的节点$V_3$的度指标最大。

介数指标。介数用来衡量社会网络中节点的重要性,和最短路径紧密相关。介数高的节点起到信息传输桥梁的作用,处于社会网络中的交通要道。

$$C_B(v_i) = \sum_{v_s \neq v_i \neq v_t \in V} \frac{\delta_{st}(v_i)}{\delta_{st}}, v \in V \quad (3)$$

式子(3)中,$\delta_{st}$表示在有向图$G$中,点$s$到点$t$的最短路径的数量,$\delta_{st}(v_i)$表示点$s$到点$t$的最短路径通过点$v_i$的数量。通过计算,图2-14中,点$V_4$的介数最大。

4.高校网络舆情结果可视化展示。目前有多款社会网络分析软件,如Ucinet、Pajek。图2-15所示的是经过可视化软件处理后的社会网络示意图。图中节点之间的关系强度和节点的大小存在差异,用正方形标示出来的点是度指标或者介数指标排在前列的点。这些节点要么对网络信息的扩散有很大的帮助,要么在不同社团间起着桥梁的作用。这些具有影响力的节点在高校网络舆情监测中需要重点关注。

**图 2 - 15　基于社会网络的"意见领袖"和传播社群图**

有了网络舆情大数据后,就可以挖掘文本话题、确定"意见领袖"和传播路径以及社群聚类,还可以对高校网络舆情中学生的群体行为进行仿真模拟,对高校网络舆论群体的极化规律进行研究等。因此,借助大数据、社会网络、数据挖掘以及可视化等技术,可以在互联网平台上全景式地展现高校舆情传播对应的社会关系网络,让人们更加透彻地了解高校网络舆情的演变规律,对网络舆情进行预测,能够更好地应对高校网络舆情。

通过前面的分析,我们可以总结出基于大数据社会网络分析高校网络舆情传播机制的过程:①通过自媒体平台采集数据,进行话题聚类,找出热门话题;②针对某个热门话题,建立关系矩阵;③选定社会网络分析软件进行数据处理和分析;④对结果进行分析;⑤在同一个自媒体平台上,针对不同的话题,重复步骤②到步骤④,对最终的网络图进行对比,确定自媒体平台上高校网络舆情的传播路径和"意见领袖"。

**(五)高校网络舆情引导管理策略**

高校网络舆情科学化应对是建立在对高校网络舆情科学化分析的基础上的,即采用科学化的引导管理策略。高校网络舆情的应急管理需要多个学科的交叉融合,需要通过"技术＋管理"的模式共同应对。

1. 注重技术,建立高校网络舆情分析平台。随着移动互联网等信息技术的快速发展,特别是在大数据环境下,网络舆情也在不断发生变化。网络舆情研究本身是多学科融合的社会科学研究,然而,目前尚未真正形成多学科交叉研究网络舆情的态势。信息技术研究者执着于技术手段,往往忽略宏观理论研究的前沿;新闻传播学研究人员缺乏对舆情理论模型以及实际舆情数据的定量研究;高校教育管理人员往往停留在个案式、经验总结的层面。因此,高校网络舆情管理是需要多学科紧密交叉融合的复杂的科学问题。特别在大数据时代,我们需要搭建高校网络舆情分析平台,深入研究高校网络舆情的内在传播机制,为高校网络舆情的应对管理提供理论支持。

搭建高校网络舆情分析平台时应用到的相关信息技术包括大数据、社会网络、数据挖掘以及云计算等软件和硬件,用于整个平台的整体设计以及软件和硬件的开发和制作。高校应该整合软件开发人员、新闻传播学研究人员以及高校舆情管理人员,鼓励和支持高校网络舆情分析平台的相关基础设施、理论和技术的突破创新和实践研究,推动完善高校网络舆情分析平台,并通过技术创新助力高校网络舆情应对的管理创新和制度创新。

2. 转变思路,从被动应对到主动管理。高校应该辩证地看待高校网络舆情事件,高校网络舆情事件不是孤立存在的,是社会、高校以及信息技术等发展到一定阶段的产物。高校在应对网络舆情的过程中,既不能消极应对,也无须紧张过度。高校应该把高校网络舆情的应对管理和高校的长远发展结合起来,把网络舆情当作学校改革发展的催化剂。通过网络舆论,高校可以获得学生对学校的管理政策、制度和措施的实施效果的反馈意见,及时根据好的反馈意见改进、改善高校的育人环境,促进高校的和谐发展。由于网络上常常出现影响校园和谐稳定的虚假信息和谣言,有的时候还会出现一些乱贴标签的网络舆论暴力行为,对学校的形象和名誉造成了严重的负面影响。因此,高校要整合学校各部门的资源,及时应对网络舆情事件,以维护学校的和谐稳定。因此,高校要改变传统的思维,辩证地看待高校网络舆情事件,从被动应对到主动管理,始终以服务师生的理念为指导,持续改善办学环境。

3. 重视领袖,打造网络宣传新局面。通过前面基于大数据社会网络对高校网络舆情传播机制的分析,可以得到高校网络舆情传播的路径和过程,并且可以分析出自媒体平台上每一个用户的角色以及影响力的大小,即自媒体平台上存在为数不多的网络舆情"意见领袖",他们对网络舆情的传播有很大的影响力。基于这个事实,我们可以从两个方面应对高校网络舆情。首先,"意见领袖"是具有优势话语权的群体,他们是自媒体平台网络舆情得以形成的重要枢纽。因此,研究高校"意见领袖",有助于了解网络舆情的特征和规律,进而掌握整个网络舆情的走势,及时采取应对措施。其次,高校要运用互联网思维,主动加强校园主流网络媒体建设,构建网络宣传新局面,建立校园新媒体联盟,培养充满正能量的"意见领袖",引导网络舆论。

4. 加强教育,师生网络媒介素养齐进步。高校学生是社会主义事业的建设者和接班人,承担着实现"中国梦"的重任。2017年,中共中央、国务院下发的《关于进一步加强和改进新形势下高校宣传思想政治工作的意见》特别强调,在自媒体时代,高校要不断扩大网络主流舆论阵地。当前,我国正处于社会转型时期,网络在社会思潮传播中的作用越来越大。因此,加强大学生网络媒介素养教育,使其在网络媒体中能够明辨是非,保持客观、理性,认同社会主流价值观,是高校亟待加强的一项工作。

同时,高校教师需要加强对世情、国情以及社情的了解和学习,加强意识形态教育和网络媒介素养教育。高校教师悄悄地影响着学生,他们应当成为网络舆论中传播正能量的主力。

(六)应用举例总结

由上文的高校网络舆情分析平台这个实例可知,高校大学生教育管理工作的精细化需要教育信息化和教育智慧化作为协助。高校教育的信息化平台和智慧化平台能够对高校大学生教育管理的大数据进行定量化分析,提高了学生教育管理工作的针对性和实效性,提高了辅导员工作的质量。

## 第三节　高校辅导员队伍管理精细化办法研究

高校大学生思想政治教育工作精细化和日常学生工作精细化管理落到实处并有效开展的关键是辅导员。大学生教育管理工作的精细化取决于辅导员自身的综合能力和素质,是辅导员对教育管理工作深度思考的结果,是基于对学生教育管理工作规律和特点的认识。辅导员工作精细化是新时期提高高校大学生思想政治教育工作和学生日常管理工作针对性和实效性的必然要求。总体说来,学生教育管理工作精细化有效开展的前提是对辅导员自身保障能力进行精细化管理。本章主要对辅导员自身保障能力精细化进行探析,介绍了国家和高校下发的与辅导员有关的措施、高校辅导员可以申报的项目以及刊载与高校辅导员相关的研究成果的期刊,并就国内学者对高校辅导员的已有研究进行回顾和反思,最后对辅导员自身管理需要精细化进行总结分析。

**一、高校辅导员的队伍建设**

由高频关键词构成的社会网络分析图谱可知,"专业化""职业化""队伍建设""辅导员队伍"以及"辅导员队伍建设"等关键词的中心性较高,可见学术界对高校辅导员的队伍建设进行了大量的研究。自从我国高校设立政治辅导员制度以来,高校辅导员队伍建设一直是国家和教育部关注的重点。专业化是一个职业获得社会高认同度的必备特性,也是高校辅导员队伍能够可持续发展的必然要求。然而,目前高校辅导员队伍建设尚存在一些问题。我们将对目前有关辅导员队伍建设的学术研究进行总结和梳理,以实际指导辅导员队伍的专业化和职业化发展。

**(一)高校辅导员队伍建设的研究**

1.高校辅导员队伍专业化的内涵研究。高校辅导员专业化一直是学术界研究的热点和重点,也是我国辅导员改革的目标和方向。高校辅导员向专业化、职业化以及专家化方向发展已经成为大家的共识。研究高校辅导员的专业化发展,首先要搞清楚辅导员专业化的内涵。李爱民研究国内外学者有关职业的专业化程度的衡量标准后认为,高校辅导员专业化的内容主要包括独立、全职事业,组织、建制完善,高深、专业的知识,研究、服务并重,政府、市场认可。王丽萍认为,辅导员专业化在教育层面表现为一种学业类别,在职业层面具有不可替代性,并给出了辅导员专业化的定义:辅导员专业化是指辅导员经过培训和学习后具备完成思想政治引导、学习生活指导、心理健康辅导、就业咨询指导等工作所必需的知识、能力和经验以及相关的职业理想与素养的过程。角度不同,研究人员给出的定义也不同,然而这不会影响高校辅导员专业化的内涵和本质特点。我国高校辅导员制度已有半个多世纪的历史,特别是在最近二十年间得到了快速的发展。因此,我们需要尽快对高校辅导员专业化内涵的研究现状和实践现状进行对比分析,分析出高校辅导员专业化的特征和内涵,尽快形成相对一致的看法,进而能够从顶层设计、政策和实践中快速推动高校辅导员的专业化发展。

2. 高校辅导员队伍专业化现状的研究。高校辅导员专业化、职业化以及专家化已经成为新时期我国高校辅导员队伍建设和发展的共识以及必然趋势。这也说明,我国高校辅导员的专业化发展还有一段路要走,辅导员的专业化体系尚未真正构建起来。在这种情况下,对我国目前的高校辅导员的专业化发展现状进行研究,并分析其中存在的问题,具有重要的理论意义和现实意义。高校在辅导员选聘、培训以及管理等方面取得的成绩为辅导员队伍的专业化发展提供了可能,但也存在一些问题,如制度性问题、社会性问题和源于辅导员的个体性问题,这些问题阻碍了辅导员的专业化发展。辅导员专业化的基础薄弱,例如大部分辅导员缺乏专业背景、专业素养不高;辅导员的角色定位不准,工作内容繁杂;辅导员队伍结构失衡;相应的辅导员专业化机制不够完善。

3. 高校辅导员队伍专业化建设策略研究。在对高校辅导员专业化内涵和专业化现状分析研究的基础上,更多学者对高校辅导员队伍专业化建设的策略进行了研究。高校辅导员队伍专业化建设策略研究分为宏观和微观两个部分。

一是高校辅导员队伍专业化建设的宏观策略研究。目前高校辅导员专业化建设存在的问题主要有:结构有待优化,素质有待强化;岗位职责不明,日常事务繁杂;多重角色冲突,教育功能弱化;工作面广,工作量大,培训开发滞后等。在此基础上,研究者提出了一些专业的建议,例如:制定专业标准,明确培训方向;完善培训体系,推动专业建设;实施培训评估,确保培训效果;强化培训导向,促进资源开发。这类研究成果主要从宏观角度探索符合我国国情的高校辅导员专业化建设的道路,研究方向包括辅导员工作理论体系、辅导员管理体制改革、辅导员职业规范和专业标准的完善、高校辅导员专业方向的细化、辅导员工作定位的确立、辅导员专业地位的提高和辅导员行业管理机构研究等内容。这类研究成果分析了当前我国高校辅导员队伍建设与高校辅导员专业化发展之间的距离,得出的结论是:我国辅导员队伍专业化建设机制缺失,高校辅导员流动过快,高校辅导员录用选拔标准泛化,职前职后培训培养零散,高校辅导员专业碎片化、职责管理广泛化、专业组织初级化;高校辅导员专业化是学生事务管理发展的需要;我国高校辅导员专业化水平仍较低,处于准专业化状态;高校辅导员专业化的关键在于稳定队伍,基础在于建立专业体系,重点在于厘清职责,保障在于自我管理。

二是基于特定角度对高校辅导员队伍专业化建设的微观探讨。高校辅导员队伍专业化建设是一个系统化的工程,包括辅导员的选拔、辅导员的培养、辅导员专业化标准的制定等一系列子课题。例如,从高校辅导员职业资格制度建立的角度探讨高校辅导员队伍的专业化建设,首先阐明了建立高校辅导员职业资格制度的现实意义,然后从职业资格认证主体、辅导员职业资格认证种类的细分以及辅导员职业资格认证的等级和标准三个角度分析建立高校辅导员职业资格认证制度的思路。研究将高校辅导员分为见习辅导员、初级辅导员、中级辅导员、高级辅导员和特级辅导员,并给出相应的标准,最后对辅导员职业资格认证的保障做了说明。再如,从职业能力建设的角度来探讨高校辅导员队伍专业化发展的问题。职业能力建设是高校辅导员专业化的核心内容和主要途径,研究者从高校辅导员职业能力建设的内容构成、高校辅导员职业能力建设的层级标准两个方面论述了高校辅导员职业能力建设的内容和标准,最后制定了高校辅导员职业能力建设的基本策略。从校本培训的角度对高校辅导员专业化建设有效途径的研究,首先给出了校本培训的概念和意义,然后分析了辅导员校本培训的内涵及特点,最后提出了辅导员校本培训的实施策略,如加强制度建设,建立完善的辅导员校本培训机制;设定培训目标,推动辅导员的专业成长与发展;坚持以人为本,形成科学的辅导员校本培训评价标准和方法;整合教育资源,营造高校辅导员校本培训的合作文化。

4.高校辅导员开展思想政治教育的相关研究。高校辅导员的工作职责主要包括两大块:一是日常的思想政治教育工作;二是日常的大学生管理工作。从高校辅导员的发展历史来看,高校辅导员开始时主要负责思想政治教育工作,后来也负责日常的大学生管理工作。高校辅导员是开展大学生思想政治教育工作的骨干力量。高校辅导员在大学生思想政治教育的第一线,是做好日常思想政治教育工作的骨干,高校辅导员应该牢牢占领这个阵地,对大学生进行理想信念等方面的教育。有的研究分十个部分阐述高校辅导员应该如何进行大学生思想政治教育,如抓紧抓实大学生理想信念教育、抓好学风建设等。高校辅导员要根据新时期大学生的思想特点,不断探索切合实际的思想政治教育方法,即做到"四个一":辅导员要树立一个良好的个人形象;要确立一个明确的班级管理目标;要建设一支过硬的学生骨干队伍；要制定一套规范的管理制度。

5.高校辅导员的职业倦怠研究。一方面，较之高校其他的行政工作和教学工作，高校辅导员需要付出更多，更加需要主观能动性；另一方面，高校辅导员队伍专业化发展尚不成熟，社会对这个工作的认同感不够。因此，高校辅导员队伍更容易出现职业倦怠现象，而高校辅导员出现职业倦怠会直接影响高校思想政治教育的效果和高校人才培养的质量。从这个角度来说，研究高校辅导员的职业倦怠问题具有重要的理论意义和现实意义。基于社会资本理论视角，对高校辅导员职业倦怠干预问题的研究，从两个方面分析了该问题：一是从制度化社会资本的构建入手，如优化辅导员岗位结构、强化辅导员专业程度、立体化辅导员考核评价和多元化发展分流；二是基于非制度化的社会资本探讨如何干预辅导员职业倦怠，策略包括增强社会互动、寻求社会支持和建立防御机制。首先分析了辅导员队伍职业倦怠的现象及危害，然后分析了辅导员队伍职业倦怠的根源，如社会支持度不高、组织体系不健全以及个人体验存在差异等，最后提出了辅导员队伍职业倦怠的应对策略，即"构建和谐的环境，提高辅导员的社会地位""搞好职业文化建设，树立辅导员良好的职业形象""明确岗位职责，做好工作设计""加强培训，提高辅导员的承受能力""建立良好的职业前景，优化辅导员的发展途径"和"积极运用自我调适的杠杆，做好个体转变"。高校辅导员的职业倦怠问题，对大学生的思想政治教育和大学生的日常事务管理都会产生不良的影响。因此，不管是在学术研究上还是在实践中，都要找出辅导员倦怠的可能性原因，然后在工作开展过程中尽可能地避免、解决这些问题，进而提高高校辅导员工作的质量。

## （二）对高校辅导员队伍管理的总结和反思

我国高校辅导员的相关研究经历了几十年的发展，特别是21世纪初的近十余年，研究者对高校辅导员队伍建设、思想政治教育以及倦怠问题进行了深入的研究和探讨。这些学术研究成果在一定程度上指导了高校辅导员队伍的发展和高校辅导员工作的开展等。然而，以下几个环节仍需注意。

当前高职院校辅导员队伍建设与管理中仍存在诸多问题，新时期仍面临各种挑战，因此，高校必须加强辅导员队伍的建设与管理，才能适应当前形势发展的需要。

1.完善辅导员的选聘配备体系。做好高校辅导员的选聘配备工作，是加强队伍建设与管理的基础。在辅导员的选聘工作中,要严把入口关,坚持"思想过硬、纪律严明、作风优良、业务精通"的标准,对他们的政治素质、理论水平、道德品质、分析和解决问题的能力、科研和创新精神、语言文字能力、口头表达能力、协调沟通能力和组织管理能力等方面提出明确的要求,同时要考虑他们的学历、年龄和性别,真正把德才兼备、乐于奉献、潜心教书育人、热爱大学生思想政治教育事业的人员选聘到辅导员队伍中来,从源头上保证辅导员队伍的质量。辅导员选聘工作要在高等学校党委的统一领导下进行,由学生工作部门、组织部门、人事部门、纪检部门等部门共同组织开展。高校要根据辅导员的基本要求和实际的岗位需要,确定具体的选拔条件,通过组织推荐和公开招聘相结合的方式,经过笔试、面试、公示等相关程序进行选拔;同时,要根据实际工作的需要,科学合理地配备足够的辅导员。

2. 确保辅导员队伍的稳定。从思想政治教育专职队伍的实际出发,解决辅导员的聘任问题,鼓励和支持辅导员安心做好本职工作,努力成为思想政治教育方面的专门人才。学校要从政治上、工作上、生活上关心他们,在政策和待遇上给予适当的倾斜。因此,在实际工作中,要积极创造条件,为辅导员解决出路问题,解决他们的后顾之忧,在工作条件、生活待遇、岗位津贴等方面做适当的倾斜,把他们编入教师编制。设定职称晋升平台,成立专门的学生工作干部职称评审机构,每年组织一次辅导员职称评审工作,评审中应充分考虑辅导员工作的特点,把思想政治教育工作成绩作为职称晋升的重要依据。在参加行政职务晋升的同时可参加职称的聘定,工作成绩突出并愿意继续从事学生思想政治工作和党政管理工作的辅导员,在工作满一定年限后,可以分别定为副科级、正科级、副处级辅导员,按照有关规定享受相应的政治生活待遇。同时也可把他们作为党政干部的后备力量进行重点培养,并把政治觉悟高、工作表现好、业绩突出的辅导员输送到学院的各个管理岗位。

3. 提高辅导员队伍的整体素质。所有从事大学生思想政治教育的人员都要坚持正确的政治方向,加强思想道德修养,增强社会责任感,成为大学生健康成长的指导者和引路人。因此,进入辅导员队伍以后,要着力提高这支队伍的思想政治素质,制订培训计划,加强分类指导,积极开展有针对性的培训,将岗前培训与在岗培训、社会实践与学习考察相结合,积极鼓励辅导员研修与大学生思想政治教育相关的专业,以适应自我发展的需要。

4. 明确辅导员的工作职责,健全管理机制。根据学校人才培养与大学生思想政治教育工作的实际情况,科学界定辅导员的工作范围,制定明确的辅导员工作职责,形成完备的辅导员队伍建设制度和辅导员队伍发展的长效机制,确保辅导员工作的稳步开展。高校应坚持"会教育、会管理、会教学、会研究、有学问、办实事、能吃苦、肯奉献"的队伍建设与管理理念,明确辅导员的工作职责要求,从高、从严、从实、从细规范和明确辅导员的工作职责,逐步完善管理制度,完善工作规范。

5. 创造条件为辅导员提供培训与学术研究平台。建立分层次、形式多、重实效的培养培训体系,实现岗前培训与岗中培训、校外培训与校内培训、长期培养与短期培训、日常培训与专题培训的有机结合。要创造条件,积极组织辅导员参加社会实践和学习考察,不断提高辅导员解决学生的实际问题的素质和能力。学院可以专门为学生工作干部设立工作研究中心,鼓励辅导员结合工作积极从事理论研究和工作调研活动。

6. 完善辅导员队伍的考核制度。高校要成立专门的辅导员队伍考核和管理部门,制定符合工作实际、有一定科学性和可操作性的考核体系,并且考核体系要纳入学校教师工作考评的整体框架,采取辅导员工作自评、学生班级测评、学生工作领导小组评议、学校各职能部门联合考核等方式和步骤,对辅导员进行系统考核。同时,结合思想政治工作实践性的特点,定期考核辅导员的政绩、业务水平和思想政治素质,建立考核档案。考核的结果与个人的职务聘任、奖惩、职称晋升以及个人发展挂钩。对于优秀的辅导员,学校要宣传其先进事迹,进行表彰,以激励先进。

7. 推进辅导员专业化、职业化建设与管理。学院要采取综合配套措施,促进辅导员队伍的专业化、职业化建设与管理;要积极搭建起专业化、职业化建设平台,从而建立充满活力的高素质的工作队伍和多元化的格局。高校辅导员是培养社会主义合格建设者和可靠接班人的重要力量,在新时期,高校辅导员队伍的建设与管理必须适应时代发展的要求,与时俱进,不断提高辅导员队伍的专业化、职业化水平,同时建立相应的配套机制,这是辅导员队伍建设与管理的探索方向。只有这样,才能使辅导员队伍的建设与管理适应新时期的发展,才能使高职院校的思想政治教育工作和学生工作稳定、健康地发展。

**二、高校辅导员自身管理需要精细化**

高校大学生是祖国的未来和希望,他们承担着实现中华民族伟大复兴的中国梦的重要任务。培养出德、智、体、美、劳全面发展的大学生是高校重要的责任。概括起来讲,一个大学生在大学期间既要"成才",又要"成人",两者相辅相成,缺一不可。大学期间的成才教育工作主要由专业教师负责,成人教育工作主要由高校辅导员承担。因此,从这个意义上说,高校辅导员的工作非常重要。辅导员的重要性不仅体现在高校辅导员的概念里,在《普通高等学校辅导员队伍建设规定》等重要的政策文件里面,都有体现。

### (一)高校辅导员的重要性已经成为社会的共识

在大学期间,大学生接触最频繁的是辅导员老师。当大学生遇到困难、需要帮助的时候,首先想到的也是辅导员老师。辅导员几乎负责大学生在校期间的所有学习、生活等方面的琐碎事宜。"辅导员是高等学校教师队伍和管理队伍的重要组成部分,是开展大学生思想政治教育的骨干力量,是高校学生日常思想政治教育和管理工作的组织者、实施者和指导者,是大学生的人生导师和健康成长的知心朋友。"《普通高等学校辅导员队伍建设规定》列了辅导员的九项职责。而现实中,不管是学校还是大学生,只要是和大学生相关的事宜,都会找辅导员。高校辅导员是一线管理人员,直接面对学生,是学校和学生之间的桥梁。很难想象,在我国现行的教育体制下,如果没有高校辅导员,相应的工作是如何开展的。国外对应的岗位主要提供窗口式的服务,例如心理咨询岗位、就业指导岗位等专岗,由学生主动提出需求,对应岗位给予相应的帮助。我国普遍采用高校辅导员制度,主要原因有三个:一是在我国现行的教育体制下,升入高校的大学生普遍自主能力较弱,因此在大学期间需要高校辅导员的引导和帮助,为步入社会做好准备;二是我国高校辅导员不提供窗口式的管理服务,而是主动地提供帮助,这也充分体现了国家对在校大学生的重视,体现了社会主义制度的优越性;三是我国高校辅导员在管理好大学生的同时,还肩负着贯彻党的教育方针的使命,负责大学生的思想政治教育工作。

### (二)国家和高校对高校辅导员的管理需要精细化

辅导员是高等学校教师队伍和管理队伍的重要组成部分。然而不同于高校其他的行政管理岗位,面向几百个学生的管理工作任务艰巨、责任重大,辅导员工作绝不是什么人都能轻易胜任的管理工作。不同于其他的专业教师,课堂是专业教师的主要场地,而辅导员对大学生的教育不受时间和空间限制。辅导员的主要职责是教育和管理几百名大学生,而教育和管理的对象是肩负起建设祖国重任的建设者和接班人。因此,辅导员不仅要把握大学生教育管理工作的规律,还要用心和大学生沟通。从这个意义上来说,高校辅导员的工作更富有挑战性,辅导员工作是一门科学,更是一门艺术。要做好高校辅导员工作,辅导员就必须具有高度的政治责任感、良好的道德修养以及健全的人格,除此以外,还要与时俱进,不断丰富自己的知识体系,时刻充满热情,具备主观能动性。不难想象,一个缺乏主观能动性、政治责任感淡薄的辅导员是无法做好辅导员工作的。辅导员最大的荣誉感来自和自己朝夕相处的学生,当自己的学生在学习成绩、学科竞赛、文艺表演以及就业等方面都有好的表现时,辅导员内心的那种荣誉感是无法形容的。即使学生取得的这些成绩不一定是辅导员的功劳,辅导员内心深处也由衷地为学生感到骄傲。当学生发自内心地感谢辅导员的努力付出时,辅导员会发现这才是工作中最大的满足,自己付出的一切都是值得的。对高校辅导员来说,只有真正热爱这份工作,才有可能真正做好这份工作。辅导员是一个相对特殊和重要的工作岗位,高校要想保持住辅导员的这些初心和品质,就必须对高校辅导员进行精细化管理。这种精细化管理除了采取上文提到的国家和高校出台的一系列与高校辅导员相关的措施,更重要的是能够让高校辅导员持续以高校辅导员工作为傲。制定合理的高校辅导员工作质量评价体系,是对高校辅导员工作的认可和尊重,是保持高校辅导员初心和促进高校辅导员队伍健康、可持续发展的关键。中华人民共和国教育部令第43号《普通高等学校辅导员队伍建设规定》第十八条对高校辅导员的工作质量考核做了说明:"高等学校要根据辅导员职业能力标准,制定辅导员工作考核的具体办法,健全辅导员队伍的考核评价体系。对辅导员的考核评价应由学生工作部门牵头,组织人事部门、院(系)党委(党总支)和学生共同参与。考核结果与辅导员的职务聘任、奖惩、晋级等挂钩。"虽然目前国内很多高校按照教育部的要求已经制定了一系列和高校辅导员工作相关的评价体系,然而这些考核办法大部分只是唯结果论。由于高校辅导员工作的特殊性,高校辅导员的考核评价是一项困难的工作,特别是在学生的思想道德教育方面,缺乏科学的评价手段。高校仍要坚持不懈地以人为本,深入辅导员队伍,多聆听一线辅导员的心声,将定量和定性相结合、过程和结果相结合,实现多角度、多元化的评价方式,充分尊重高校辅导员,进而保持和提高高校辅导员的工作积极性、主动性和创造性,促进高校辅导员队伍健康、可持续发展。

**（三）构建高校辅导员管理体系架构，真正实现高校辅导员队伍专业化建设**

通过前文的论述分析，我们可以达成三点共识：①高校辅导员岗位的重要性已经得到了国家和高校的高度认可；②国家和高校重视高校辅导员工作，并采取了一系列的具体措施；③高校辅导员队伍的专业化是高校稳定辅导员队伍、保证辅导员队伍可持续发展的必由之路。自从《普通高等学校辅导员队伍建设规定》文件提出高校辅导员队伍的专业化建设以来，国家和高校在辅导员队伍建设方面探索了十多年的时间。毋庸置疑，在这十多年时间里，国家为了稳定高校辅导员队伍、建设辅导员队伍，从顶层进行设计，颁布了一系列的文件，提出了一系列的建议，采取了多种措施。从现实层面来说，各所高校可以调研统计近十年来辅导员的工作流向情况，通过真实的数字反映高校辅导员队伍专业化建设的情况，进而在已有的辅导员队伍建设措施的基础上，通过构建辅导员管理体系架构，真正实现高校辅导员队伍的专业化、职业化和专家化建设。

综上所述，大学生教育管理工作的精细化需要辅导员具有主观能动性，能够与时俱进，把握大学生教育管理工作的规律，具备较高的业务素质和政治素质。为了具备这些素质，辅导员要善于利用国家和高校出台的提高辅导员能力的相关支持政策，在主观意志和客观条件下做到自身保障能力的精细化，通过自身保障能力的精细化，提高各种能力，进而做到大学生教育管理工作的精细化，提高大学生教育管理工作的针对性和实效性，为培养德、智、体、美、劳全面发展的社会主义合格建设者和可靠接班人而努力奋斗。

# 第三章 高校辅导员考核机制研究

《普通高等学校辅导员队伍建设规定》指出,辅导员是开展大学生思想政治教育的骨干力量,是高等学校学生日常思想政治教育和管理工作的组织者、实施者、指导者。辅导员应当努力成为学生成长成才的人生导师和健康生活的知心朋友。高校辅导员在学生教育、管理等工作中发挥着举足轻重的作用,其工作直接影响学生教育管理的效果,甚至影响其他各项工作的稳定开展。但高校辅导员工作具有特殊性,与事务性工作完成各项具体事务和生产性工作生产各种产品不同,辅导员的工作是做人的工作,是通过自身的言行、品德对服务对象(学生)的思想和观念以至行为进行影响、熏陶。因此,辅导员的工作效能在日常工作中是否得到充分的发挥,难以在短时间内显现和衡量,需要综合考虑各方面的因素和指标。

对高校辅导员进行考核是辅导员队伍建设的重要内容之一,它具有强烈的导向作用,对促进辅导员的自我提升与进步,提高人才培养的能力具有重要的意义。目前,所有设立辅导员的高校都建立了辅导员的考核评价体系,但评价的标准、方法各有不同,考核评价体系还存在各种各样的矛盾与缺陷,有待进一步完善。我们通常所说的"绩效"是指"业绩",是工作成果的达成度。评价辅导员的绩效水平,即评价辅导员预定业绩目标的完成情况时,我们往往把辅导员的业绩指标形象地称为"硬指标"。在实际操作中,绩效管理是辅导员管理和队伍建设的关键环节。

## 第一节 绩效评价基本理论述要

高校辅导员工作绩效评价是高校辅导员管理工作的重要组成,也是整个高等学校绩效评价工作的重要组成。对高校辅导员工作绩效评价而言,无论是理论研究,还是实践探索,都必须首先搞清楚绩效评价的基本理论问题。绩效评价的基本理论不仅涉及绩效评价的概念、类型、作用和原则,还涉及绩效评价的流程、内容和要求,这些均是高校辅导员工作绩效评价体系研究的理论基础。

一、绩效与绩效评价的概念

人们对客观事物的认识,往往是由低到高、由浅入深、由简单到复杂发展的。人们对某一个学科的研究,也是从研究该学科中最基本、最重要的概念开始的。概念是反映对象本质属性的思维形式,科学认识的成果就是通过形成各种概念来对其加以概括和总结的。因而绩效评价研究必须首先弄懂基本概念,必须以前人已有的研究成果作为基础或前提。同样,高校辅导员工作绩效评价体系研究也必须以此为逻辑起点。

(一)绩效的概念

绩效(Performance),英文的释义包括"执行、履行、表现、成绩"等。从中文的字面上看,"绩"是指业绩,即工作结果;"效"是指效率,即工作过程。由此可见,绩效是一个含义丰富的概念,从不同的学科视角认识绩效,得出的结果也不相同。

从管理学的视角看,绩效是组织期望的结果,是组织为实现目标而展现在不同层面上的有效输出。它包括个人绩效和组织绩效两个方面:个人绩效是指组织成员某一时期内的工作结果、工作方式及工作行为等的体现;组织绩效是指组织在某一时期内,组织任务完成的数量、质量、效率、效益等的体现。现实中往往以个人绩效围绕组织绩效进行和组织绩效由个人绩效决定这两个假设为前提,并将组织成员工作活动与组织战略目标联系起来,通过提高组织成员的绩效来提高组织的整体绩效。因此,在制订绩效计划时,组织目标应该首先分解为部门目标,部门目标再分解为个人目标,组织中大多数个人目标的实现,意味着部门目标的实现,最终意味着组织目标的实现。

从经济学的角度看,绩效与薪酬是组织成员和组织之间的对等承诺关系。绩效是组织成员对组织的承诺,而薪酬是组织对成员所做出的承诺。一个人想进入组织就必须对组织所要求的绩效做出承诺,当组织成员完成了他对组织的承诺时,组织就必须实现它对组织成员的承诺。这种对等承诺关系的本质,体现了等价交换的原则,符合市场经济的基本运行规则。

从社会学的角度看,绩效意味着一个社会成员按照社会分工确定的角色承担职责。由于他的生存权利是由其他人的绩效做保证的,而他的绩效又同时保障着其他人的生存权利,因此,实现绩效目标是每一个社会成员应尽的义务,受益于社会就必须回报社会。

在具体的实践中,人们对绩效的理解可能是上述某一种,也可能是对各种绩效概念的综合认识。一般说来,较普遍的理解是:绩效就是"完成工作任务";绩效就是"工作结果";绩效就是"行为";绩效就是"行为与结果(过程)的统一";绩效就是"做了什么(实际效益)和能做什么(预期效益)"。

### (二)绩效评价的概念

无论是在早期的人事管理中还是在现代人力资源管理中,绩效评价(Performance Appraisal)都是绩效管理过程中的重要环节和关键手段,只是叫法不一:美国、英国称之为"考绩";日本称之为"勤务评定";法国称之为"鉴定";埃及称之为"评价",但绩效评价的内容和方法基本一致。国内学者对绩效评价的称谓也比较多,诸如绩效考评、绩效评价、绩效评估、业绩评价、业绩评估等,但本质和内涵基本相同。

绩效评价是指用系统的方法来评定、测量组织及组织成员在职务上的工作行为和工作效果。具体地说就是,绩效评价是完成战略性目标的一种方法,是衡量组织及组织成员是否完成目标的一种手段。这一过程包括由战略目标驱动并与工作流程相联系的对组织和组织成员的绩效评价。

### (三)绩效评价的含义

绩效评价是从组织的战略发展目标出发,对组织及组织成员的工作进行评价,并使评价结果与其他人力资源管理职能相结合,从而推动组织战略发展目标的实现。

绩效评价是人力资源管理系统的组成部分,它通过运用系统的、一贯的制度性规范、程序和方法对组织及组织成员进行评价。

绩效评价是对组织及组织成员在日常工作中所表现的能力、态度和业绩进行实事求是的评价。

### 二、绩效评价的类型

在开展绩效评价之前,首先必须了解绩效评价的种类和特征,只有如此,才能更好地选择评价的方式和方法,从而最大可能地实现绩效评价的目的。绩效评价的类别有多种,可以按照评价的主体、评价的对象、评价的因素和评价的目的进行分类。

## (一)按照评价的主体分类

按照评价的主体分类,绩效评价可以分为政府评价、社会评价、自我评价。

政府评价是指政府主管部门直接主持或委托相关部门主持进行的评价,具有权威性,受政府保护。

社会评价是指社会团体未接受政府部门的委托,独立开展的评价活动。其评价结论可以为政府决策提供信息咨询,对被评价组织或个人的声誉有较大的影响,且其可信度取决于评价机构的专业水准、职业道德、评价的客观准确性以及评价结果的社会接受度。社会评价的结论虽对被评组织和个人不具有强制力和约束力,但能够起到一定的激励作用,并引起社会的积极关注。

自我评价是指组织内部进行的评价,是评价主体依据评价原理,对照评价标准,主动评价自己的评价行为。自我评价是自评组织或个人自我诊断、自我研究、自我完善、自我发展的过程。因此,被评组织或个人对评价活动的科学认识以及工作的积极性将直接影响整个评价过程的客观性与准确性,并将影响评价工作的发展和完善的进程。

## (二)按照评价的对象分类

1. 对组织的评价。这是将评价对象作为一个整体来进行的评价,是一种基于客观现象的综合性评价。评价的内容包含政策支持系统、环境支持系统、组织支持系统、经费支持系统及人力资源系统等。评价的范围广、工作量大、难度高、综合性强。

2. 对个人的评价。这是将评价对象作为组织中的一个个体来进行的评价,是一种基于微观视角的具体性评价。评价的内容包括结果性评价、过程性评价等。具体地说,它是对组织成员的具体表现、行为过程、已经取得或可能取得的成绩等进行的一种评价。

## (三)按照评价的因素分类

1. 终结性评价,亦称结果性评价或总结性评价。它是一种注重结果的评价手段,通常在过程结束以后才实施评价。这类评价往往以目标来衡量和比较成果,有时也可以称为目标评价。其主要作用就是对评价对象进行鉴定和诊断。评价方法较多地采用定量分析,有时也采用定性分析。

2. 形成性评价,亦称过程性评价,是一种注重过程的评价手段,通常在过程中实施评价。其主要作用是考察评价对象工作过程中的优劣得失，并提出改进的建议。本质上，它是一种事态进行中的评价，而且评价结果对评价对象的工作进步起到促进作用。评价方法多采用定性分析。

3. 条件性评价，亦称配置性评价，是对评价对象的政策环境、物质条件等进行的评价。在评价过程中，如果只考虑评价对象是否达到目标和活动本身的合理性是不够的，还必须考虑实现目标和活动开展的可行性。这就是条件评价所要解决的问题。本质上，它是一种相对评价而不是绝对评价，评价的结果能够对评价对象的工作效率和工作条件的改善起到促进作用。评价方法基本采用定量分析。

**（四）按照评价的目的分类**

1. 奖惩性评价，又称"绩效管理型评价""行政管理型评价"或"责任模式"。它形成发展和盛行于绩效评价的传统时期，即20世纪初至20世纪80年代中期。奖惩性评价以加强绩效管理为目的，根据对组织成员的评价结果，做出解聘、晋级、增加奖金等决定。奖惩性评价是一种比较典型的终结性评价。它重视评价的结果，却较少关注专业发展的过程，这也正是许多组织和个人不推崇奖惩性评价的重要原因。

2. 发展性评价，又称"专业发展性评价"或"专业发展模式"。它始于20世纪80年代中期，首先出现在英国、美国、日本等国家，20世纪90年代中期开始传入我国。发展性评价以促进组织和个人的专业发展为目的，在没有奖惩的条件下，通过实施评价来达到个人与组织共同发展的双赢局面。发展性评价是一种形成性评价，或者说是一种兼具形成性评价和终结性评价特点的评价。它关注评价的结果，更关注专业发展的过程。其优势在于：①使评价对象不断取得专业发展的机会；②充分反映评价对象专业发展的过程、特点、进步、成就、经验和教训；③使评价对象在评价过程中及时得到反馈信息；④评价对象参与评价的整个过程，获得了评价的知情权、发展权和决策权，充分了解评价的目的、标准和步骤，从而减少对评价的抵触心理；⑤专业发展是一个长期过程，绩效评价同样是一个周而复始的长期过程。

**三、绩效评价的作用**

传统的绩效评价理论认为，绩效评价的基本任务是保持人与事的科学结合，保障共事的人密切配合以达到提高工作效率的目的；只有进行绩效评价才能"知人"

"知事",只有进行绩效评价才能了解人与事是否实现了科学的结合,没有绩效评价就没有人力资源管理。因此,人们常常把绩效评价的目的仅限于人力资源管理领域。近些年来,随着竞争的不断加剧以及组织管理需求的不断增长,各类组织越来越希望通过绩效评价来促进组织和个人的发展,期待绩效评价在推动组织成员完成具体工作的同时,确保组织战略发展目标的实现。因此,绩效评价的作用是多重的。

### (一)绩效评价是组织实现战略目标的重要手段

发展战略是对未来结果的一种期望,这种期望要求组织内所有成员按一定的职责和绩效要求的导向,通过发挥能动性和创造性来实现。因此,绩效评价已成为组织战略管理控制系统中不可或缺的管理工具和手段。从具体的实践中我们不难发现,现代组织管理所推行的绩效评价的作用,远远超出了人力资源管理的领域。许多组织通过绩效评价以及相应的管理,在提高组织的核心竞争力、确保组织的短期目标与长期目标紧密相连、实现组织的战略目标等方面都发挥了相当大的作用,通过绩效评价使组织全体成员团结一致,共同实施长期发展战略。

由于绩效评价不仅着眼于组织成员个体绩效的提高,还注重组织成员绩效与组织绩效的有机结合,故其最终能实现组织总体效率和效能的提高。因此,为有效实现组织的战略目标,在设计绩效评价方案时,人们最主要考虑的是如何通过绩效评价引导组织成员的行为往组织要求的方向发展,从而使组织成员工作活动与组织战略目标保持一致。其采用的方法往往是通过绩效评价的主体、绩效评价的周期、绩效评价的内容、绩效评价的标准等诸多环节来实现对组织成员行为的引导作用。

### (二)绩效评价是人力资源管理的重要依据

绩效评价是以充分发挥组织成员的积极性和实现组织目标为目的,对组织成员的表现和绩效进行实事求是的评价,同时也要对组织成员的工作能力和工作适应性进行评价。它是人力资源开发与管理中一项重要的基础性工作,旨在通过科学的方法、原理来评价和测量组织成员的工作行为和工作效能。对于组织而言,如果能够准确地评价组织成员的绩效,就不仅能掌握员工对组织的贡献的大小,还可以在整体上为人力资源的开发和管理提供有价值的依据。

通过绩效评价,组织的管理者和人力资源部门可以及时、准确地获得成员的工作信息,通过对这些信息的整理和分析,对组织的招聘制度、选择方式、激励政策及培训制度等一系列管理政策的效果进行评价,以便及时发现政策的不足,进而为改进组织政策提供有效的依据。另外,对这些信息的整理和分析,还可以为组织成员的晋升、降职、调职和离职等提供依据,为组织成员的薪酬制度提供决策参考。绩效评价是公开的,其行为与结果必须要获得组织成员的认同,因而,组织做决策以它为依据是有说服力的。

(三)绩效评价是增强沟通的重要桥梁

绩效评价是上级与下级、组织与个人之间就工作职责和提高工作绩效问题持续进行沟通的过程。沟通是绩效评价的重要环节,它指的是评价者和评价对象面对面地对评价结果进行讨论,并指出评价对象的优点、缺点和需要改进之处,且给予对方说明的机会。

评价沟通为上级和下级之间、组织与个人之间创造了一个正式的沟通机会。管理者利用这个沟通机会,可以及时了解评价对象的实际情况及深层次的原因;评价对象可以借此了解管理者的思路和计划。评价沟通促进了上级和下级之间、组织与个人之间的了解和信任,提高了管理的透明度和工作效率。

(四)绩效评价是激励发展的重要途径

每个组织和个人都希望自己能够不断发展和进步,组织的战略发展目标和个人的职业生涯规划为组织和个人的发展指明了方向,但是仅仅有目标而缺乏引导是不够的。绩效评价就是这样一个导航器,它可以让组织和个人清楚自己需要改进的地方,明确自己前进的方向。

同时,通过绩效评价,组织和个人可以了解上级主管部门和相关组织的期望,知晓自己的差距。虽然他们可能经常见面,并且经常谈论一些工作计划和任务,但是组织或个人还是很难清楚地了解上级主管部门或相关组织对自己的评价和期望。绩效评价是一种正规的对组织或个人进行周期性评价的系统,其评价结果是公开的。组织或个人通过绩效评价有机会知晓自己的不足,可以防止相关组织和个人不正确地估计自己的成绩和贡献,减少不必要的抱怨。对于个人而言,能够获得参与目标设定的机会,获得对能力及行为的反馈,从而不断学习和进步;能够获得讨论和规划个人发展及职业生涯的机会,增强认同感和成就感,从而激发个人发展的潜力。

### 四、绩效评价的原则

1. 目标一致性原则。目标一致性是指绩效评价的目标要与组织发展的战略、组织发展的目标和组织文化尽可能地保持一致。绩效评价的目标是通过提高组织和个人的工作绩效来提高整体的绩效,以最大限度地实现组织的战略目标。因此,绩效评价与组织的发展战略应该一致。

由于不同的组织有不同的战略,同一组织在不同的发展阶段也有不同的战略,因此在实施绩效评价时,必须明确组织的战略目标和发展计划。同时,任何一个绩效评价体系都是在一定的组织环境和文化特点下进行的,故绩效评价实施过程中,应对组织目标和组织文化等因素进行分析和判断,具体说来就是评价组织文化、组织管理制度和政策、现有的绩效评价活动等与人力资源管理政策匹配的情况和薪酬制度的情况。

2. 指标明确性原则。指标明确性是指绩效评价指标能在多大程度上为组织成员提供明确的指导,告诉他们组织对他们的期望,并使他们了解如何才能实现这些期望和要求。为了实现绩效评价的战略目的,评价者应该让组织成员正确领会绩效评价体系所要传达的信息。同时,在绩效评价过程中,如果组织成员不能确切地了解自己的绩效表现有何问题,那他就无法进行绩效改进了。在实践中,很多组织之所以对绩效评价体系的明确性没有足够的重视,是因为它们往往只是将绩效评价作为计算薪酬的手段,造成人们只关心最后评出的绩效等级以及绩效等级与薪酬之间的换算公式。因此,在绩效评价的运行过程中,绩效评价的明确性要求组织成员能够得到明确的信息,以使他们更好地实现预期的绩效目标,从而使绩效评价达到预期的目的。

3. 区别对待原则。绩效评价的对象是组织或个人。即便同为组织,类型也不尽相同;同为个人,能级也有所差别。因此,在绩效评价中,对不同类型的组织和不同能级的个人应采取不同的评价标准。这样做的目的是区别对待参加评价的组织和个人,客观地评价其贡献和才能,以便及时肯定成绩、发现问题。采用区别对待的评价原则能够使组织或个人在同一层级的评价中,及时了解自己的优势和不足,从而坚定信心,把握正确的发展方向。

4. 可接受性原则。可接受性是指绩效评价行为和结果为评价对象所接受的程度。绩效评价的模式很多,但是再科学的绩效评价模式如果不能被使用它的人接受,就不能发挥其应有的作用。因此,绩效评价要尽可能地做到以下两点。①客观与公正。绩效评价只有体现客观与公正,才能激励组织和个人,才能使评价的结果发挥应有的作用。客观就是实事求是,公正就是不偏不倚。它们既体现在评价的过程中,也体现在评价的结果上。②科学与简便。科学与简便就是要求评价从标准确定到评价结果的运用都要符合客观规律,正确运用现代科技手段,准确评价各级各类组织和个人的行为表现。同时,评价的具体操作要简便,以尽可能少的投入达到尽可能好的评价结果。

**五、绩效评价的流程**

1. 获得领导的支持。绩效评价是组织管理的一个重要环节,仅凭某一职能部门不足以推动整个工作的开展。因此,获得高层管理部门及领导的认同和支持就显得十分重要。

相关职能部门的负责人应该主动与高层领导探讨绩效评价的理论、方法和意义,说服高层领导理解和支持绩效评价工作,这样才能在高层领导的支持和主持下开展此项工作。与此同时,绩效评价工作的每一个环节都要及时向高层领导汇报,并通过高层领导的意志将其传达下去,这样才能事半功倍,收到最佳的效果。

2. 制订绩效评价计划。绩效评价计划的制订是绩效评价的重要环节,是绩效评价实施的关键和基础。绩效评价计划的科学合理性,直接影响绩效评价的实施效果。在这个阶段,管理者(评价者)与被评价者的共同参与是进行绩效评价的关键。如果仅仅是管理者单方面地布置任务、提出要求,被评价者单纯地接受安排,绩效评价就失去了协作的意义。

3. 确立绩效评价指标。有了明确的绩效评价计划之后,便要根据计划来确立评价的指标体系了。指标体系的确立可以使组织和个人了解行业或组织的发展战略,为日后的发展提供指引。绩效评价的指标一般可分为客观标准和主观标准。客观标准也称为硬指标,如人员配置的具体情况、经费投入的多少、学历层次和学院结构等以客观现实为依据。主观标准也称为软指标,在评价的时候具有一定的灵活选择。当然,针对不同类型的组织和个人,绩效评价指标的确立应有不同层级的标准,要区别对待。

4. 加强绩效评价宣传和沟通。绩效评价工作不仅要取得高层领导及部门的认同和支持,还要取得具体评价对象的理解和支持。因此,加强对绩效评价工作的宣传、促进管理者与评价对象的沟通，是做好绩效评价工作的重要措施。具体说来，可以通过内刊、宣传栏、网络等媒体平台，也可以通过谈话、交流等手段，对绩效评价的标准、方法和意义等进行宣传和沟通，为绩效评价的推进建立坚实的群众基础，从而保证绩效评价工作的顺利开展。

5. 培训专业的绩效评价人员。好的绩效评价方法和手段必须要由高素质的管理者来组织实施，因此，对评价人员进行专业培训是绩效评价顺利进行的重要保障。培训的目的是让参与评价的管理人员树立科学的绩效评价理念，熟练掌握绩效评价的流程、方法和技巧，准确把握绩效评价的标准，客观、公正地开展绩效评价工作。

6. 实施绩效评价。绩效评价是一个按事先确定的工作目标及衡量标准，评价组织或个人实际完成的绩效情况的过程。绩效评价包括工作结果评价和工作行为评价两个方面。其中，工作结果评价是对绩效周期内组织或个人对工作目标实现程度的测量和评价；工作行为评价则是针对组织或个人在绩效周期内表现出来的具体的行为态度进行评价。同时，在绩效实施过程中，所收集到的能够说明被评价者绩效表现的数据和事实，也可以作为判断被评价者是否达到关键绩效指标要求的依据。

7. 分析绩效评价的数据和信息。在绩效评价的实施阶段，无论是组织整体还是组织成员，都会产生大量的数据和信息。这些数据和信息可能涉及评价指标，也可能涉及组织或个人的绩效表现和绩效结果。因此，各级管理者需要定期或不定期地采集和分析这些数据和信息，以便为绩效评价提供准确、翔实和可靠的数据资料。

8. 进行评价的反馈与面谈。绩效评价不是为绩效评价打出一个分数就了事，管理者还需要与评价对象进行一次甚至多次面对面的沟通和交流。通过绩效评价的反馈与面谈，使组织和个人了解管理者对自己的期望，了解自己的绩效状况，认识自己的优势与不足，并且被评价的组织和个人也可以对绩效评价的结果提出申诉和说明，指出自己在实现绩效目标过程中遇到的困难，以期得到相应管理部门的理解和支持。

9. 绩效评价结果的应用。得出绩效评价的结果既不是最终目的，也不意味着绩效评价流程的结束。在绩效评价中获得的大量有用的信息和结论必须运用到组织管理的各项活动中。例如,根据绩效评价的结果,适时调整人事方面的相关决策,如任用、晋级、加薪;对照绩效评价的指标,检查组织管理的各项政策,如人员配置、人员培训等是否达标,还存在哪些问题,以便及时改正;根据绩效评价的实际情况,帮助相关组织和个人找出问题,明确今后发展的方向,并借此制订合理的组织培训计划和人才发展规划。

10.绩效评价的总结和改进。绩效评价是一个循环往复的过程,每一次绩效评价的结束都是下一次绩效评价的开始。因此,绩效评价的结果出来之后,我们不能仅仅满足于本次结果的应用,还应该全面总结绩效评价全过程的得失,以便更好地改进和提高今后的绩效评价工作。这其中包括指标体系的修订和评价程序的改进,例如根据绩效评价的接受度,结合绩效评价对象的实际情况,修订那些不切实际的指标体系;根据绩效评价的实际操作情况,简化和修改评价的程序,使其更符合实际的需要。

### 六、绩效评价的内容

实践中,评价对象的性质不同,绩效评价的内容也不同。一般说来,评价的内容取决于评价的目的,没有目的的评价是没有价值的。由于绩效评价的对象、目的、范围复杂多样,因此绩效评价的内容也不同。具体说来,我们可以从两个方面进行划分。

#### (一)基于组织的绩效评价

绩效评价不仅包括组织对个人的评价,还包括上级主管部门对下级组织的评价。由于对二者的评价视角不同,因此评价内容也不同。对组织的评价主要表现在四个方面。

第一,领导体制建设评价。一个组织的建设情况如何,首要的是看领导体制的建设是否到位。上级主管部门制定的发展战略和布置的具体工作是否有效地贯彻和落实,首要的是看领导层面的认识、理解、支持以及执行力。因此,对组织进行绩效评价,首先要在是否具备明确的发展目标、是否具有科学的发展规划和实施计划、是否建立相关的领导体制(如专门的领导负责人、专门的领导机构、组织定期的联席会议)等方面进行评价,这是对组织进行绩效评价的基础工作。

第二,规章制度建设评价。一个组织的建设和发展,应该立足于长效机制的建设,着眼于未来的发展。因此,建立相应的规章制度,以此规范各级职能部门及相关人员的行为举止,使这些规章制度不因领导人的改变而改变,不因领导人的看法和注意力的改变而改变,就显得十分有必要了。这些规章制度的建立必须与组织的长效机制的建设有机结合,必须与组织未来的发展战略相适应。主要内容应该包括:组织发展的战略规划、队伍建设的规章制度(如选聘制度、管理制度、培训制度、人才流动制度等)、条件保障的规章制度(如物质保障制度、职称评定或职务晋升制度、评优与奖励制度等)。

第三,专业队伍建设评价。队伍建设是组织发展的关键因素。一个组织的战斗力如何,关键看它是否具有一支稳定的高素质的专业队伍。因此,对组织进行绩效评价的重要内容之一,是对其队伍建设情况进行评价。主要内容包括:队伍的结构(学历层次、学缘结构、年龄结构、职称结构)、工作状况(岗位配置情况、队伍稳定情况、工作经验、评优情况等)、培训发展(岗前上岗培训情况、获得的各类专业资格情况、科研成果情况等)、基本评价(个人的自我认可度、来自不同层面的评价等)。

第四,工作目标落实评价。对组织进行绩效评价,离不开对组织成员进行绩效评价。组织成员贯彻执行各项规章制度,具体落实组织安排的各项工作任务所取得的成绩,是组织绩效的重要组成部分。也就是说,我们在对组织进行绩效评价的时候,不仅要看其体制、机制、规章制度以及队伍建设的基本情况,也要看这个组织对上级要求的各项工作以及该组织日常工作的执行和完成情况。这其中,要对工作结果进行评价,也要对工作过程进行评价;要对工作的执行力进行评价,也要对工作的创造性进行评价。

### (二)基于个人的绩效评价

第一,个人品德评价。对品德的评价是个人绩效评价因素结构中的重要内容。品德即道德修养,是人的精神境界、道德品质和思想追求的综合体现,决定着一个人的行为方面,即为什么而做。品德的标准不是抽象的和一成不变的,不同的时代、不同的行业和不同的层次对品德的要求不同。

在实际工作中,许多细微的表现,如是否尊重他人、善于和他人共事合作,是否遵纪守法、维护公共利益,是否信守诺言、言行一致,是否廉洁自律、艰苦朴素,都是个人品德评价的重要内容。

第二,工作态度评价。工作态度主要体现在个人的日常工作表现上,如工作的积极性、主动性、创造性、能力程度以及出勤率等。对工作态度的评价不仅要有量的评价,如出勤、缺勤率,也要有质的评价,即是否以满腔的热情,积极、主动地投入工作。

通常人们认为,能力越强,业绩就可能越好。但是,现实情况往往不是如此,能力强的人可能由于种种原因并不能取得相应的成绩,能力较弱的人可能由于工作态度积极而取得较好的成绩。两种不同的工作方式,就产生了两种截然不同的工作结果,其中关键因素就是工作态度。因此,绩效评价还要对个人的工作态度进行评价,从而引导个人改善工作态度,增强工作热情,最大限度地创造优异的工作业绩。

第三,工作能力评价。能力是指人的素质在一定条件下的外显。工作能力评价是指对个人在职务工作中发挥出来的能力进行评价。在一些情况下,人们可能由于一些偶然的情况而很好地完成了工作任务。此时,若单纯地评价工作业绩,就能够获得较好的评价。而绩效评价的目的是实现组织和个人更长远的发展目标,单纯地依据业绩进行绩效评价不利于对组织成员进行有效的引导。因此,对工作能力进行评价不仅仅是一种公平评价的手段,也是人力资源开发的重要途径。

第四,工作业绩评价。工作业绩就是工作的行为表现与实际效果。在组织中,岗位和职责不同的人,工作业绩的评价重点也有所不同。工作业绩评价就是对个人的行为与结果进行评价。结果可能有效,也可能无效,行为结果的有效性是针对组织的发展目的而言的。所以,业绩往往被认为是有效的结果,也被称为业绩、绩效等。同样,业绩对目的而言,又被认为是一种"贡献"和"价值",业绩的大小,被认为是对组织的贡献和价值的大小。

工作业绩评价对于个人而言是非常重要的,因为每一个人都希望自己的工作业绩能够得到承认,都需要通过业绩评价的结果客观准确地反映出自己的贡献量和价值度。

## 第二节 高校辅导员工作绩效评价的方法与技术

高校辅导员工作绩效评价的方法和技术是体现绩效评价理念与原则的载体,其选择和运用是否合理、是否科学都会直接影响绩效评价目标能否实现及绩效评价工作的效果。

## 一、高校辅导员工作系统的绩效评价方法与技术

### (一)360度绩效评价法

360度绩效评价是指从与高校辅导员发生工作关系的多方主体那里获得评价对象的信息,以此对评价对象进行全方位、多维度的绩效评价的过程。这些信息的来源包括:来自上级领导的自上而下的评价、来自下属的自下而上的评价、来自平级同事的评价、来自高校内部相关部门教职员工的评价、来自高校内部学生的评价、来自高校辅导员组织或者个人的自我评价。具体评价图如图3-1所示。

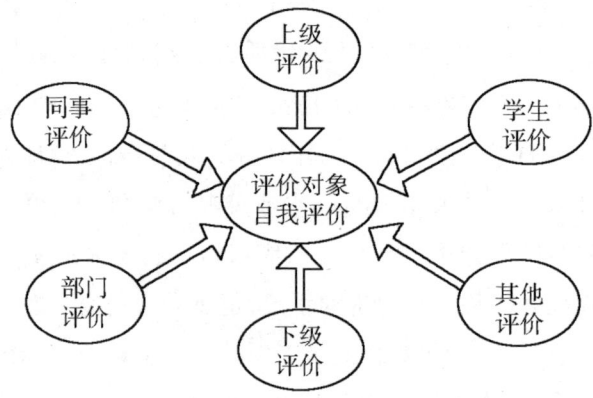

图3-1 360度绩效评价图

1.360度绩效评价的优点。据调查,在美国《财富》杂志排出的全球1000家大公司中,超过90%的公司在职业开发和绩效评价过程中应用了360度绩效评价法。360度绩效评价法之所以被广泛应用,是因为它有诸多优点。

第一,它能增强绩效评价的全面性和综合性。多渠道、多角度获得绩效评价的信息,打破了传统的由上级评价下级的一言堂的做法,避免了在传统评价中经常出现的光环效应、个人偏见、评价盲点等现象。从多个评价者那里获得对同一个评价对象的不同的评价信息,可以增强高校辅导员的自我发展意识,增强辅导员的自主性和对工作的控制力。通过评价,高校辅导员的积极性会更高,对组织会更忠诚,从而提高辅导员的工作能力和工作满意度。

第二,它能提高绩效评价的公正性和合理性。对于某些工作而言,有时上级与下属相处的时间和沟通的机会不多,而下属之间的交往较多。在这种情况下,上级

要客观、准确地对下属进行绩效评价就非常困难。相反,由于下属之间交往的时间较长,沟通的机会较多,彼此之间的了解也就比较全面。因此,下属之间的相互评价,才更客观、更公正。

第三,它能促进绩效评价的发展性。360度绩效评价法在高校辅导员工作绩效评价中的应用,促进了辅导员队伍内部各要素之间的联动,加强了辅导员队伍内部组织之间与个人之间的相互联系和沟通。通过相互之间的评价活动,辅导员组织或个人能更准确地了解自身的优势与不足,从而对照评价标准,向优秀单位或个人学习,取长补短,以利于今后的发展。通过全方位地参与辅导员工作绩效评价,辅导员组织或个人将更加了解绩效评价的标准和组织的发展目标,从而推进辅导员工作的可持续发展。

2.360度绩效评价的缺点。任何事物都有两面性,360度绩效评价方法具有上述优点,但也存在一些不足。

第一,绩效评价的成本较高,工作难度大。当某一组织或个人对多个组织或个人进行评价时,时间耗费多,成本投入大,来自各方面的评价信息可能会发生冲突,综合处理这些信息时难度较大,其结果势必影响辅导员参与评价的积极性,进而出现敷衍了事的现象。

第二,某些辅导员可能会把评价工作当成泄愤的途径。由于不能正确对待上级领导及同事的批评与建议,某些辅导员将工作问题上升为个人的情绪发泄问题,利用评价的机会"公报私仇",或者利用高校辅导员组织或个人之间的亲疏关系,相互串通起来作弊。

3.360度绩效评价法的应用方法。针对上述优点和缺点,高校辅导员工作绩效评价在应用360度绩效评价法时,应注意以下问题。

第一,评价工作必须获得上级领导的支持。360度绩效评价法涉及组织中各个层面的人,甚至还可能包括组织外部的人员,因此,只有获得上级领导的全面支持,该评价方法才有可能顺利地开展起来,评价过程中出现的各种问题才能及时有效地得以解决。

第二,评价工作应该匿名进行。在高校辅导员工作绩效评价过程中,上级对下级的评价无法实现保密,其他几种类型的评价最好采取匿名的方式,必须严格维护填表人的匿名权以及评价结果报告的保密性。实践证明,在匿名评价的方式下,人们往往愿意提供更真实的信息。

第三,实施全员培训,增强评价的责任意识,防止舞弊行为的发生。通过全员培训,使每一位辅导员都能准确地把握评价标准,了解组织的发展目标,从而提升评价技能,增强评价者的责任意识,消除评价中的人为因素,尽可能地防止和制止评价中的舞弊行为的发生,保证绩效评价的公正和合理。

### (二)目标管理评价法

1. 目标管理评价法的含义。"目标管理"这一概念,首先由美国著名学者彼得·德鲁克在《管理实践》一书中提出。目标管理评价法是一种科学的绩效评价方法,它通过确定目标、制定措施、分解目标、落实措施、安排进度、组织实施绩效评价等手段实现发展的目标。其主要特点是从目标出发,围绕目标的实现制定相关的政策和措施,调动各方面的积极因素,使每个人都为达到自己的目标而主动采取各种行之有效的措施,充分发挥每个人的主观能动性,进而推动组织目标的实现。

2. 目标管理评价法的应用。目标管理评价法的实施是一个反复循环、螺旋上升的过程,因而它的基本内容具有一定的周期性。当一个目标实现之后,新的、更高的目标随之产生,在这个周而复始的过程中,组织得到了可持续的发展。

目标管理评价法的关键是制订目标。组织内的最高领导层制订组织发展的长期目标,然后分解目标,逐级落实,即分别为组织、组织内的各部门、各个部门的领导以及组织内的每一个成员制订具体的工作目标。目标的制订要符合所谓的 SMART 原则,具体要求如下。

S(Special results):制定一个具体的、明确的目标。

M(Measurable):目标可以用数量、质量和影响度等标准来衡量。

A(Accepted):设定的目标应该是大家都能够接受的。这意味着设定的目标不能过高,应该让大多数员工通过努力能够达到;同时设定的目标也不能太低,应该能让上级接受,从而推动组织的可持续发展。

R(Relevant):设定的目标应该与组织的发展与个人的进步相联系。

T(Time):目标必须具有明确的时间约束,预计届时可以出现相应的结果。

3. 目标管理评价法的优势。作为一种绩效评价的方法和技术,目标管理评价法在高校辅导员工作绩效评价中得到了广泛的应用。其主要优势表现如下。

第一,目标明确,有利于调动各方的积极性。目标管理评价法能够使辅导员组织的各级主管及其成员明确组织的总目标、组织的结构体系、组织的分工与合作以及各自的具体任务,从而引导他们最大限度地把时间和精力投入到组织目标的实现中去。实践证明,当目标具体而又具有挑战性时,当辅导员因完成目标而获得奖励时,这种评价方法的激励作用尤其明显。

第二,提高效率,有利于推动辅导员队伍的全面发展。目标管理评价法对于推进高校辅导员队伍建设、保证组织目标的最终实现具有积极的作用,其组织管理的效率明显提高。因为目标管理评价是一种结果式评价,这种评价迫使辅导员组织的每一个层次、每一个部门及每一个成员首先考虑目标的实现,并尽力达成目标。当辅导员组织的每一个层面、每一个部门及每一个成员的目标完成时,其组织的总目标也就实现了,辅导员组织也因此得到了进一步的发展。

第三,调控有效,有益于形成和谐的局面。目标管理评价法本身也是一种调控的方式,因为目标是上级与下级共同讨论、相互协商后设定的,因此,能够促进辅导员组织内部的良性沟通以及上级和下级之间的相互联系,有益于形成和谐共赢的局面。同时,当总目标确定并分解好以后,组织高层并不是被动地等待目标的实现,而要对结果进行控制,对比目标经常检查,及时修正工作中出现的偏差。从某种意义上讲,一个组织如果有一套明确的、可评价的目标体系,其本身就是控制的最后依据。

4. 目标管理评价法的缺点。当然,目标管理评价法也有一些缺点,并存在诸多潜在的问题,其主要表现如下。

第一,更多地强调短期目标。大多数目标管理评价中的目标是一些短期的目标,即能在每年年底加以测评的目标。因为短期目标比较具体,易于分解和控制,而长期目标比较抽象,难以分解和把握;短期目标容易很快见效,长期目标则不然。所以,在目标管理评价法的实施过程中,组织似乎更多地强调短期目标的实现而对长期目标有所忽视,其成员为了达到短期目标而试图牺牲长远目标,长此以往,则对组织的发展相当不利。

第二,缺乏必要的行为指导。尽管目标管理评价法将高校辅导员的注意力集中在目标上,但它没有具体指出达成目标所要求的行为。这对一些辅导员尤其是需要更多指导的新辅导员来说是一种缺失。因此,应该为他们增加必要的行为指导,提供相应的"行为步骤",具体指出怎么做才能更好地实现目标。

第三,目标设定比较困难。绩效评价的标准应该因人而异,例如,高校辅导员因工作岗位不同、工作年限不同和工作职级不同,在制订评价标准和工作目标的时候就应有差异。当我们实现这方面的合理性时,有可能忽视了另一方面的合理性,即不同职级的辅导员有各自不同的评价标准,使同级之间的辅导员绩效评价和比较成为可能。但是这些不同职级的评价标准的设置是否合理?如果不合理,那么不同职级的辅导员又将如何进行评价和比较?这都是辅导员绩效评价过程中应该考虑的问题。辅导员组织的目标有时只能定性地描述,虽然我们尽可能地使其可以量化,并通过目标的设定增加评价工作的操作性,但实际上是很难达到此目的的。

第四,目标商定可能会增加管理成本。目标管理评价法中目标的商定需要上下沟通、统一认识,这是非常耗时费力的,并且在确定具体目标时,每个单位、个人多关注自身目标的完成,很可能忽略相互协作和组织目标的实现。同时,部分领导者担心辅导员的参与会影响他们的职权,无法实现组织既定的战略目标,所以就不会遵循目标管理评价法的程序,目标管理评价法的有效性就会大打折扣。

### (三)关键绩效指标评价法

关键绩效指标评价法在高校辅导员工作绩效评价中的应用,是指在制订辅导员工作绩效评价指标时,不是把他们所有的工作内容都事无巨细地全部列为评价内容,而是根据需要从实际出发,选取一些关键的、与组织目标的实现关系比较密切的工作内容作为评价指标,从而使高校辅导员工作重点突出、方向明确,也更能发挥绩效评价对组织目标实现的促进和引导作用。

作为一种绩效评价的方法和技术,我们可以从以下几个方面深入理解关键绩效指标评价法的具体含义。

第一,关键绩效指标是可以量化或可以行为化的用于绩效评价的指标体系。也就是说,作为一种标准化的指标体系,关键绩效指标必须可量化或可行为化,如果无法达到这两个要求,那么就是不符合要求的关键绩效指标。

第二,关键绩效指标是那些对组织战略目标的实现起关键作用的绩效指标。它是连接个体绩效与组织战略目标的桥梁,是组织内部进行绩效沟通的基石,对组织战略目标有增值作用。

关键绩效指标评价法在高校辅导员工作绩效评价中得到广泛的应用,许多学者也对此展开了系统的探索。何立群在他的硕士论文《HT大学辅导员绩效管理体系设计》中选择的方法就是关键绩效指标评价法。他为HT大学辅导员绩效管理设计的"资助工作关键绩效指标"(如表3-1所示)、"年级工作关键绩效指标"(如表3-2所示),就是比较典型的关键绩效指标评价法的应用。当然,其中的关键绩效指标不是一成不变的,它会根据学校特点的不同、工作重点的差异而灵活取舍和动态修订。

表3-1 资助工作关键绩效指标

| 指标 | 满分 | 考查内容 | 绩效等级 | | |
|---|---|---|---|---|---|
| | | | 优<br>8~10分 | 中<br>5~7分 | 差<br>4分以下 |
| 任务完成及时性 | 10分 | 各项奖学金评选、贷款材料上交、特困补助申报及时,各项贫困生活动及时 | | | |
| 制度完整性 | 10分 | 奖学金、特困补助等评选制度规范、合理,结合院(系)特点 | | | |
| 贫困生受助覆盖率 | 20分 | 有多少贫困生获得奖学金以外的资助,覆盖了百分之多少,百分数再乘以2即是最终要打的分数,如70%,打14分 | | | |
| 程序规范性 | 10分 | 程序符合要求 | | | |
| 到期贷款催还率 | 10分 | 催还了百分之多少就打多少分 | | | |
| 贫困生信息完整率 | 20分 | 网上信息完成百分之多少,百分数再乘以2即是最终要打的分数,如70%,打14分 | | | |

表3-2 年级工作关键绩效指标

| 指标 | 满分 | 考查内容 | 绩效等级 | 具体打分 |
|---|---|---|---|---|
| 英语四级一次性通过率 | 10分 | 二年级末的英语四级通过是否达到85% | 达到了,10分 | |
| | | | 没有达到,0分 | |
| 优良学风班比例 | 20分 | 年级优良学风班所占班级数的比例 | 达到20%,20分 | |
| | | | 没达到20%,0分 | |

续表 3-2

| 指标 | 满分 | 考查内容 | 绩效等级 | 具体打分 |
|---|---|---|---|---|
| 与学生谈话完成率 | 20分 | 与年级所有学生谈话的完成情况 | 完成了百分之多少打多少分,百分数再乘以2即是最终要打的分数 | |
| 学籍异动情况 | 10分 | 学生因为学习原因降级和退学的人数 | 人数为0,10分 | |
| | | | 人数为1,5分 | |
| | | | 人数达到和超过2,0分 | |
| 考试舞弊情况 | 10分 | 学生考场舞弊被教务处处分的人数 | 人数为0,10分 | |
| | | | 人数为1,5分 | |
| | | | 人数达到和超过2,0分 | |
| 突发事件处理 | 10分 | 及时迅速地处理学生重大突发事件 | 全部及时迅速处理,10分 | |
| | | | 没及时迅速处理的事件达到2件,5分 | |
| | | | 没及时迅速处理的达到4件及以上,0分 | |

关键绩效指标评价法与其他绩效评价法相比,有其自身的优势,主要表现如下:

第一,关键绩效指标评价法中的评价指标是关键。在制订关键绩效指标体系时,根据建立关键绩效指标体系的二八原则,要从众多的评价指标中找出最关键的指标作为绩效评价的指标,这不仅有利于评价者在评价过程中把握关键的评价指标,而且有利于辅导员在工作中更好地管理自己的行为。同时,评价指标的简化,有利于提高绩效管理的效率,减少绩效管理的成本,从而增强高校的核心竞争力。

第二,关键绩效指标评价法中的评价指标是动态的。关键绩效指标的设立是根据高校辅导员队伍建设的实际情况、管理水平的变化而不断变化的。当一项工作经过努力达到很好的效果,已经没有上升空间时,它将不再作为关键绩效指标评价的重点,不再对它进行关键绩效指标评价。新的评价重点将转移到其他相对薄弱、有上升空间的指标上。同时,当上级主管部门的工作重点或工作内容有所调整后,高校辅导员工作的关键绩效指标体系也应该随之进行调整。通过关键绩效指标体系的牵引,个人目标与组织目标之间保持一致,从而保证高校辅导员工作的持续发展。

关键绩效指标评价法是一种先进的绩效评价方法,但我们在实际应用中还应该注意以下问题。

第一,不同的辅导员岗位应该设立不同的关键绩效指标。辅导员由于工作的岗位不同,工作的内容和重点就会有区别,在设定关键绩效指标时就必须区别开来。一般说来,高校的校级领导者应对辅导员组织的战略发展目标负责,中层领导(如二级学院学生工作负责人)要重点保证辅导员队伍正常、高效地运作,而一线辅导员的工作重心是完成其承担的各种具体指标。

第二,关键绩效指标的设立应该与高校辅导员工作的发展目标保持一致。关键绩效指标设定之后,应该具有一定的稳定性,不要轻易更改,否则,整个关键绩效指标体系的运作将失去连续性和可比性。通常情况下,一个合理的关键绩效指标评价体系至少在一个学年里应保持不变。但是,随着上级主管部门或高校自身阶段性目标和工作重点的变化,原来设定的关键绩效指标体系也会随之改变。因此,关键绩效指标存在阶段性、可变性或权重的可变性。如果关键绩效指标与高校辅导员工作的发展目标脱离,它所牵引的辅导员组织或个人的努力方向就会出现偏差。关键绩效指标与实际工作不对应是绩效评价流于形式的一个重要原因。

第三,应用关键绩效指标评价法之后,要重视必要的沟通过程。实际工作中,许多辅导员抵触绩效评价工作,觉得绩效评价无非就是约束和惩罚;一些中层领导者则直接将评价结果与奖惩挂钩,忽略了绩效评价的其他功能。这种情况的出现与关键绩效指标评价法建立的初衷是相悖的,要改变这种状况,就必须先沟通。管理者要做的是,在工作过程中与下属不断沟通,不断辅导与帮助下属,记录下属的工作数据或事实依据,要让下属清楚地知道,在上一个评价期间内,他的工作有哪些不足,今后应该如何改进,从而保证目标追求的一致性,这一工作的开展比评价本身更重要。

**(四)平衡计分卡评价法**

平衡计分卡评价法是由哈佛大学商学院教授罗伯特·卡普兰(Robert S. Kaplan)、复兴国际方案总裁大卫·诺顿(David P. Norton)于1992年设计的。这一技术在企业管理中得到广泛运用,据 Gartner Group 调查,在《财富》杂志公布的世界排名前1000的公司中已有55%的公司采用了平衡记分卡技术。《哈佛商业评论》把平衡计分卡技术看成是近代以来最具影响力的战略策划及战略实施工具。

平衡计分卡技术以组织的战略为基础,并将各种衡量方法整合为一个有机的整体,它既包含了财务指标,又通过顾客满意度、内部流程、组织发展的业务指标,来补充说明财务指标,这些业务指标是组织财务指标的驱动因素。这样,就使组织在追求财务指标的同时,密切关注那些能使组织提高竞争力并获得未来增长潜力的无形资产等方面的发展。平衡计分卡的基本结构如图3-2所示。

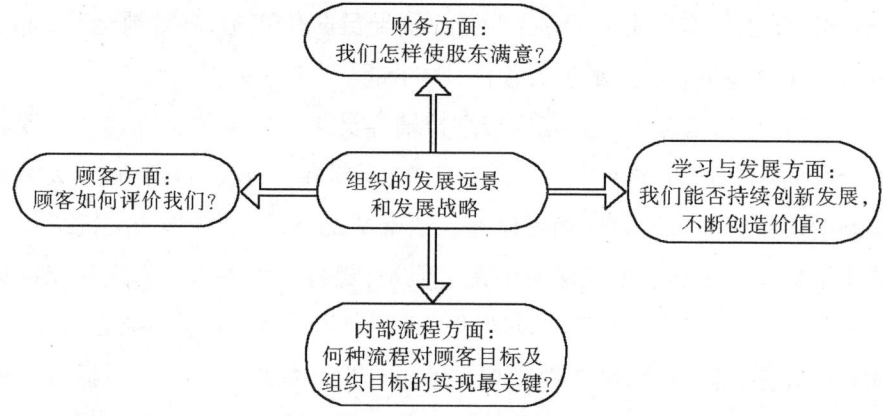

**图3-2 平衡计分卡的基本结构图**

借鉴上述基本理论,我们将平衡计分卡技术应用于高校辅导员工作绩效评价中来。其基本原理可用以下结构图表现出来,如图3-3所示。

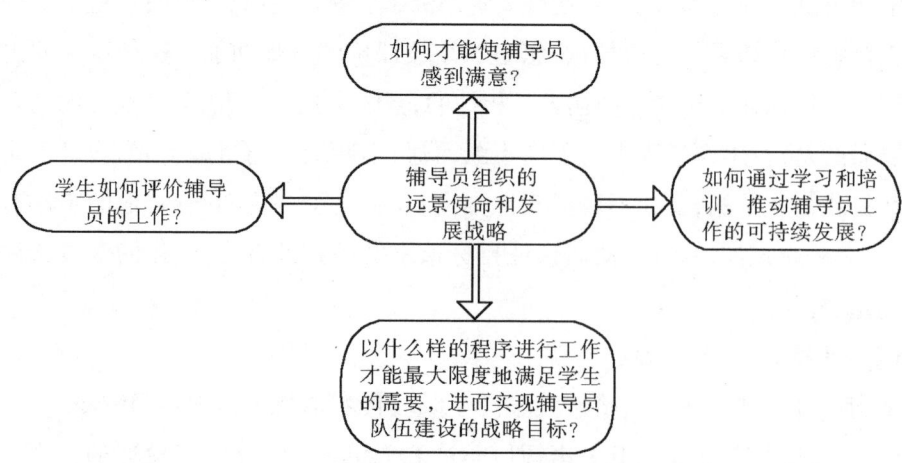

**图3-3 高校辅导员工作绩效评价应用平衡计分卡技术的结构图**

从上述结构图可以看出,平衡计分卡是以高校辅导员组织的远景和发展战略为中心,以因果链为分析手段而展开的战略指标综合评价体系。它不仅强调辅导员的满意度(物质投入、政策环境等),还采用学生的满意度、辅导员的潜力挖掘与能力提高、辅导员的工作过程等多个方面的指标体系进行综合评价。它把辅导员组织的战略目标与实现的过程联系起来,把辅导员组织当前取得的成绩与远景目标实现的可能联系起来,通过评价体系使辅导员的组织行为与其战略目标保持一致。主要优势表现如下。

第一,由于它将辅导员的日常工作与辅导员组织的战略目标建立起一个自然的联系,辅导员就会知道自己日常工作的目的所在,工作中就会产生成就感、方向感。辅导员的工作热情提高了,辅导员组织战略目标的实现就有了保障。

第二,通过平衡计分卡体系,高校辅导员组织的领导人可以方便地掌握组织内部各部门的运行状况,并通过设定指标和分解指标,及时发现各部门、岗位的设置是否合理,工作安排是否得当,并借此机会加强双向沟通,提高辅导员对组织的认同度,提高组织的凝聚力。

第三,平衡计分卡技术把战略置于中心地位,表明辅导员工作的方向和目前达到的水平,是向前看的。它通过对辅导员组织战略目标的分解,帮助辅导员组织提高战略能力,不断实现组织的战略目标。

平衡计分卡技术产生以来,已经在国内外的许多组织中得到应用,由此产生的各种意见和建议也随之出现。综合分析国内外对平衡计分卡的各种讨论和批评会发现,其主要不足体现在以下两个方面。

第一,平衡计分卡评价法的重心和归属仍然是财务指标的评价,这一不足的直接后果是作为一种绩效评价工具,平衡计分卡技术不能准确地被运用于非营利性组织。为此,高校辅导员工作绩效评价在应用平衡计分卡技术时,不应拘泥于其中的四个角度,而应更强调平衡的思想,根据自己的需要,增减相应的评价指标。

第二,平衡计分卡技术强调从辅导员的满意度、学生的满意度、辅导员的内部工作流程和辅导员的培训和提高四个角度关注辅导员组织的绩效,这意味着辅导员组织要想实现持续发展,就不能仅仅关注其中的某一项指标,而应该从更广阔的视角关注其发展。这种方法可能使高等学校的有限资源从真正有价值的领域分散开来,同时,它无法确定这四个方面的相对重要性。

## 二、高校辅导员工作非系统的绩效评价方法与技术

非系统的绩效评价方法和技术很多,但不外乎两种:直接评价式和间接评价式。直接评价式比较适合评价可见性强、事件感强的工作,如工作结果、工作行为;间接评价式比较适合评价可见性和事件感均不强的工作,如工作态度、工作能力。前者的优点是客观性强、精确度高,缺点是无法准确地反映出工作的潜能,而后者则相反。在实际工作中,以上两种方法和技术常常结合使用,以求最大限度地发挥各自的优势。

### (一)书面评价法

书面评价法又称作报告法,是利用书面形式对自己的工作进行总结及评价,是高校辅导员工作绩效评价中比较常用的一种方法。这种方法多适用于高校辅导员组织或个人的自我评价,并且测评的对象不宜太多。

书面评价法要求高校辅导员组织或个人以文字的形式,认真总结过去一个时期内工作上取得的成绩和存在的不足,并对今后的发展提出建设性的意见和建议。这种方法更适合用于自我评价,通过对组织或个人的工作结果、工作行为、工作态度的总结,让评价对象主动对工作情况进行反省、评价。

实践中,书面评价法通常让评价对象填写自我评价表(如表3-3所示),对照工作要求和岗位职责,回顾自己在一定时期内的工作状况及今后的设想,并对工作中出现的主要成绩或失误进行原因分析,以改进不足之处,取得更大的成绩。

表3-3 高校辅导员工作自我评价表(样例)

| 单位 | | 姓名 | | 职务 | |
|---|---|---|---|---|---|
| 工作总结: <br><br><br><br><br> ____年___月___日 | | | | | |
| 自我评价: <br><br><br><br> | | | | | |

续表 3-3

|  | 优秀 | 良好 | 一般 | 较差 |
|---|---|---|---|---|
| 工作成果 |  |  |  |  |
| 工作能力 |  |  |  |  |
| 工作态度 |  |  |  |  |
| 工作评价：<br><br><br>_____年___月___日   签字_____ | | | | |
| 备注： | | | | |

书面评价法虽然常用，但存在很多局限性：一是对辅导员组织或个人进行全面系统的总结太费时，且最终评价结果易受到总结报告的写作技巧和表达风格的影响，有时不能准确、客观地反映出辅导员组织和个人的实际工作情况；二是评价的方法过于主观，有时甚至出现书面总结的重点与绩效评价的重点相差甚远的情况，从而影响评价结果的客观性。书面评价法经常与其他评价方法一起使用，其优势在于可以提供一些其他方法所不能提供的描述性信息。

（二）排序评价法

排序评价法又称排列法，是绩效评价中比较简单易行的一种综合比较的方法和技术。它通常是对限定范围内的高校辅导员组织或个人，按照某些评价指标的表现从绩效最好的到最差的进行排序的绩效评价方法和技术。大多数的绩效评价方法和技术都以分数来表明评价对象的工作绩效，但排序评价法不同，它是通过将评价对象的绩效与其他组织或个人的绩效进行对比，将所有的评价对象排出一定的顺序来评价辅导员工作的。换句话说，排序评价法主要是为了比较，而不是为了评分。

排序的方法有多种，主要包括简单排序法、交错排序法、强制分布法等。

简单排序法是指把评价对象的工作绩效按照优劣排列名次,从最好的一直排到最差的。简单排序法的重点是选择排序的指标,这个指标的选择是辅导员工作的行为准则和努力的方向。它是评价对象之间的相互对比,目标明确,操作简单,易于理解和执行。这种方法的主要问题是,当评价对象的绩效水平相近时难以进行准确的排序。

交错排序法又叫选择排序法,是选择法的一种演变。交错排序法利用人们容易发现最好和最差两个极端而不易发现中间的心理,首先在评价对象中选出最好的组织或个人,然后再选出最差的组织或个人,将他们分别列为第一名和最后一名;接着在余下的组织或个人里再找出最好的和最差的,将他们分别列为第二名和倒数第二名;依此类推,直到全部排完为止。交错排序法是一种适用于对性质相同的高校辅导员组织或个人进行评价的方法和技术。其优点是速度快,但仅限于相同的工作岗位,而且评价对象的数量不宜过多。

强制分布法就是按照一定的百分比,将评价对象强制分配到某个类列中的评价方法。如可将评价结果设定为五个等级:优秀、良好、一般、较差、最差,分别设定为10%、20%、40%、20%、10%。评价时按照比例进行,将每个评价对象按照工作绩效强制列入某个等级。这种方法简单易行,成本低,可以避免评价者评价过宽或评价过严产生的偏差,有利于对高校辅导员队伍的管理和控制。特别是在引入辅导员淘汰机制的高校里,它能明确地筛选出淘汰对象。由于辅导员担心自己因落入绩效最低区间而遭解聘,因此该方法具有强制激励和鞭策功能。当然,它的缺点也非常明显,如果一个高校的辅导员都十分优秀,那么强制进行等级划分,可能会带来诸多弊端。

(三)配对比较法

配对比较法又称一一对比法,它是将评价对象一一配对进行比较,而不是将评价对象进行笼统的排序。其基本做法是:将每一个评价对象按照所有的评价指标(如工作态度、工作能力)与其他评价对象进行比较,根据配对比较的结果,排列出他们的绩效名次。假设需要对5名辅导员进行工作绩效评价,那么在运用配对比较法时,首先应制订出对比表格(如表3-4所示),其中标明所有需要评价的辅导员的姓名及需要评价的工作指标。接着,将所有辅导员根据某一类评价指标进行配对比较,然后用"+"(好)和"-"(差)进行评价。

表 3-4　配对比较法（样例）

| 工作态度 | | | | | | 工作能力 | | | | | |
|---|---|---|---|---|---|---|---|---|---|---|---|
| 被评价者姓名 | | | | | | 被评价者姓名 | | | | | |
| 比较对象 | 王某 | 张某 | 李某 | 刘某 | 赵某 | 比较对象 | 王某 | 张某 | 李某 | 刘某 | 赵某 |
| 王某 |  | + | + | - | - | 王某 |  | - | - | - | - |
| 张某 | - |  | - | - | - | 张某 | + |  | - | + | - |
| 李某 | - | + |  | + | - | 李某 | + | + |  | - | + |
| 刘某 | + | + | - |  | + | 刘某 | + | + | + |  | - |
| 赵某 | + | + | + | - |  | 赵某 | + | - | - | + |  |
| 统计 | 2-2+ | 4+ | 2-2+ | 3-1+ | 3-1+ | 统计 | 4+ | 3-1+ | 3-1+ | 2-2+ | 3-1+ |

当所有的辅导员比较完毕后，将每位辅导员在不同指标上的比较结果进行相加，"+"号数量越多，绩效评价的成绩越好；"-"号数量越多，绩效评价的成绩就越差。最后汇总，排出所有评价对象的顺序。

配对比较法的优势是通过对评价对象一一对比而排列出顺序，结果更可靠。但是，这种方法仅适用于人数较少的评价对象，且操作比较麻烦，如表中所示，评价对象是 5 个人，需要配比 10 次；如果评价对象是 10 个人，就要配比 90 次。另外，这种评价方法只能将评价对象排列出顺序，却不能反映出他们之间的差距到底有多大，也不能反映出他们的工作能力和工作态度的特点。

### （四）面谈评价法

面谈评价法广泛用于高校辅导员工作绩效评价的各个环节之中，是绩效评价十分重要的方法。例如，主管高校辅导员工作的领导应定期与高校辅导员面谈，了解辅导员的实际工作情况，指导他们准确地把握辅导员工作的基本思路和发展战略，帮助他们克服工作中的困难，并及时听取他们的意见和建议；同时，还应该为高校辅导员建立面谈申诉制度，通过经常性的面谈和双向沟通及时解决辅导员工作中存在的问题，有利于上级领导直接掌握基层辅导员的真实的工作情况。

面谈评价法可以用于规定期限内的高校辅导员工作绩效的评价，也可以用于高校辅导员的晋级、晋升等环节的考核。采用这一种方法可以获取书面总结（报告）等评价方法和技术无法反映出来的相关信息，例如，评价对象的语言表达能力、评价对象的仪态与亲和力。为了减少面谈评价时的主观性，通常有多个评价者（3~5人）同时与评价对象面谈，然后综合众人的评价给出结论评语。有时也可以采取"集体面谈"，即评价者提出某一问题，让几个评价对象展开讨论，各抒己见，评价者对评价对象的表现做出评价，然后综合给出结论性评价。

面谈评价法可以单独使用，但更多的是作为其他绩效评价方法和技术的补充。它与其他评价方法和技术结合使用时，能更有效地发挥自身的优势。

## 第三节　高校辅导员工作绩效评价结果的反馈与应用

高校辅导员工作绩效评价是为了强化辅导员队伍的管理，增强彼此之间的沟通和联系，以发展的视角激励辅导员不断进步，从而实现辅导员队伍建设的战略目标。但是在高校辅导员工作绩效评价的实践中，大部分的管理者只是将绩效评价的结果简单地与辅导员的奖惩挂钩，或者例行公事地将绩效评价的结果作为资料束之高阁，很少与辅导员组织负责人或辅导员个人面对面地反馈、交流，不能最大限度地应用绩效评价的结果，难以实现高校辅导员工作绩效评价的真正价值。

### 一、高校辅导员工作绩效评价结果反馈与应用的意义

**（一）有利于建立沟通的桥梁**

在绩效评价的整个过程中，绩效评价结果的反馈与应用是最薄弱、最容易被人忽视的一个环节，且管理部门和评价对象一定程度上也倾向于回避这一过程。主要原因有以下两个。

1.在实践中，高校辅导员的评价预期往往比较高，倾向于对自身的绩效做出过高的估计。这是心理学上的正常现象，因为每个人都希望得到别人的肯定与奖赏，会下意识地美化或夸大自己的行为结果。另外，正确而客观地认识自己也绝非一件易事。这样就造成辅导员的个人预期与实际的评价结果之间有一定的落差。即使绩效评价结果非常准确、实事求是，也会有不少辅导员感到绩效评价结果不尽如人意，远低于自己的预期，产生绩效评价不够公平的想法。因此，对管理者来说，绩效结果反馈是一件尴尬、棘手的事情，由于长期受传统中庸思想的影响，没有人愿意把绩效评价的结果，尤其是较差的评价结果，摆到桌面上来讨论，因为这样不仅

会给自己今后的工作带来麻烦,而且可能会让自己成为部分辅导员埋怨的对象。

2. 有相当一部分的辅导员对任何形式的评价都很敏感,害怕自己受到不公正的评价,既期望升职、加薪,又担心希望落空,因而一部分辅导员对绩效评价有抵触心理,对评价结果也缺乏信任。

事实上,高校辅导员工作绩效评价与高校辅导员组织建设或个人的切身利益相关,因此,评价结果的公正性成为人们关心的焦点问题也属正常现象。同时,绩效评价过程是管理者实施的行为,不可避免地带有自己的主观意识,评价的公正性也会因此受到质疑。绩效评价结果反馈能较好地解决这个矛盾,它使高校辅导员组织和个人拥有知情权和发言权,通过上、下级之间的反馈和面谈,高校辅导员组织和个人能及时了解上级主管部门对自己的评价结果,并通过一定的程序进行绩效申诉,能有效地降低评价过程中不公正因素带来的负面效应,找到评价者与被评价者之间的平衡点,从而对评价结果达成一致的意见,使辅导员管理过程更加和谐、更加有序。

**(二)充分发挥绩效评价的激励作用**

根据管理心理学的研究,缺少发展空间、没有职业成就感会让人产生职业倦怠感。实际上,高校辅导员群体的职业成就感普遍偏低,这与辅导员发展机制的不健全和职业发展空间受限有很大的关系。因为每个人都有被他人认可的需要,当一个人做出成绩时,他需要得到其他人的承认或肯定。因此,绩效评价结果反馈的一个重要目的就是使高校辅导员组织或个人认识到自己的成就或优点,从而产生积极的激励作用,即通过绩效评价,奖励先进、鞭策落后,从而在辅导员队伍中形成良性的竞争机制,达到评价应起的激励效果。特别是当高校辅导员组织或个人接受了评价结果后,评价结果的有效应用,会进一步地激励辅导员组织或个人的健康发展。

如果绩效评价过程在得出评价结果时就戛然而止,而不将评价结果应用于实际工作中,不根据实际制定的奖惩机制给予相应的奖惩,久而久之,高校辅导员工作绩效评价就会形成"狼来了"效应,无法引起辅导员组织和个人足够的重视。此时,高校辅导员工作绩效评价也就真正地流于形式了。高校辅导员工作绩效评价结果的反馈和应用就很好地解决了这一问题,有助于辅导员保持对工作的热情,巩固和提高辅导员的职业认同感、责任感。

### (三)有针对性地制订绩效改进计划

高校辅导员是一个不断通过专业发展逐渐走向成熟的职业,需要辅导员付出较大的努力,并在个人的工作岗位上不断探索与创新,从而不断完善。高校教师绩效评价的结果包含大量的、与教师职业成长相关的信息,能使教师看到自己的成就与不足,找到或发现成功与失败的原因。高校辅导员作为高校教师的重要组成部分,其绩效评价结果具有相同的功效,即评价结果能给辅导员传递这样一个信息:什么是有效的工作,哪些是无效的工作,从而使辅导员养成有步骤地、有意识地采取行动逼近目标的习惯。同时,通过评价过程中信息的及时反馈,辅导员能够及时获得各种信息,理性分析自己的工作,客观地认识和评价自己,增强自我认识、自我教育、自我控制、自我提高的能力,不断挖掘各方面的潜力,及时避免工作上的漏洞和失误,更好地实现辅导员的个人价值。通常说来,高校辅导员组织或个人希望在评价结果反馈中听到的不仅仅是肯定和表扬,他们更希望上级主管部门中肯地指出有待改进之处。绩效改进就是当评价双方对评价结果达成一致意见后,高校辅导员组织或个人根据评价结果反馈中指出的不足或缺点,有针对性地制订改进计划,并通过双方的沟通,尽可能地获得上级主管部门的支持。

为此,高等学校要为辅导员工作的改进提供政策上的帮助和环境上的支持,不断强化辅导员对学生、对学校、对社会高度负责的意识,不断克服工作中的失误和不足,养成自觉矫正偏差、调控行为的良好习惯,从而使辅导员的工作不断得到改进和提高。促进高校辅导员队伍的可持续发展是辅导员工作绩效评价的最终落脚点,只有这样,每一个辅导员组织和个人才能在自己的领域内拥有持久的职业生命力。

### (四)实现发展目标的一致性

高校辅导员队伍建设有两个目标:组织目标和个人目标。组织目标的实现离不开个人的成长,因此,高校不能单方面地要求辅导员个人修正自己的价值观念、工作模式等来被动地适应组织,而要积极地参与到辅导员个人的职业生涯规划的制订和管理中来,将辅导员个人的发展纳入组织管理的范畴,从而实现个人与组织的共同进步、共同成长。

可以说,高校辅导员组织目标和个人目标一致,能够促进高校辅导员队伍的不断发展和进步,反之则会产生负面影响。在这两者之间,高校辅导员的组织目标占主导地位,这要求辅导员的个人目标处于服从地位。如果缺乏积极的评价结果反馈,在现行的高校辅导员工作绩效评价体系中,就会造成辅导员对结果存疑的地方既无从申辩说明或进行补充,也无从了解自身表现与组织期望之间吻合的程度。辅导员始终不知道自己的哪些行为是组织所期望的,哪些行为是不符合组织目标的,更不用说如何改进自己的工作了。有效的绩效评价结果反馈和应用,可以消除高校辅导员个人目标与组织目标的不一致因素,借助辅导员组织的激励手段,促使个人目标朝着组织目标的方向发展,使辅导员的组织目标和个人目标达成一致。

### (五)保证绩效评价的连贯性

高校辅导员工作绩效评价活动是一个循环往复的过程,一个绩效评价周期的结束,同时也是下一个绩效评价周期的开始,具有稳定性和动态性相结合的特点。高校辅导员工作的特点决定了辅导员工作绩效评价必须在保持一定稳定性的基础上,动态调整绩效评价标准、方法、内容等。这就要求实际工作中不能想起时重要,做起来凑合,甚至为了应付相关检查而草率地进行相关评价,这样做会极大地打击辅导员的工作热情。因此,一定要认真地进行绩效评价,并及时地将评价结果进行反馈。即上一个绩效评价周期的绩效评价结果的反馈可以与下一个绩效评价周期的绩效评价计划的制订合并在一起进行;上一个绩效评价周期制订的改进计划作为下一个绩效评价周期确定绩效目标的重要参考,这样既能有的放矢地使高校辅导员工作得到改进,也可以使绩效评价活动连贯有序地进行,从而推动高校辅导员工作的可持续发展。

## 二、高校辅导员工作绩效评价结果的反馈

高校辅导员工作评价结果的反馈是评价信息和评价结果的反馈,是指通过评价者与被评价者之间的沟通,就被评价者在评价周期内的绩效情况进行反馈,在肯定成绩的同时,找出不足并加以改进的过程。

### (一)绩效评价结果反馈的原则

高校辅导员工作绩效评价结果的反馈是否顺利进行,能否取得成功,决定着高校辅导员工作绩效评价的结果及其激励、奖励、发展等功能的有效发挥。作为绩效评价结果反馈的实施者,各级主管部门的负责人在绩效评价结果反馈中应把握以下原则。

1.反馈的时机要科学。高校辅导员工作绩效评价结果的反馈要快速及时,切

勿等到评价工作结束很久，或者发现的问题已经恶化之后再进行。发现问题之初的善意提醒会让辅导员更乐意接受，如果评价结束后才对发现的问题提出批评，会使辅导员产生"为什么不早说"的反感情绪和抵触心理。

绩效评价结果反馈结束的时机也很重要。当高校辅导员工作绩效评价结果反馈的目标已经达到时，就应该及时结束反馈，不要拖延时间。在有的情况下，即使绩效评价结果反馈的目的并没有完全达到，也应该暂时停止反馈。例如，下班时间到了；双方就某一具体问题发生争执，彼此之间的信任关系出现问题；反馈面谈的对象已经显得不耐烦，注意力不集中。在这种情况下，一般要另外约定一个时间继续进行。

2. 反馈的目的要一致。高校辅导员工作绩效评价结果的反馈要取得良好的效果，就必须使双方具有一致的反馈目的。可以想象，如果双方各怀目的，那么绩效评价结果的反馈面谈就不会朝着一致的方向进行。因此，在反馈开始时，主管绩效评价结果反馈面谈的负责人一定要清楚地说明面谈的目的，要让对方从一开始就明确反馈的目的，从而使双方围绕共同的目的求同存异。

反馈的过程虽然更多的是对过去的工作绩效的回顾和评价，但任何对过去绩效的反馈和讨论都应着眼于未来，因为最终的目标是追求可持续发展。高校辅导员工作绩效评价结果反馈的目的并不是要对评价对象"盖棺定论"，而是更好地改进辅导员组织或个人的工作。对于绩效评价结果反馈中提出的问题，双方要共同研究问题产生的原因，在正确归因的基础上对症下药，落实绩效改进计划。

3. 反馈的氛围要和谐。高校辅导员工作绩效评价的结果与辅导员的奖惩挂钩，加上反馈面谈双方属于隶属关系，这势必使辅导员在反馈面谈中产生戒备、抵触甚至反抗的情绪。因此，营造一个和谐的反馈氛围、建立并维持彼此的信任关系显得尤其重要。基于这样一种认识，在绩效评价结果反馈过程中，主管人员要鼓励辅导员多说话，让他们充分表达自己的观点，要多倾听辅导员的想法和建议，尊重对方的意见。主管人员还要帮助辅导员认识到绩效评价不是找毛病，而是帮助他找出过去工作中存在的不足，是为了总结经验，以便今后更好地工作。

由于绩效评价结果反馈的过程中，可能出现不同见解，双方发生争执也属正常现象。此时主管人员应该尽量避免出现激烈的冲突。正确的做法是：主管人员要向辅导员讲清原则与事实，多站在辅导员的角度考虑问题，设身处地地为辅导员着想；要勇于承认自己**的错误**和过失，努力赢得辅导员的理解和信任，只有这样做才能取得双赢的结果。

4. 反馈的内容要具体。高校辅导员工作绩效评价结果的反馈要直接具体，不能过于抽象或者仅仅给出一般性的评价。对于主管部门的负责人来说，反馈的内容无论是表扬还是批评，都应该是具体的、客观的结果，要让辅导员明白哪些地方做得好，哪些工作还存在缺点和不足。如果辅导员对绩效评价结果有不满意的地方，要允许他们以具体的事实为依据，向主管人员提出申诉或解释。只有这样，绩效评价结果的反馈才有效。

另外，高校辅导员工作绩效评价结果的反馈涉及工作绩效，是辅导员具体工作的实际表现，尽可能不要涉及辅导员的个人隐私。因此，绩效评价结果的反馈应该对事不对人，其出发点是"事"，着眼点是"事"，落脚点也是"事"。

**（二）绩效评价结果反馈的具体实施**

高校辅导员工作绩效评价结果的反馈应围绕上一个绩效周期的工作来展开，其主要实施过程应包括以下几个步骤。

1. 说明反馈的目的。在开始进行高校辅导员工作绩效评价结果反馈之前，一定要向评价对象说明本次反馈的主要目的，避免出现不必要的猜疑。总的说来，绩效评价结果反馈的目的是让辅导员组织或个人清楚地知道自己在本绩效评价周期内的工作绩效是否达到既定目标的要求，行为态度是否合格，并尽可能地使评价双方对结果达成一致的意见；同时，针对反馈中提到的缺点和不足，制订具体的改进措施，从而为下一个周期的绩效评价提供有价值的参考意见。

2. 告知评价结果。高校辅导员工作绩效评价结果反馈的关键，是将绩效评价的结果告诉评价对象，主要内容包括工作业绩和行为表现。工作业绩综合完成情况是主管人员进行反馈面谈时最重要的内容，在反馈面谈时应该将工作业绩的评价结果及时反馈给辅导员组织或个人。反馈面谈时，主管人员要先告知对方的成绩，提出必要的表扬，然后告知对方工作中存在的缺点和不足以及需要改进的工作内容。除了反馈工作业绩，主管人员还应关注评价对象的行为表现，如工作态度、工作能力。对于评价对象在工作中做出的努力和表现出的潜力，主管人员要给予积极的鼓励和肯定。对工作态度和工作能力的关注可以帮助辅导员更好地完善自己，实现辅导员工作的可持续发展。

3. 听取评价对象述职。高校辅导员工作绩效评价结果的反馈是一个双向沟通的过程,主管人员要鼓励评价对象多发言,要允许辅导员组织负责人或辅导员个人有充分的时间针对评价结果陈述自己的理由和意见。在评价对象述职的过程中,主管人员要注意倾听,要站在评价对象的立场思考问题,鼓励评价对象将真实的想法说出来,这样才能最大限度地消除双方之间的分歧,实现双赢。

4. 提出改进的措施。通过绩效评价结果反馈和评价对象述职,双方对绩效评价结果中反馈的缺点和不足基本达成一致的认识。在这里,找出问题固然重要,更重要的是通过双方的沟通和讨论,找出问题的症结,提出具体的改进措施。

如果改进措施完全由主管人员提出,评价对象可能难以接受。即便主管人员提出的措施确实不错,但只有让评价对象相信,得到评价对象认可的措施才行之有效。这就要求主管人员在绩效评价结果反馈过程中一定要与评价对象认真讨论改进措施,要尽可能地说服对方接受自己提出的合理的改进措施。对于评价对象提出的更有效的办法,主管人员要虚心听取,积极吸纳,从而使改进措施更合理、完善。

5. 制订新的目标。高校辅导员工作绩效评价是一个动态、持续的过程,每一个绩效评价周期的结束,往往意味着下一个评价周期的开始。因此,评价工作的主管人员应该在这个环节结合上一个绩效周期的计划完成情况,结合评价对象新的工作任务,与评价对象共同讨论并提出下一个绩效周期的工作目标,这实际上是帮助高校辅导员组织或个人一起制订新的绩效计划。

6. 结束反馈面谈。当新的目标确定之后,绩效评价结果反馈就进入了最后一个步骤,即双方对结果反馈基本达成共识,对今后一个时期的工作或新的目标加以确定,意味着反馈面谈结束。在这一过程中,主管人员要对反馈面谈做简要的总结,以一种积极的方式结束反馈。同时,主管人员要将本次反馈面谈的各种相关资料认真整理归档,并在此基础上形成相应的总结报告,将报告提交给上级主管部门或直接向有关负责人汇报,为绩效评价结果的最终应用提供翔实的资料信息。

**三、高校辅导员工作绩效评价结果的应用**

高校辅导员工作绩效评价结果的应用是整个绩效评价工作的最后一环,它体现着绩效评价工作本身的价值,对推动高校辅导员工作的可持续发展起着关键的作用。

## （一）绩效评价结果应用的原则

高校辅导员工作绩效评价结果反馈完成之后，接下来要进行的就是上级主管部门对绩效评价结果的应用，并以此来实现辅导员组织或个人的发展目标。绩效评价结果应用的原则主要有以下几个：

1. 保证辅导员个人发展的需要。高校辅导员工作绩效评价的根本目的是调动辅导员工作的积极性，在实现辅导员个人发展的同时，推动整个辅导员队伍的可持续发展。针对辅导员工作绩效评价过程中发现的问题，主管人员不能简单地予以批评和惩罚，而应该本着有利于个人发展、有利于事业进步的态度，诚恳地采取能让辅导员接受的方式，使辅导员了解自己的缺点和不足，并在此基础上，共同分析问题产生的原因，从而明确自己努力的方向，制订改进工作的具体措施，促进个人的发展。

2. 推动辅导员组织与个人的共同发展。高校辅导员队伍的发展离不开辅导员个体的进步。但是，高校辅导员组织不能单方面地要求辅导员修正自己的行为和价值观等来满足组织的需要，而是要参与到辅导员个人职业生涯规划的制订和管理中，将辅导员个人的发展纳入组织管理，从而使辅导员组织与个人共同发展。

因此，上级主管部门在评价高校辅导员工作绩效时，一定要将评价辅导员个人的绩效与辅导员所在各级组织的绩效结合起来，这样就可以避免个人英雄主义，增强个体的团队意识和全局观念，使辅导员意识到个人的高绩效与组织的高绩效紧密相关，从而将个人的进步与组织的成长联系在一起，进而明白个人的目标和组织的目标不可分离，个人要为组织目标的实现做出贡献，才能在组织的发展中实现个人的发展。同时，高校辅导员个人的发展是辅导员组织发展的基础，没有个性，就形不成共性；没有辅导员个人的进步和成长，就没有辅导员组织的发展，高校辅导员队伍建设和发展的战略目标也就无从实现。因此，无论是对高校辅导员组织的评价还是对辅导员个人的评价，都不能孤立地进行，只有当二者的共同目标有机结合时，才能实现共同的发展。

3. 为辅导员队伍管理提供科学的依据。高校辅导员队伍管理属于人力资源管理的重要范畴。公正、客观和有效的高校辅导员工作绩效评价结果，可以为上级主管部门和高等学校对辅导员的合理使用、培养、调整、薪酬发放、职务晋升、职称评聘等提供科学的依据，从而规范和强化辅导员的职责和行为，推动高校人事工作的开展,不断强化辅导员的选聘、留用、培训、考核、晋升、奖惩的政策导向,建立完善的竞争机制、激励机制和淘汰机制。

(二)绩效评价结果的具体应用

1. 具体落实绩效改进措施。在高校辅导员工作绩效评价结果反馈的过程中,主管人员针对评价对象存在的缺点和不足,经过评价双方的讨论和分析,制订了相应的绩效改进措施和计划。至此,绩效评价工作并未完全结束,因为与之相关的还有更重要的工作程序,即绩效改进措施的落实。

高校辅导员工作绩效评价工作在完成绩效评价结果反馈之后,应该预留出必要的时间,指导和帮助评价对象按照绩效改进计划具体落实绩效改进措施,然后根据绩效改进的具体情况做出相应的评价。这一评价是整个绩效评价周期的重要组成部分,是坚持以评促改、以评促建、评建结合、重在建设的评估原则的体现。当然,并不是所有的绩效改进都能够在这一期间完成。对于那些在短期内无法完成的绩效改进任务,我们有必要将其延伸到下一个绩效周期的工作中,并在下一个绩效周期中对其改进效果做出相应的评价。绩效的改进要想取得预期的效果,关键要抓住以下几个重点。

第一,要尽可能地提高辅导员对绩效改进的采纳率。这里所讲的采纳率是指高校辅导员对绩效改进措施的认同、接受与应用的程度。采纳不只是点头同意,也不是在绩效结果反馈表上签字,而必须让辅导员心悦诚服、真正接受,其态度和行为都要随之发生变化。高校辅导员对绩效改进的采纳有一个心理适应、转变的过程,即从不信任到部分信任,再到全部接受,最后主动应用。由此可见,绩效改进过程中要注意的最重要的问题是提高辅导员的采纳率和认可度,它是连接现有绩效结果与新的绩效目标之间的桥梁。

第二,建立宽松的绩效改进氛围。高校辅导员必须在一种鼓励其改进绩效的良好的氛围中工作,而营造这种工作氛围的最重要因素是主管人员的以身作则。主管人员应该把自己的绩效改进当成整个绩效改进实施内容的组成部分,在要求评价对象做到的同时,自己首先要做到;在要求评价对象改进的同时,自己首先要以身示范,这样才能帮助辅导员建立信心,通过相互之间的支持和协作,完成绩效改进工作。

第三,对辅导员进行必要的奖励与惩罚。如果仅仅将绩效评价的结果反馈给辅导员,而不重视绩效改进,那么,高校辅导员绩效改进的积极性就不复存在。高校辅导员组织或个人知道绩效改进后会获得必要的奖励,就会积极行动起来,主动落实改进措施。奖励的方式可分为物质奖励和精神奖励,如发奖金、口头表扬、更多的自由与授权。反之,对于不能很好地落实改进措施者,则应当给予必要的惩罚。

2.将绩效评价结果与奖惩措施挂钩。目前,我国许多高校仍然实施奖惩性绩效评价制度。从理论上讲,奖惩性绩效评价制度是可行的、可操作的。只有通过绩效评价,对那些踏实工作、成绩优异者给予物质或精神上的奖励,对那些不负责任、绩效低者给予惩罚,才能真正鼓励高校辅导员组织和个人向优秀者学习,防止不负责任的现象蔓延。当然,这种惩罚并不意味着不允许犯错误,也不是说凡是犯了错误的都要惩罚。实际上,对于那些有上进心的人来说,失败是成功之母。许多优秀的高校辅导员并不是有意去犯错误,而是由于勇于创新、大胆实践才出现错误,他们所犯的失误越多,积累的经验就越丰富,进而继续前进,才会取得更大的成绩。因此,对不同的人所犯的不同的错误要区别对待,对那些工作平庸、毫无上进心的辅导员,即使不犯错误,也应该对他们做出必要的警示和惩戒。

实践中,奖惩性高校辅导员工作绩效评价制度的效果并不理想,很少有高校获得令人满意的结果。总结其中的经验和教训,我们认为实施奖惩性绩效评价制度必须注意以下两点。

第一,不要把高校等同于企业。一般说来,高校辅导员工作绩效评价理论与实践的研究是滞后于企业人力资源管理理论与实践研究的,且总是受到企业人力资源管理理论与实践的影响。许多企业人力资源管理理论与实践不仅在企业中得到成功的运用,而且在高校人力资源管理中也取得了理想的效果。因此,有人错误地认为,在企业获得成功的人力资源管理理论和方法同样适用于高校。其实不然,高校与企业是两种不同性质的社会组织,二者之间存在诸多差异。虽然有的管理理论和方法不仅适用于企业,而且完全适用于高校,但是更多的企业人力资源管理理论和方法在被借鉴或移植到高校中时,必须根据高校的特点和具体情况进行调整,简单地照抄照搬是行不通的。例如,"末位淘汰法"在企业的人力资源管理中是成功的,但若是在高校辅导员工作绩效评价中普遍推行这种方法就会遇到麻烦,因为目前的高校不具备实行"末位淘汰法"所需要的组织环境、行业特点及支持系统等一系列必要的条件。

第二,奖惩的实施要体现公正性和合理性。公正、合理的奖惩必须建立在绩效评价结果客观、真实和有效的基础上。高校辅导员工作绩效评价不管采取何种方法和技术,最终体现的结果一定要真实和有效,要尽量克服长官意志、杜绝"暗箱"操作。实践中,奖惩性高校辅导员工作绩效评价制度在部分高校流于形式,失去了绩效评价的应有之义,例如,排队先进,轮流获奖;领导决策,暗箱操作;一团和气,缺乏激励等。要改变这一现状,最关键的是要加强制度建设,在建立健全科学合理的奖惩性绩效评价制度的基础上,不断提高实施奖惩性绩效评价制度的水平。同时,还要将发展性绩效评价与奖惩性绩效评价有机地结合起来,要让辅导员认识到,绩效评价结果的应用不是简单地奖励与惩罚,而是着眼于辅导员的未来,一切为了高校辅导员工作的可持续发展。

3.将绩效评价结果与辅导员职业生涯的发展结合起来。将绩效评价结果与辅导员职业生涯的发展结合起来,可以实现辅导员个人发展与组织发展的统一,创造高效率的工作环境。

职业生涯的发展是辅导员队伍建设的重要环节,也是吸引和留住高校辅导员的重要因素。针对辅导员,上级主管部门应当帮助他们根据自己的情况制订职业生涯发展规划,并定期与辅导员一起讨论、修正职业生涯规划,保证其职业生涯的顺利发展。例如,依据绩效评价结果实行岗位轮换或职务晋升,做到人尽其才、才尽其用,这样就能够有效地提高辅导员的积极性,激发其工作潜能。反之,如果上级主管部门不注重辅导员的职业发展规划,不能及时为辅导员提供相应的发展平台,也缺乏相应的激励机制来保证辅导员按业绩、按贡献正常晋升,就会挫伤辅导员的工作积极性,影响其工作业绩和效率,最终影响他们的长远发展。

高校辅导员工作绩效评价的结果可以为辅导员的工作配置提供科学依据。这里所说的工作配置包括晋升、岗位轮换、淘汰三种主要形式。上级主管部门对辅导员工作进行绩效评价时,不能仅仅评价过去某一个绩效周期内工作业绩的好坏,还要通过对辅导员工作能力的考察,进一步确认其未来发展的潜能。对于那些绩效优秀且大有潜力的辅导员,可以通过晋升的方式给他们提供更大的舞台和发展才能的机会,帮助他们取得更大的成绩;对那些绩效不佳的辅导员,则应该认真分析其绩效不佳的原因。如果是辅导员自身的素质和能力与现任的工作岗位不适应,则可以考虑对其进行调职或转岗,以充分发挥其特长,在适合他的岗位上创造新的业绩;如果是辅导员个人不努力工作、消极怠工,甚至有违反职业道德或法律的行为,则可以采取淘汰的方式。

绩效评价结果还可以为高校对辅导员进行全面教育培训提供科学依据。当辅导员的绩效评价结果较差时,就要分析原因,如果他们仅仅是缺乏完成工作所必需的技能和知识,就必须对他们进行培训。因此,高校辅导员工作绩效的评价不仅是衡量辅导员组织或个人的绩效,还可以使他们利用绩效评价了解当前的绩效与期望的绩效的差距,帮助他们找到差距存在的原因,帮助他们制订相应的绩效改进计划和职业生涯发展规划,高校也可以对其进行更有针对性的培养和训练。

## 第四节 高校辅导员工作绩效评价长效机制建设

大学生思想政治教育是一项系统的社会工程。要实现大学生思想政治教育的科学化和实效性,就必须持之以恒地开展全方位、多层次的系统工作。其中最重要的工作之一,就是建设一支高素质的高校辅导员队伍。高校辅导员工作绩效评价长效机制建设能为这支队伍的建立和可持续发展提供思想保障、组织保障、制度保障。所谓机制,原指机器的构造和工作原理。在社会科学中,机制一般是指某一个工作系统的组织或部门之间相互作用的过程和方式,是事物的存在、发展所需要的稳定的内部和外部条件。长效机制则是指能够长期起作用的具有保障性的基本条件。它有两个基本要求:一是要有相对稳定的、规范的和配套的制度体系;二是能够实现组织建设和制度运行的可持续发展。高校辅导员工作绩效评价长效机制建设需要学校和社会提供各种条件和各种保证,缺少这些条件和保证,就会影响绩效评价工作的实效性,从而影响这支队伍的可持续发展。因此,开展高校辅导员工作绩效评价长效机制建设研究,对于巩固和发展辅导员队伍,对于进一步加强和改进大学生思想政治教育工作,对于思想政治教育学科和高等教育学科理论的丰富和发展,具有重要而现实的战略意义。

### 一、提高认识,巩固长效机制建设的思想基础

不断提高对高校辅导员工作绩效评价长效机制建设重要性和必要性的认识,增强高校辅导员工作绩效评价的主动性和积极性,是高校辅导员工作绩效评价长效机制建设的重要思想基础。

**(一)思想上要切实重视**

1. 要提高认识,统一思想。高等教育主管部门和高等学校必须切实提高思想认识,并不断深化思想认识,切实把高校辅导员工作绩效评价长效机制建设置于高校思想政治教育重要的战略位置,把它作为高校辅导员队伍建设的当务之急纳入工作日程,常抓不懈。这是在思想上、认识上重视长效机制建设的具体体现,也是巩固长效机制建设的思想认识基础。

2. 要面向未来,立足长远。高等教育是面向未来的事业,是为未来培养合格的建设者和可靠的接班人的教育。因此,与育人有关的工作都应该立足现实、面向未来。高校辅导员工作绩效评价同样需要立足长远。另外,高校辅导员工作绩效评价长效机制建设不是一成不变、一劳永逸的,不可能解决现存的所有矛盾和问题,也不可能预测出将要出现的所有矛盾和问题,它将随着时间和内部与外部条件的变化而不断丰富、发展和完善。高校辅导员工作绩效评价长效机制建设的目的,就是在提高认识的基础上,使评价的各个方面,包括理论和实践工作不断深化,不断完善。

**(二)认识上要不断深化**

一是要把高校辅导员工作绩效评价长效机制建设看成是整个高校思想政治教育长效机制建设的重要组成部分,将其纳入高等学校全面发展的整体之中,而不是任其孤立地、封闭地自我建设和自我发展。

二是要把高校辅导员工作绩效评价长效机制建设作为推动高校全面发展的强大动力。"辅导员是开展大学生思想政治教育的骨干力量,是大学生日常思想政治教育和管理工作的组织者、实施者和指导者。"高校辅导员工作的可持续发展,必然有效地推动整个高校快速、协调、持续和稳定发展。

三是要把高校辅导员工作绩效评价长效机制建设作为培养高素质辅导员的重要工程。通过长效机制建设,将高校辅导员个人发展的目标与整个高等教育发展的目标紧密地联系在一起,提高辅导员队伍的整体素质。只有建设一支高素质的辅导员队伍,才能保证高校辅导员工作的可持续发展,进而实现高校思想政治教育的可持续发展。

**(三)观念上要与时俱进**

一是要明确长效机制建设不是一朝一夕的事,不能急于求成,要充分考虑现实状况和未来的发展,制订一个缜密的长远规划。

二是要明确长效机制不是一成不变的,它是一种动态的稳定。马克思主义具有与时俱进的理论品质,高等教育的发展要与时俱进,高校辅导员工作绩效评价也要伴随高等教育的发展与时俱进,必须坚持与时俱进的理论思维,以发展的观点积极探索长效机制建设的新方法和新途径,拓宽长效机制建设的渠道和视野。

三是要不断研究新情况,提出新对策,解决新问题,以创新的思维不断完善长效机制建设的相关措施,真正提高高校辅导员工作绩效评价的实效性。

## 二、加强领导,增强相关职能部门的工作权威

政治路线确定之后,干部就是决定性的因素:这是我们党在长期的革命斗争实践中总结出来的一条重要经验,也是我们在社会主义建设的实践中不断取得成功的重要经验。其主要内容体现在抓领导和领导抓两个方面。同理,高校辅导员工作绩效评价长效机制建设如果没有领导的支持和鼓励,或者领导的素质和能力无法适应该项工作,那么即便绩效评价计划尽善尽美,也无法达到预期的效果。

### (一)领导的素质决定绩效评价工作的质量

高校辅导员工作绩效评价长效机制建设是一个系统的工程,这必然对相关主管领导的综合素质提出较高的要求。从某种意义上说,相关领导的素质的高低决定着高校辅导员工作绩效评价长效机制建设的成败。只有领导的素质高了,高校辅导员工作绩效评价长效机制建设的起点才会高,才能保证绩效评价工作的顺利进行,才能推动绩效评价长效机制建设。具体说来,相关领导必备的素质应包括以下几个方面。

第一,要讲政治,具有高度的政治责任感和育人的使命感,能以马克思主义的立场、观点和方法,认识、分析工作中遇到的各种问题,坚持正确的政治方向。

第二,要掌握相应的教育理论和教育科学,懂得教育规律,能够坚定地贯彻党的教育方针,坚持科学育人,把大学生思想政治教育放在至关重要的战略位置上,全面关心大学生的成长,全面推进素质教育的发展。

第三,要具备把握全局和科学决策的能力。领导者是组织者也是管理者,要着眼于高等教育的可持续发展,抓好大学生思想政治教育骨干队伍的建设,树立育人为本、德育为先、服务学生的教育理念,实行创新管理与和谐管理。

第四,要廉洁奉公,树立正确的权力观、政绩观和荣辱观,自觉抵制不正之风的

影响,反对以权谋私,弘扬科学民主精神,办事公道,诚实守信。同时,领导的视野要高远,心胸要宽阔,要站在全局的高度思考问题,绝不能以职务之便去谋个人之私,个人的喜好和亲疏不能影响工作的开展。

第五,要具备与时俱进的工作理念,能从教育改革和发展的实际出发,坚持求真务实,坚持创新实践,不断变革工作思路,探索育人的新途径,推动大学生思想政治教育的科学化、实效性和可持续发展。

**(二)加强对长效机制建设的领导**

在2018年举行的全国教育大会上,习近平总书记强调,党的十八大以来,我们围绕培养什么人、怎样培养人、为谁培养人这一根本问题,全面加强党对教育工作的领导,坚持立德树人,加强学校思想政治工作,推进教育改革,加快补齐教育短板,教育事业中国特色更加鲜明,教育现代化加速推进,教育方面人民群众获得感明显增强,我国教育的国际影响力加快提升,13亿多中国人民的思想道德素质和科学文化素质全面提升。高校辅导员工作绩效评价长效机制建设,是大学生思想政治教育工作的重要组成部分,离不开各级领导的高度重视,只有领导重视、群众支持,才能真正有效地树立相关职能部门的工作权威,推动高校辅导员工作绩效评价长效机制建设的顺利进行。加强对长效机制建设工作的领导,主要体现在以下两个方面。

第一,建立健全专门的领导小组及工作机构,落实领导责任制。在上级主管部门的统一领导下,各地教育主管部门、各高校要成立相应的辅导员工作绩效评价长效机制建设领导小组(也可并入高校思想政治教育领导机构),要有专门的领导负责,要有专门的机构负责日常工作,责任到人,责任到位,在同级党委和上级主管部门的指导下,扎实开展工作。

第二,把高校辅导员队伍建设相关问题纳入各级党政联席会议的重要议题,"要建立健全党委统一领导、党政群齐抓共管、有关部门各负其责、全社会大力支持的领导体制和工作机制",形成全党、全社会共同关心支持高校辅导员队伍建设的合力,全面实现高校辅导员工作的可持续发展。

**(三)发挥党组织在长效机制建设中的核心作用**

第一,保证监督作用,即党组织要保证监督党和国家的方针、政策在高等学校的贯彻执行,要以马克思主义的基本理论、基本观点和基本方法指导高等学校的各项工作,保证高等学校的社会主义办学方向,保证高校辅导员工作绩效评价长效机制建设的正确方向。

第二,参与讨论和决定的作用,即党组织享有同教育行政部门的共同的决策权。党组织要积极指导并参与高等学校发展规划、学科建设、人才培养等各项工作,把高校辅导员工作绩效评价长效机制建设纳入高等学校发展的整体规划之中,切实提高该项工作的被重视程度。

第三,组织领导作用,即上级党组织对下属各级党组织及全体党员发挥直接领导的作用。高校辅导员是大学生思想政治教育的骨干力量,他们中的绝大多数是共产党员,是高校教师队伍和管理队伍中的先进群体,是高校思想政治教育长效机制建设的重要力量。高校要通过党组织的领导,严格规范党内纪律,积极发挥高校辅导员中党员的先锋模范作用,为高校辅导员工作绩效评价长效机制建设提供坚强的组织保证。

### 三、重视培养,建设一支高素质的绩效评价工作队伍

高校辅导员工作绩效评价长效机制建设是一项纷繁芜杂的工作,事关辅导员队伍的可持续发展,关乎大学生思想政治教育的大局。这必然对评价主体的思想政治素质和相关业务素质提出更高的要求,因而,各地区教育主管部门、各高等学校都非常重视评价人员的选择。实践中,很少有独立设置的部门和专门编制的人员负责高校辅导员工作绩效评价,更多的是从相关部门和学校临时抽调人员组成评价队伍。尽管抽调的人员多是各部门、各学校的骨干,但由于平时缺乏必要的培养和专门的训练,其理论水平、谈话艺术及相关业务知识的掌握等基本素质和能力,无法很好地适应评价工作的需要。因此,重视培养、努力建设一支高素质的绩效评价工作队伍就显得尤其重要。

**(一)评价者的素质决定绩效评价结果的客观性与公正性**

高校辅导员工作绩效评价是一门科学,具有专门的评价理论与评价技能,如选择和运用评价方法的技能、收集各种评价信息的技能、评价结果反馈的技能、撰写评价报告的技能、指导绩效改进的技能。

研究表明,在绩效评价过程中,评价主体的思想道德素质、知识、能力、信誉和威信非常重要。一个值得信赖的评价者必须做到公正、客观、坦诚,并且能够娴熟地掌握和运用评价理论和评价技能。当评价工作出现问题时,能够及时地解决问

题、化解矛盾,使评价工作顺利开展。如果评价者政策水平不高、责任心不强、知识匮乏,不具备绩效评价工作所要求的素质和能力,开展评价工作时就必然受到评价对象的抱怨,势必影响高校辅导员工作绩效评价的客观性和公正性。不难发现,在高校辅导员工作绩效评价的实践中,一些评价者因为对绩效评价理论和技能一知半解,对高校辅导员的工作性质和工作特点知之不深,在制订评价方案时屡屡出错,实施评价方案时顾此失彼,得出的评价结果出现严重的偏差,导致高校辅导员工作绩效评价的预期效果与实际效果、辅导员工作实际表现与绩效评价结果严重不符。这必然在很大程度上挫伤辅导员的工作热情,使他们对评价工作的认同感降低,从而为以后的评价工作设置了重重障碍。

在高校辅导员工作绩效评价的实践中,特别是当绩效评价的结果与评价对象的奖惩挂钩时,许多评价对象会更加关注绩效评价,甚至担心评价者没有掌握专门的评价理论和技能,从而导致评价结果不真实,使自己受到误解和不公正的待遇。因此,谁是评价者?他们是否了解辅导员的工作?他们是否掌握专业的绩效评价理论和技能?他们值得信任吗?诸如此类的问题迫切需要高素质的绩效评价工作队伍给出专业的回答。

高校辅导员工作绩效评价有其独特的理论和技能要求。为了确保高校辅导员工作绩效评价的客观性与公正性,评价双方尤其是评价者,必须接受专门的培训,学习和掌握高校辅导员工作绩效评价的理论和技能。没有受过严格培训的人员不能担任评价者,否则难以达到应有的评价效果,甚至适得其反,引起评价对象极大的反感。

**(二)努力建设一支高素质的绩效评价队伍**

第一,组织评价者认真学习绩效评价的内容及各项评价标准。在这一过程中,评价者不仅要从字面上理解评价内容和评价标准,还要深刻理解评价指标的指导思想以及每个评价指标的具体含义。

第二,要培养和提高评价者的观察力和判断力。在进行绩效评价时,评价者往往依据自己对评价对象的日常行为和工作表现的观察进行判断和评价。因此,评价者在培训的时候,一定要准确地把握各项评价指标的具体含义,抓住对评价对象进行日常观察的侧重点,从而提高依据有关信息进行判断的能力。

第三,要培养和提高评价者的职业道德和责任意识。在评价过程中,出现评价失误最多的往往是那些事业心不强、责任意识淡薄的人。他们对绩效评价工作不认真、不重视,应付了事,或对评价对象弄虚作假的行为不闻不问、听之任之。因此,主管领导必须高度重视,培训部门必须反复宣传和要求,切实提高评价者的职业道德和责任意识,保证绩效评价工作的有效实施。

第四,通过典型案例进行实训。在培训工作中,组织者要认真讲解评价的意义、理论、原则、方法,同时要对评价者强调评价中经常出现的一些典型错误,如过宽、过严、主观偏见,向评价者说明发生类似错误的严重后果;要通过一些典型的案例对评价者进行实训,让他们分别扮演其中的某一个角色,设身处地地进行演练,然后通过讨论和总结,及时发现问题,切实提高评价者的责任感和实际工作水平。

**四、完善制度,健全长效机制建设的各项措施**

制度建设具有根本性、全局性、稳定性和长期性的特点,好的经验、好的做法能否长久发挥效力,关键要看是否落实到制度上和制度的落实上。如果失去了制度的保障,再好的工作也不能可持续开展,它会因为负责人的改变而改变,也会因为负责人注意力或关注度的改变而改变。完善制度,是工作规范化、科学化、持续化的根本保证,也是长效机制建设的根本保证。

**(一)贯彻落实长效机制建设的政策规定**

在2018年举行的全国教育大会上,习近平总书记指出:在党的坚强领导下,全面贯彻党的教育方针,坚持马克思主义指导地位,坚持中国特色社会主义教育发展道路,坚持社会主义办学方向,立足基本国情,遵循教育规律,坚持改革创新,以凝聚人心、完善人格、开发人力、培育人才、造福人民为工作目标,培养德、智、体、美、劳全面发展的社会主义建设者和接班人,加快推进教育现代化、建设教育强国、办好人民满意的教育。这是指导大学生思想政治教育工作的纲领性文献。2004年8月26日,中央16号文件正式颁布,这是今后一个时期指导大学生思想政治教育工作的最重要的政策文件,文中多处对高校辅导员队伍建设进行了阐述。为贯彻落实中央16号文件精神,2005年1月13日,教育部颁布的《教育部关于加强高等学校辅导员班主任队伍建设的意见》,对加强辅导员、班主任队伍建设的重要意义,对辅导员、班主任的选聘配备工作、培养培训工作、政策保障等相关问题做出了严格的规定。2006年7月,教育部办公厅印发的《2006—2010年普通高等学校辅导员培训计划》,对高校辅导员队伍的培训和提高做出了阶段性的规定,为辅导员工作的可持续发展指明了方向。《国家中长期教育改革和发展规划纲要(2010—2020年)》,在"完善中国特色现代大学制度"部分明确提出:"各类高校应依法制定章程,依照章程规定管理学校……确立科学的考核评价和激励机制。"《普通高等学校辅导员队伍建设规定》(2017修订)提出:"高等学校应当制定专门办法和激励保障机制,落实专职辅导员职务职级'双线'晋升要求,推动辅导员队伍专业化、职业化建设。""建立国家、省级和高等学校三级辅导员培训体系。教育部设立高等学校辅导员培训和研修基地,开展国家级示范培训。省级教育部门应当根据区域内现有高等学校辅导员规模数量设立辅导员培训专项经费,建立辅导员培训和研修基地,承担所在区域内高等学校辅导员的岗前培训、日常培训和骨干培训。高等学校负责对本校辅导员的系统培训,确保每名专职辅导员每年参加不少于16个学时的校级培训,每5年参加1次国家级或省级培训。"上述政策文件的出台,体现了党和政府对高校辅导员工作的高度重视,为高校辅导员工作绩效评价长效机制建设提供了坚实的政策保障。

此外,一些领导人的重要讲话及重要会议精神,具有同样重要的指导作用。例如,2010年5月29日,李长春在全国加强和改进大学生思想政治教育工作座谈会上,对今后一个时期大学生思想政治教育工作提出七项具体要求,强调要"大力加强队伍建设,切实提高大学生思想政治教育工作者的育人能力;进一步完善长效机制,不断提高大学生思想政治教育工作的科学化水平"。习近平在2019年全国高校思想政治工作会议上指出:"长期以来,高校思想政治工作队伍兢兢业业、甘于奉献、奋发有为,为高等教育事业发展做出了重要贡献。要拓展选拔视野,抓好教育培训,强化实践锻炼,健全激励机制,整体推进高校党政干部和共青团干部、思想政治理论课教师和哲学社会科学课教师、辅导员班主任和心理咨询教师等队伍建设,保证这支队伍后继有人、源源不断。"

与此同时,各地教育主管部门也相继制定了相关的政策规定。例如《关于加强北京高校辅导员队伍建设的实施意见》《关于进一步加强上海高校大学生辅导员队伍建设的若干意见》《辽宁省委组织部、省委宣传部、省委高校工委、省教育厅、省人事厅关于加强全省高等学校辅导员队伍建设的实施意见》《中共山东省委高校工委、山东省教育厅关于进一步加强高等学校辅导员队伍建设的意见》,这些都是根据各地的实际情况对高等学校辅导员队伍建设提出的具体的实施意见。这些具体的实施意见与上述提到的政策文件、领导人的重要讲话及重要会议精神,均为高校辅导员队伍建设提供了有力的政策保障和不竭的力量源泉,为进一步推进高校辅导员工作绩效评价长效机制建设奠定了坚实的基础。对于这些制度性的文献,我们要认真学习,领会其精神实质,这是制度建设的认识基础。

### (二)建立健全长效机制建设的制度规范

随着经济社会的不断发展和高等学校在各个时期的任务的变化,以及国家和地方相关政策规定的陆续出台,各高校必须建立健全与之相适应的高校辅导员工作绩效评价长效机制建设的制度规范。《普通高等学校辅导员队伍建设规定》明确指出:"各高等学校要制定辅导员工作考核的具体办法,健全辅导员队伍的考核体系。"特别是在高校辅导员工作绩效评价长效机制建设实践中,各地教育主管部门、各高校探索和尝试了一些有效的方法和措施,要善于总结这些宝贵的经验,并进一步将其上升到理论高度和完善制度的高度,在加强制度建设方面力求新的突破,从而以制度创新带动工作创新。

建立健全长效机制建设的制度规范要着眼于解决长效机制建设中存在的实际问题,在完善原有的制度规范的基础上研究制定新的制度规范。对已有的制度规范特别是制定时间很久的制度规范,要结合时代的要求和任务的变化,进一步进行修改,根据新的形势要求,充实新的内容,使之不断完善,且行之有效。对应该建立而没有建立的规章制度,要结合地方和学校的具体情况,研究制定新的规章制度,以解决出现的新问题。

建立健全高校辅导员工作绩效评价长效机制建设制度规范,不是制订一两个高校辅导员工作绩效评价具体办法就万事大吉、一劳永逸了,它是一个系统化的工程。因为高校辅导员工作绩效评价不仅仅是教育主管部门和高等学校的事情,它还需要全社会的关注和支持。在这个系统化的工程里,既有国家和地方制定的相关政策规定,也有各高校制定的所有与之相关的制度规范,例如,关于辅导员选拔和聘用的相关制度、关于辅导员管理和评价的相关制度、关于辅导员培训和考察的相关制度、关于辅导员职称评聘和职务晋升的相关制度、关于辅导员工作经费保障的制度、关于辅导员承担课堂教学任务的制度、关于建立学习型辅导员组织的制度、关于设立辅导员科研基金的制度,等等。这些各有侧重又相互联系的制度规范,为高校辅导员工作绩效评价长效机制建设提供了重要的制度保障。

**五、严格执行,确保长效机制建设措施的落实**

好的制度关键在贯彻落实。对于已经建立的规章制度不能很好地坚持和执行问题,我们必须查找原因,找出问题所在,进而对症下药,以除顽疾。要加大对规章制度执行的领导力度,彻底解决执行不力、落实不到位的问题,切实把好的制度贯彻执行好,以期收到良好的效果。

**(一)严格管理抓落实**

第一,严格责任人制度。强化责任人制度,是落实制度的重要抓手,便于明确职责,切实做到一级抓一级,层层抓落实。

第二,严格自查自检制度。自查自检旨在加强高校辅导员自我管理、自我提高的能力,强调高校辅导员组织或个人对照绩效评价的标准进行自查、自省、自改,及时发现自己存在的不足并加以改进。

第三,严格信息反馈制度。在长效机制建设过程中,要建立相应的信息反馈渠道,上级主管部门能够准确、及时地了解各地区、各高校制度落实的情况,对于发现的问题,能够及时采取措施,保证制度规范的落实。

**(二)强化监督,抓落实**

第一,大胆监督,不徇私情。好的制度收不到好的效果,主要原因要么是责任落实不到位,要么是监督检查不到位,更确切地说是不敢监督、不善监督。不敢监督是怕影响关系,怕得罪人,进而出现徇私舞弊。不善监督是方法不当,没有抓住问题的关键或监督的尺度把握不准。

第二,领导干部要带头监督。在长效机制建设的实践中,领导干部要以身作则,带头执行各项规章制度;同时,一定要担负起自己的责任,监督检查制度规范的落实情况;对于工作中可能出现的偏差或制度落实不力等情况,要主动想办法监督改进。

第三,畅通监督渠道。各地教育主管部门、各高校主管领导要定期深入基层,通过座谈会、访谈等多种形式,及时了解长效机制建设制度规范的落实情况;要畅通各种监督渠道,鼓励基层的高校辅导员讲真话、说实情。

**(三)工作创新抓落实**

一是积极采用新技术和新手段。目前,网络和多媒体技术被广泛应用到高等学校的教学科研中,新技术带来了教学方式的变化。高等学校具备应用新技术的人才优势,要充分利用网络等新的技术平台,大胆应用不断出现的新技术,创新活动方式和手段,提高落实长效机制建设制度规范的水平。

二是创新主题实践活动。在长效机制建设过程中,各地教育主管部门、各高等学校要对照辅导员工作绩效评价的指标要求及相关制度规范的内容要求,开展丰富多彩的主题实践活动,要不断丰富主题实践活动的内容,围绕主题设计一些子主题,不同地区、不同高校要体现出不同的特色,做到主题鲜明、亮点众多。

**六、开展研究,探索绩效评价工作的规律**

大学生思想政治教育是有规律可循的,高校辅导员工作绩效评价长效机制建设同样有其自身的规律。掌握长效机制建设的规律能够有针对性地开展工作,进而提高工作的实效性。高校辅导员工作绩效评价长效机制建设理论研究属于科学研究范畴,必须坚持科学的态度和科学的精神,注重理论研究的思想性、科学性和实践性的要求。

**(一)坚持理论研究的思想性**

社会科学研究是讲党性的,必须以理论做指导,坚持正确的方向。毛泽东在《实践论》中说:"马克思主义的哲学辩证唯物论有两个最显著的特点:一个是它的阶级性,公然申明辩证唯物论是为无产阶级服务的;再一个是它的实践性,强调理论对于实践的依赖关系,理论的基础是实践,又转过来为实践服务。"

高校辅导员工作绩效评价长效机制建设理论研究的思想性,要坚持以马克思主义为指导,全面贯彻党的教育方针;要坚持不懈地传播马克思主义科学理论,抓好马克思主义理论教育,为学生的成长奠定科学的思想基础;要坚持不懈地培育和弘扬社会主义核心价值观,引导广大师生做社会主义核心价值观的坚定信仰者、积极传播者、模范践行者;要坚持不懈地促进高校的和谐稳定,培育理性平和的健康心态,加强人文关怀和心理疏导,把高校建设成为安定团结的模范之地;要坚持不懈地培育优良的校风和学风,使高校发展做到治理有方、管理到位、风清气正。该理论研究要避免政治上的随意性,不能有意无意地淡化政治,混淆社会主义理论研究与资本主义理论研究的思想界限。在理论研究中必须运用马克思主义的立场、观点和方法,不论是继承古代的传统,还是借鉴外国的经验,都要有坚定的立场和科学的方法,去粗取精,去伪存真,古今中用,洋为中用。对高校辅导员工作特点的认识和分析,对高校辅导员工作中出现的各种现象的认知和分析,都要秉持实事求是的精神。要坚持理论研究的价值导向,努力培养一大批坚持正确的政治方向、理论基础好、专业能力强、富有远见和理论创新精神的专家型的学科带头人和理论工作者。

### (二)坚持理论研究的科学性

科学研究是探索客观事物发展变化的规律,并形成认识成果,将认识成果运用于实践的过程。高校辅导员工作绩效评价长效机制建设理论研究的科学性,要求理论工作者在开展研究的时候,要树立科学的态度和科学的精神,注重理性思维的培养,善于从本质上认识事物,善于透过现象认识事物的本质;要善于发现问题、思考问题,具有较强的问题意识;能够全面地、辩证地认识事物,善于调查研究,从调查研究中和信息整合中找出问题的症结,进而得出科学的结论,把握其应有的规律。长效机制建设理论研究应该是系统的、符合逻辑要求的,要坚持理论与实践相结合、历史叙述与逻辑阐述相结合。

同时,高校辅导员工作绩效评价长效机制建设理论研究的科学性,还体现在它本身所具有的学科属性。高校辅导员工作绩效评价长效机制建设理论研究,从属于高等教育学和思想政治教育学。它以马克思主义的教育理论和思想政治教育理论为指导,具有相关学科的知识来源,有特殊的研究对象和研究领域。它所揭示的辅导员群体特征、辅导员生涯发展的规律、辅导员工作职责和工作要求的规律等,迄今还没有哪一门学科专门、系统地研究过。我们以学科建设的视角研究这一新的课题,将有利于提高高校辅导员工作绩效评价长效机制建设理论研究的科学性。

### (三)坚持理论研究的实践性

人们对客观事物规律性的认识,不是一次能够完成的。"一个正确的认识,往往需要经过由物质到精神,由精神到物质,即由实践到认识,由认识到实践这样多次的反复,才能够实现。"高校辅导员工作绩效评价长效机制建设理论研究具有坚实的理论基础,它更多的属于应用性研究,研究是为了应用。它源于实践,又回归实践、指导实践,使研究成果服务实践,有很强的可操作性。它的理论是全国十几万高校辅导员工作的总结,是经过实践检验了的宝贵财富。同时,这一理论研究成果又回归实践,指导高校辅导员继续有效地开展工作。因此,在开展相关领域的理论研究时,要坚持专业理论工作者的研究与高校辅导员的研究相结合,要鼓励和支持工作在大学生思想政治教育第一线的辅导员开展相关研究,将他们在工作实践中取得的成功经验上升到理论的高度,为专业理论工作者的深度研究提供最直接、最感性的材料。同时,我们也鼓励和支持高校辅导员在实践探索的过程中,不断加强自身的理论修养,不断提高自身理论研究的水平,从而培养出一大批专家型的高校辅导员,为高校辅导员工作绩效评价长效机制建设提供理论支持和人才保障。

该领域的研究也应该向其他学科的理论研究一样,有相关的立项,明确任务,明确要求,定期推出科研成果。当前,最重要的一点是,尽快在高等教育学科和思想政治教育学科发展、形成高校辅导员工作学科方向,把辅导员工作理论作为学科建设的一部分。这样做不但有利于辅导员工作的科学化和可持续发展,而且有利于为辅导员工作绩效评价长效机制建设奠定学科基础。这是理论建设的基础性工程,我们必须形成共识,认真做好。

# 第四章　高校辅导员晋升机制研究

高校辅导员晋升机制,是指高校管理者在遵循晋升的基本原则和规律的基础上,运行相关制度和组织机构,根据岗位要求和辅导员自身素质提高其职位和相应的薪酬待遇,以此来激发辅导员的工作热情的各种要素之和。它是辅导员队伍建设的一项重要内容。基于"高校辅导员具有双重身份,他们既是学校的教师,又是学校的管理干部",高校辅导员既可以作为"学校的教师"参与专业技术职称晋升,也可以作为"学校的管理干部"参与行政职级晋升。高校辅导员晋升机制是激发高校辅导员工作热情和积极性的重要机制。

高校辅导员晋升机制的实施,不仅能够提高高校辅导员队伍的稳定性,而且能够吸引更多优秀人才加入这支队伍,进一步壮大高校辅导员队伍。然而,高校辅导员"双线"晋升机制在实施过程中面临许多新的挑战,存在许多新的问题。因此,直面高校辅导员晋升机制实际存在的问题,研讨导致问题存在的原因,建立科学完备、可操作性强的辅导员晋升机制,是摆在高等教育发展面前的一个紧迫而又重要的理论与实践课题。

## 第一节　高校辅导员职业发展研究

### 一、研究背景

辅导员是指从事大学生思想政治教育、学生日常管理、就业指导、心理健康以及学生党团建设等方面的工作的教师。辅导员既是教师队伍的一员,也是管理队伍的一员,因此辅导员是高校的一个特殊群体。自1978年国家教委在高校恢复辅导员制度以来,高校辅导员队伍建设备受党和国家的关注。高校辅导员角色从单一的政治辅导员逐渐转变为心理者、职业指导者、生活指导者等融多种角色于一身的职业。进入21世纪以后,党和国家对高校辅导员的要求有增无减。2004年,中共中央、国务院颁布的《关于进一步加强和改进大学生思想政治教育的意见》,要求高校辅导员要成为大学生成长成才的引导者。2017年最新修订的《普通高等学校辅导员队伍建设规定》指出,辅导员应当努力成为学生成长成才的人生导师和健康生活的知心朋友,并要求相关部门及高校加强辅导员队伍职业化、专业化建设。

从高校育人的实际来看,高校辅导员对学生的健康成长确实起着关键的作用。随着社会经济的快速发展,人们对物质生活的追求越来越高,大学生面对的诱惑越来越多。复杂多变的社会虽然可以锻炼大学生的适应能力,增加他们的独立能力,树立他们的创新与创业意识,给大学生的成长带来了好处,但也容易使大学生产生负面消极的情绪,如责任意识淡薄,自信心不高,缺乏艰苦奋斗的精神与团队协作能力。

党和国家以及大学生健康成长的实际给辅导员带来了较高的角色期待。然而,辅导员自身的建设仍面临很多困境,如很多高校辅导员缺乏职业认同感、辅导员队伍人员流动性大,主要表现为工作持续时间短,把辅导员当作另谋高就的跳板,如有的忙着考公务员,有的一心想转岗。"辅导员岗位难以留住人"成为众多高校辅导员队伍建设的藩篱,辅导员晋升机制不完善是根本原因。大多数辅导员在进入岗位后感觉待遇不高、晋升无望,从而产生了退却的想法。辅导员队伍的不稳定性给高校各项工作带来了一定的困扰,也不利于辅导员队伍的职业化、专业化建设。在管理学中,合理的晋升是激励职员、降低离职率的有效手段之一。因此,建立健全科学的辅导员晋升机制,有助于提高广大辅导员对待工作的热情和积极性,保证辅导员队伍的稳定性,持续性培养和造就职业化、专业化的辅导员队伍作为高等学校育人工作的助推器。

**二、研究意义**

随着我国高校教育由"精英教育"向"大众教育"再向"品质教育"的转变,我国高等教育面临许多新的挑战。其中,稳定高校辅导员队伍,增强高校辅导员的职业自豪感,提高高校辅导员队伍的水平,充分发挥高校辅导员队伍在"立德树人"中的作用,是摆在高等教育发展面前的紧迫而又重要的理论与实践课题。破解这一课题的重要抓手是建立科学规范、公平公正的高校辅导员晋升机制。

晋升机制是高校辅导员激励机制的重要组成部分。高校辅导员是大学生思想政治教育的中坚力量,辅导员晋升机制的健全和完善,既关系到辅导员的职业发展和辅导员队伍的建设,又关系到高校大学生思想政治教育的质量。本课题通过探讨高校辅导员晋升机制的内在机理,分析制约高校辅导员晋升机制运行的诸多因素,揭示高校辅导员晋升机制运行的一般规律,对于进一步推进学术界加强对辅导员晋升机制的研究,具有重要的学术意义。

高校辅导员在高校教育教学中起着极为重要的作用,既具有教师身份,也具有管理干部身份。他们具有高校辅导员的"双重身份",适用于实施高校辅导员"双重晋升"机制。本课题在分析研究高校辅导员"双重晋升"机制特征的基础上,提出高校辅导员"双重晋升"机制实施的基本要求、基本原则等,对于新形势下相关部门和高校进一步推进高校辅导员队伍建设,充分发挥高校辅导员队伍在"立德树人"中的作用,具有重要的理论意义。

高校辅导员处于学生事务管理工作的第一线,是高校行政管理、日常事务的具体落实者,是高校文体活动、党团建设的有力推动者。高校辅导员晋升机制是进一步加强高校辅导员队伍建设的重要抓手。本书通过调查研究,在遵循科学完整、真实可行以及公平的原则的基础上,运用人力资源管理理论和机制设计理论,剖析了目前高校辅导员晋升机制实施的现状和存在的问题,阐明了晋升机制对于稳定高校辅导员队伍的重要性和必要性,探讨了如何形成科学、有效的晋升长效机制。这对彰显高校辅导员在我国高等教育发展中的重要地位,提高高校辅导员的职业自豪感、荣誉感,调动高校辅导员的积极性和主动性,不断激发他们的创造性、能动性等具有重要的实践意义。

笔者将高校辅导员晋升机制的概念界定如下:高校辅导员晋升机制是高校管理者在遵循晋升的基本原则和规律的基础上,运行相关制度和组织机构,根据岗位要求和辅导员自身素质提升其职位和相应的薪酬待遇,以此来激发辅导员的工作热情,推动辅导员队伍专业化、职业化发展,提高学生工作质量的各种要素之和。

### 三、理论依据

#### (一)人力资源管理理论

人力资源管理是管理学中的一个比较新的领域,学者们在近几年对该领域进行了深入的探讨。管理大师彼得·德鲁克在1954年首次提出了"人力资源"这个概念。随后,这一概念被舒勒等人发展为人力资源管理理论。到20世纪90年代,企业、高校等组织开始引入人力资源管理理念。

国内外学者对于人力资源理论的认识有一个共同点:他们都认为人力资源管理是一种新的管理人的模式,是一种实施以人为本的管理理念,通过对组织中的人这一特殊资源进行科学的开发和调配,最大限度上挖掘人的潜力,实现人、财、物的高度协调统一,进而将组织效益最大化。一般说来,人力资源管理职能主要包括以下几个方面,即人力资源规划、招聘、培训、薪酬、劳资关系和考核晋升。如今,大部分学者对人力资源管理进行了深入的研究,最终形成了诸多不同种类的理论成果。

1. 工作分析理论。工作分析是一道程序,在工作中也被称为职务分析。它是通过对某一项工作需要哪一类型的人来承担进行特定分析,通过这种分析,可以确定该项工作的性质以及哪些人适合该项工作。从人力资本的角度看,辅导员就是非常宝贵的人才资源,辅导员的管理也是大学人力资源管理的一个重要组成部分,其招募与甄选、考核与晋升、管理与培训等都可以借鉴人力资源的工作分析方法。这个理论为我们研究辅导员的晋升问题提供了一个新的视角和重要的理论支撑。

2. 激励理论。对激励最直白的理解便是激发人的动机,让人有一股内在的动力,朝所期望的目标不断前进的心理活动和行为过程。因此,激励理论也是现代人力资源管理的核心内容。激励理论的运用,要求人们把需要作为一个最初的起点,根据现实情况、自身需要,通过不断的分析达到最终完成心理预期目标的结果。在原定的目标实现以后,又会出现新的阶段、新的目标,这将引起人们新的行为,开始新一轮的激励,最终通过层层递进,形成一个良好的结果。学校可以通过不同的目标来不断激励辅导员,运用各种制度和工具来激发辅导员工作的积极性和潜能。学校实施这些措施不仅能够提高辅导员对工作的认同感、责任感和成就感,而且能让辅导员发挥主观能动性,以目标为导向努力工作,挖掘自身的潜力,实现人力资源管理的最终目的。

(二)机制设计理论

1. 机制设计理论的简介。机制设计理论的概念最早是在经济学研究领域中提出的,我们可以通俗地把它理解为博弈论和社会选择理论的结合。如果人们是按照博弈论所刻画的方式做出相应的行为,并且假设按照社会选择理论人们对各种情形都设定了一个社会目标,那么"机制"设计就是考虑应该构造什么样的博弈形式,最终将这个博弈的结果与社会目标画上等号。

简单地说,机制设计理论在经济学研究领域讨论的问题主要集中在,对于任意一个给定的经济或社会目标,在自由选择条件下,能否通过设计一个"机制"(即制定什么样的法律、规则,如何对资源进行配置),将活动参与者的个人利益和设计者既定的目标统一起来。整个社会的制度设计者的目标是社会目标,小到只有两个参与者,即他们是组织管理的委托人,他们的目标是实现自己的最大利益。在实践中,制度或各种"机制"总是在不断演变,尤其是在制度创新和社会制度发生转型的时期,"机制"不是给定的。因此,机制设计理论便会将机制看成是未知的、可设计的,并且在一定标准下我们可以比较和研究各种"机制"运行情况的好坏。

2.机制设计理论的意义。机制设计理论的意义不仅是要发现种种困难,更重要的是要有相应的措施解决困难。现在有很多能够测评效用的制度,例如拍卖制度、招标投标制度;也有很多激励机制,例如评估机制、晋升机制、考核机制。人类社会的现实选择在某种程度上可以理解为理性设计和个人自由发挥的结合,两者之间的界限和结合方式也会随着知识的积累和技术的进步有所变化。但不同的界限和结合会直接影响人们能够得到的知识和技术。这是一个问题不断产生又不断得到解决的复杂过程。众多学科和社会的发展已经受到机制设计理论的影响,人类运用该理论已经深深地影响和加速了社会的发展。机制设计理论是一种方法论,它将不同机制的共同属性抽象出来,同时又能够通过具体问题的应用展现出来,用于甄别现有机制的优劣和构建实现目标的最优机制。笔者利用机制设计理论分析得出现有高校辅导员晋升机制存在的缺陷,重新设计高校辅导员晋升机制,以实现晋升激励作用的充分发挥和人力资源的优化配置。

## 第二节 高校辅导员晋升的现状

一、影响晋升机制的因素

(一)现有制度规定

国家关于高校辅导员的相关制度、规定由来已久,并且一直随着时代背景和新的形势要求的变化适时做出相应的调整。其中,明确辅导员的工作职责、工作内容,对辅导员的晋升、晋升渠道的建立意义重大。

高校辅导员的工作内容主要有三个方面:思想政治教育、日常事务管理和学生发展成长成才指导。教育部2017年新修订的《普通高等学校辅导员队伍建设规定》对辅导员的工作职责和内容，从爱国守法、敬业爱生、育人为本、终身学习、为人师表等方面对辅导员提出了具体要求，同时对辅导员的工作职责做出了新的说明。辅导员的工作职责如表4-1所示。

表4-1 高校辅导员工作职责

| | | 具体内容 |
|---|---|---|
| 辅导员工作职责 | 1. 思想政治教育 | 深入开展中国特色社会主义理论宣传教育，帮助学生树立正确的世界观、人生观、价值观，深入开展社会主义核心价值观教育，综合运用各种教育手段，使高校学生自觉将社会主义核心价值观内化于心、外化于行，同时要与班主任、研究生导师、思想政治理论课教师等工作骨干共同做好经常性的思想政治教育工作 |
| | 2. 心理健康教育 | 通过各种形式在大学生中开展心理健康教育，对学生进行初步的排查和疏导，引导他们养成自信自尊、理性平和、积极向上的良好心态，增强他们克服困难、经受考验、承受挫折的能力 |
| | 3. 构建网络教育阵地，做好舆论引导 | 积极学习和运用现代信息技术，构建网络思想政治教育阵地，加强与学生的网上互动，对学生进行有效的舆论引导，及时了解网络舆论信息，把握好苗头性、倾向性、群体性问题 |
| | 4. 日常事务管理 | 开展好新生入学教育、毕业生离校教育、管理与服务工作，组织好学生军训工作，做好助、贷、勤、减、补、评优、奖学金评审等工作，指导学生开展宿舍文化建设 |
| | 5. 学业指导 | 抓好学生的学风建设、课外实践活动，指导他们养成良好的学习习惯，提升学生的学习热情和专业认同感 |
| | 6. 党团建设 | 指导学生班级建设、党支部建设、团组织建设，做好学生骨干的选拔、培养、激励工作，做好学生入党积极分子的培养教育工作，开展好主题党、团日等活动 |
| | 7. 就业指导 | 做好就业指导和职业规划，为学生提供就业指导，帮助学生树立正确的就业观，引导学生到祖国最需要的地方建功立业 |
| | 8. 掌握学生的思想动态 | 针对学生关心的焦点、热点问题，及时对学生进行引导和教育，化解矛盾和冲突，参与处理有关突发事件，负责学生的安全稳定 |
| | 9. 自身学习 | 要努力学习思想政治教育的基本理论，运用理论分析、调查研究等方法开展思想政治教育工作的理论和实践研究工作 |

从表4-1高校辅导员的工作职责中可以看出，高校辅导员的工作涉及学生的

方方面面,包括思想政治教育、心理健康教育、舆论引导、学业指导、党团建设、就业指导、职业规划、掌握学生的思想动态等。做好辅导员工作对于提高学生的整体素质、推动学校建设的全面发展意义重大,辅导员在大学生成长成才过程中所扮演的角色和发挥的作用无可替代。

无论什么历史背景、什么样的时代条件,辅导员工作的目的归根结底在于育人。因此,辅导员队伍建设和晋升机制的建立,应当始终以育人为目标,辅导员所有的工作都应当以此为中心来展开。

关于辅导员晋升机制的相关规定,在 2017 年修订的《普通高等学校辅导员队伍建设规定》中对辅导员的培训次数、形式、内容做了说明,提出要加强辅导员队伍专业化建设,加强辅导员之间的交流,鼓励优秀辅导员攻读更高的相关专业学位,健全辅导员考核体系,对先进的辅导员集体及个人进行表彰。

可以说,国家把辅导员的晋升提升到了战略层面。辅导员晋升机制在国家相关规定的保障下,其建立健全有着肥沃的土壤和良好的环境。

**(二)个人基础条件的制约**

由于辅导员的能力素质无法进行量化,因此我们在对辅导员晋升所要达到的条件进行规定时,应该考虑其知识结构、工作绩效、任职培训、工作经验四个方面。

1. 知识结构。辅导员的知识结构是辅导员能否得到晋升的重要影响因素之一。不管是在高校,还是在国家机关、企事业单位,员工晋升时,知识结构都作为一个重要的指标。员工所学专业与岗位的匹配度,学历背景是否达到晋升岗位所需要的层次,都可以作为员工能否晋升的一个重要依据。

2. 工作绩效。辅导员的工作绩效同样影响辅导员的晋升。把工作绩效作为晋升依据,可以使高校选拔出那些工作业绩突出的辅导员,使他们晋升到更高的职位,在更有价值的岗位上发挥自己的力量;也可以使全体辅导员树立一种人人争先创优的绩效意识,起到积极的激励作用。

3. 任职培训。任职培训是辅导员不断提高综合素质、业务能力的一个重要的影响因素。通过各类培训,辅导员可以全面提高个人能力与素质,从而在竞争中立于不败之地。

4. 工作经验。辅导员的工作是一项长期、系统的工作。辅导员在工作过程中会遇到各种突发状况,因此他们要静下心来踏实工作、认真干事。这是一个需要长期积累的复杂过程,需要有丰富的工作经验。如果辅导员工作时间较长,工作经验丰富,那么他们在处理各项事务时就会游刃有余,在晋升时会显现出更大的优势,在考核时表现会更突出,晋升成功的可能性会更大。

辅导员晋升模型如图4-1所示,辅导员在同一岗位序列中,通过达到岗位胜任能力模型中关于知识结构、工作绩效、工作经验和岗位培训的要求来实现晋升。

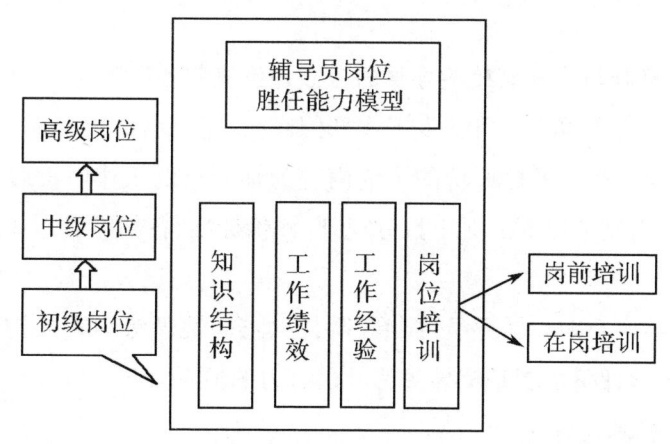

图4-1 辅导员晋升模型

## 二、培养机制与晋升的关系

### (一)选拔机制与晋升

根据教育部2017年新修订的《普通高等学校辅导员队伍建设规定》,辅导员的选拔任用,是指依照辅导员的工作要求、工作职责等内容,严格按照德才兼备的原则,规范选拔程序,选拔任用那些爱国守法、思想道德素质过硬、学历较高、知识储备较好、个人能力突出、热爱学生、热爱教育事业、愿意为高校教育事业长期奉献的人。要求任职人员具有较强的组织管理能力、文字及语言表达能力、较好的教育引导能力。根据辅导员职业能力标准和实际岗位需要,通过公开招聘和组织推荐相结合的方式,经过笔试、面试、公示等相关程序进行选拔。

优秀人才进入辅导员队伍是晋升的基础条件,在一个组织中能够顺利地晋升,说明其个人能力、素质均有明显的优势。

### (二)培训机制与晋升

辅导员的培训机制是指从国家、省级、高校三个层面建立的辅导员培训体系。教育部依托高校辅导员培训机构和辅导员研修基地等组织开展全国高校辅导员示范培训。各省、直辖市、自治区教育行政部门应专门设立辅导员培训专项经费,建立辅导员培训和研修基地。高校应结合上级要求和本校实际,承担高等学校辅导员的岗前、日常和骨干培训工作。

制度化的培训能够促使高校辅导员终身学习,是持续提高自身综合素质的有效手段。辅导员的能力提高了,晋升的阻力就会相对减少,正所谓打铁还需自身硬。

**(三)考核机制与晋升高校辅导员的考核评价机制各有不同**

考核评价一般由学校党委学生工作部门牵头,组织各二级学院、相关部门、辅导员及学生共同参与。考核评价的主要内容为辅导员的工作职责履行情况、工作内容完成情况、出勤情况等。对于打分规则、评价标准、各部门所占比例,各个高校差异较大。

考核评价结果一般与辅导员的职务聘任、晋升、奖惩等内容挂钩。建立公正、公平、科学的考核评价机制是辅导员晋升最有力的抓手。

**(四)激励机制与晋升**

现有的辅导员激励机制是指根据高校辅导员的工作内容制定辅导员工资、岗位津贴、补助,提供工作环境、办公条件等。高校辅导员现行的激励机制包括基本工资、带班津贴、五险一金等内容。另外,各高校根据学校的实际情况还设了交通补助、通信补助等项目。

良好的激励机制是辅导员安心工作、不断前进的动力。好的机制可以使人发挥潜能,不合理的机制则会让人懈怠。如果每位辅导员都能够心情舒畅、奋勇争先,辅导员队伍的整体面貌必然焕然一新。在这样的局面下,为辅导员制定相应的晋升制度便是顺理成章的事情。

**(五)发展机制与晋升**

建立辅导员个人发展机制是为了保障辅导员个体得到全面的发展,这是充分发挥辅导员的主观能动性和工作积极性的必然选择。目前只有少数高校能够根据辅导员的实际情况,结合高校和学生成长成才的需要,帮助辅导员制订职业生涯发展规划,建立职业发展档案,从制度、资金上为辅导员的个人成长提供帮助。

辅导员工作就是做人的工作,主要的工作内容就是帮助大学生成长,为大学生规划职业目标。辅导员年年都能看到自己关心、爱护的学生有好的职业前景,而自己的职业却止步不前,同样是年轻人,辅导员内心的失落可想而知。高校只有把辅导员个人的发展规划和晋升联系起来,才能真正留住辅导员。

**三、完善高校辅导员晋升机制的必要性**

长期以来,辅导员的归属感较弱,职业认同感欠缺。一些高校领导在认识上存在一定的片面性,认为高校应当以科研与教学为重,对思想政治教育工作认识不足,对辅导员工作的重视不够。在辅导员队伍的管理上,一些高校没有把辅导员与一般的行政管理人员区别开来,认为辅导员就是行政管理人员,而没有把辅导员当作教师来看。凡是涉及与学生相关的事务,不管是什么事,各部门首先想到的就是辅导员,这就使得辅导员的日常事务工作量大而且烦琐,每天都忙于处理各种学生日常事务。然而,这些事务中有很多本不在辅导员的职责范围内,辅导员成了学生的"全职保姆"。

以上种种情形不仅严重影响了辅导员的工作热情和积极性,也使辅导员在实际工作中找不到职业发展方向,很难有归属感,还影响了辅导员队伍的稳定、高校思想政治教育工作的连续性和有效性。由此可见,完善高校辅导员晋升机制既是办好社会主义大学的事业需要,也是稳定辅导员队伍的现实需要。

**(一)办好社会主义大学的事业需要**

最初,辅导员统称为"政治辅导员",他们的工作是通过与大学生的接触,帮助大学生树立正确的世界观、人生观和价值观,把党和国家的意识形态要求灌输给大学生,以培养社会主义合格建设者和可靠接班人。随着时代的发展,辅导员这一功能不但没有削弱,反而有增强的趋势。

完善高校辅导员晋升机制可以使辅导员明确职业发展的方向。辅导员在实际工作过程中,应当根据工作要求和内容来确定自己的职业发展方向,从而得到更好的发展。建立健全晋升机制能够优化资源配置,能够提高人员和岗位的匹配度。同时,对于那些未能获得晋升的辅导员,晋升机制能起到激励他们努力工作的积极作用,使辅导员队伍的新老交替更加顺畅。辅导员队伍的建立是一个长期、复杂的过程,要求辅导员队伍在年龄结构、学历层次、知识背景等方面做到梯度合理、结构互补。通过晋升机制选拔一些学历高、经验丰富、业务水平高的辅导员,能够推进辅导员队伍的新老交替和无缝衔接。

## （二）稳定辅导员队伍的现实需要

科学的晋升机制是稳定辅导员队伍的现实需要,具体体现在,可以增强辅导员的职业认同感和归属感,进而稳定辅导员队伍。辅导员队伍不稳定的一个重要原因就是大部分辅导员看不到未来的出路,因此,辅导员流失率居高不下。光明的未来、较好的职业前景、完善的激励保障制度,都是稳定辅导员队伍的良好条件。美国等国家由于学生事务管理晋升机制比较健全,辅导员的职业发展路径明确,前景广阔,因此,很多人把学生事务管理工作当作一项终生的事业来做。科学的晋升机制有利于确保高校思想政治教育工作的连续性和有效性。辅导员队伍的稳定是辅导员队伍优质化的保证,只有队伍稳定了,辅导员数量充足了、质量提高了,才能使大学生的思想政治教育、心理教育、就业指导等工作有连续性,才能增强教育的有效性。

## 四、高校辅导员晋升机制的困境

### （一）高校辅导员晋升机制存在的主要问题

1. 晋升标准缺乏适应性。只有科学合理的晋升标准,才能够对员工产生正向激励作用,并作为评聘标准为评聘人员的工作提供便利。但就目前看来,高校辅导员晋升标准还存在诸多问题,这些问题在一定程度上影响了晋升的公平性,弱化了晋升的激励作用。

一是专业技术职称评聘科研标准偏高。很多辅导员没有思想政治教育专业背景,加上日常工作中,他们的大部分时间用于学生事务管理,而职称评聘中,他们的科研要求和思想政治教师处于同样的层次,对辅导员来说,这是一个严峻的考验。辅导员既要完成事务性工作,又要提高科研水平、增加科研产出,于是就出现了辅导员在讲师之后很难再得到晋升的情况。长此以往,辅导员参与教师专业技术职称晋升这一举措不但对辅导员起不到激励作用,反而会挫伤辅导员专业化发展的自觉,弱化辅导员对职业化发展的追求。

二是行政职级晋升标准过于宽泛。大学管理岗位的聘用细则在思想品德、学历、工作年限、工作能力以及专业知识技能方面进行了规定。相对于专业技术职务评聘条件,这个细则依然显得十分宽泛,唯一的硬性条件就是工作年限。因此,在岗位晋升聘用中经常出现岗位少而达到聘用标准的申报人员多的局面。这就会带来两个问题。一是评聘标准的科学性可能会受到质疑,即在符合条件的辅导员人数多而岗位少的情况下,部门或学院的领导具体对岗位申报者的哪些方面进行考察？人事领导小组又是依据什么标准决定聘用方案？二是评聘标准本身的科学性的问题,即不同岗位对人员的素质要求是不同的,如何用现有的标准选拔出能够胜任该岗位的人员？对于这些问题,如果评聘标准无法给出确切的答案,那么该评聘标准的效度就存疑,很容易造成评聘表面化,进而使整个辅导员晋升机制形同虚设。

2. 晋升程序缺乏公正性。组织公正感理论研究表明,提高程序公正,会增强员工的责任感、运动员精神和文明程度[①]。在辅导员晋升过程中,程序公正同样可以产生激励作用。辅导员不仅关心晋升结果的公正性,还非常关心晋升程序的公平性。如果他们认为晋升程序是公平、公开的,即使晋升结果对自己不利,大部分辅导员也还是会接受这样的结果。因此,晋升程序应该科学、公正,只有这样,晋升程序才能更好地发挥激励作用。然而,目前的辅导员晋升程序还存在一些问题。

第一,晋升过程不够透明。美国行政学者怀特认为,要确保提升最有效率、最有价值的员工,就应该在考绩加功绩面前公开衡量,并选择、贯彻公平处理的原则。从前文的调查可知,目前的管理岗位聘用方案主要由校领导、人事处领导以及组织部领导组成的人事领导小组根据有关程序研究决定。由此可见,在行政职务的晋升中,人际关系发挥了重要的作用。在行政职务晋升过程中,部门领导的偏好所产生的首因效应和晕轮效应也会影响晋升的结果,进而出现"萝卜晋升"的尴尬局面。这在对相关行政人员的访谈中也得到了印证。此外,虽然辅导员晋升结果都会进行公示,但是每一个流程具体如何操作、依据哪些规章制度,正常情况下是不对外公布的。因此,在辅导员晋升过程中,出现暗箱操作这种违背公平性原则的现象在所难免。

第二,监督机构缺乏效力。从经济学的角度分析,只要存在稀缺资源,资源分配的权力掌握在少数人手中,权力寻租和腐败就会发生。但是,如果能对资源分配过程实行有力的监督,即对资源分配过程进行监管,就能有效防止权力寻租以及腐败现象的发生。高校为了保证辅导员晋升程序的规范性、晋升结果的公平性,成立

---

[①] 陈忠卫,潘莎.组织公正感的理论研究进展与发展脉络述评[J].天津财经大学学报(现代财经),2012(7).

了监督机构,制定了监督制度。监督者由诸如纪律检查委员会、学工处、人事处的负责人等校内人员组成;被监督者由校领导、院领导、相关部门领导、校内学者以及少量校外专家学者组成。由此可以看出,被监督者多是监督者的同级甚至上级。这就导致在监督过程中监督机构人员可能会明哲保身。此外,在辅导员晋升监督机制外,晋升后的责任追究机制的缺乏,没有"谁提拔谁负责"的长效约束,更容易造成短期的权力寻租,最终导致辅导员晋升中的监督流于形式、缺乏力度。

3. 投诉、申诉机制不畅。当前,社会结构急剧变化,高校内部矛盾不断凸显,辅导员在晋升过程中遭到不公正待遇的现象时有发生。这时,高校的投诉与申诉制度就显得尤为重要,它在一定程度上能够保护辅导员的合法权益、保证高校管理的民主性、保持高校内部的和谐稳定。然而,学校的投诉与申诉制度还比较粗疏,具体表现为以下几点。①流程不明确。投诉与申诉流程只有尽可能详细、规范,才具有可操作性。然而,学校只是在有关文件中对投诉与申诉的流程进行简单的概括,有的高校甚至没有对投诉与申诉流程做出说明。在不了解完整、详尽的投诉与申诉流程的情况下,辅导员想要通过投诉或申诉来维护自身的权益就变得十分困难,于是就出现了辅导员在对晋升程序和结果有异议时保持沉默。这种情况很容易导致高校投诉与申诉制度的积极作用得不到发挥,投诉与申诉受理机构形同虚设。②配套制度不健全。健全相关配套制度是确保投诉与申诉公平、规范的重要保证。投诉与申诉的配套制度主要包括三个方面的内容:第一,对处理投诉与申诉的期限的规定,该规定有利于投诉与申诉受理效率的提高;第二,说明理由制度,即投诉与申诉受理机构要对各项决定做出合理的解释,这项制度有利于敦促受理机构时刻保持严谨、负责的做事态度;第三,回避制度,它是保证投诉与申诉公平性的一项重要制度①。当前,高校疏于建立健全投诉与申诉配套制度,使受理机构在处理投诉与申诉事宜时缺乏制度的规范,同时,也使辅导员对投诉与申诉这一救济措施的效用产生怀疑。

4. 辅导员权利意识淡薄。权利意识是指人们对于一切权利的认识、理解和态度,是人们对实现权利方式的选择,以及当权利受到损害时,以何种手段予以补救

---

① 孙德元,刘珍. 论我国高校教师申诉制度的完善[J]. 武汉大学学报(哲学社会科学版),2010(2):263-268.

的一种心理反应。权利意识包括三个方面：第一，权利认知，即权利主体对自身享有的权利以及行使权利的途径的理解程度；第二，权利主张，即权利主体敢于主动行使、维护自身权利；第三，权利要求，即由于周围环境的变化，权利主体产生新的权利需求并向权利授予机构提出权利需求。晋升结果的公示是为了听取各方对晋升结果的意见，是保证晋升公平性的重要措施。高校规定，如对公示的内容有异议，辅导员可以进行投诉、申诉。但是，由于辅导员权利意识淡薄，很多情况下，辅导员晋升过程中的"公示"变成了"公告"，投诉与申诉制度自然无法产生效用。高校辅导员权利意识淡薄主要表现在以下两个方面。①权利认知迷茫。权利认知是权利意识形成的前提和基础，如果权利主体对自身享有哪些权利以及如何行使自身的权利都不了解，那么权利意识就无从谈起。2017年8月发布的《普通高等学校辅导员队伍建设规定》中明确了辅导员的要求与职责，对辅导员的权利与义务并没有做出详细的阐述，这是辅导员权利认知迷茫的客观原因。此外，辅导员在晋升过程中申诉意识不强，这是辅导员权利认知迷茫的主观原因。②主张权利缺位。德国法学家耶林在《为权利而斗争》一书中说："主张权利是精神上的自我保护的义务，完全放弃权利是精神上的自杀。"在实际过程中，很多辅导员在晋升过程中明显有不公正感的时候选择了退避，尤其是在发现他人暗箱操作时会因为害怕得罪人而视若无睹，这种做法反映出辅导员群体主张权利缺位。

**（二）高校辅导员晋升机制问题原因分析**

1. 机制设计导向性偏离。按照机制设计理论，建立辅导员双线晋升机制应当做到激励相容最优，即在党和国家的层面上，辅导员晋升机制能够使辅导员在踏实工作的同时全面贯彻党和国家的教育方针；在高校的层面上，辅导员晋升机制在一定程度上能够维护学校的稳定；在辅导员的层面上，辅导员为实现自己的期望自发地思考自己的目标，并为之努力。双线晋升机制让辅导员工作有奔头、事业有发展。然而，从辅导员双线晋升机制实施的实际情况来看，晋升困难加速了辅导员的职业倦怠，对大学生的思想政治教育的可持续性发展和高校师资队伍的稳定带来了不利的影响。现有的辅导员双线晋升机制不但没有产生激励相容最优的效果，反而让辅导员偏离了岗位期待。

2. 机制设计人性化缺失。人力资源管理理论从人本主义出发，将人视为一种资本来进行管理。《辅导员能力建设标准》体现了国家对辅导员的人性关怀，如保证辅导员工作有条件、干事有平台、待遇有保障、发展有空间。因此,按照人力资源管理理论以及党和国家的政策要求,辅导员双线晋升机制应当将辅导员视为最重要的、应首先考虑的因素。但是高校政策执行时,往往是上有政策,下有对策,"双线晋升"在实际中更多地意味着一直干本行。在辅导员专业技术职称晋升中,资格条件的制定没有结合辅导员的实际情况,导致讲师向副教授晋升困难,副教授向教授晋升更加困难;在行政职务晋升中,岗位有限加上评聘程序缺乏公正性,降低了很多优秀辅导员的职业期待。这些都表明一些高校的双线晋升机制"唯上不唯下",仅仅是为了达到《辅导员能力建设标准》的要求,而没有从辅导员的角度来进行机制设计。

3. 辅导员自身的效能感低。长期以来,辅导员在整个高校中处于底层。很多高校将重心放在了教学、科研队伍建设上,然而,辅导员队伍建设和教学、科研队伍建设同样重要。辅导员平时工作十分忙碌,所谓"上面千条线,下面一根针",辅导员看似是"万能表",然而越是什么都能干的群体,越是没有核心竞争力,而核心竞争力是大学这种知识型群体的立身之本。缺乏这种关键力量的辅导员会在高校群体中处于弱势地位。长此以往,辅导员这种缺乏社会支持的状态对辅导员自身的角色认识可能产生负面的影响,让辅导员在参与专业技术职务晋升时产生自卑感,在参与行政职务晋升时,受"官本位"传统观念的影响,同样会产生无力感。

## 第三节 高校辅导员晋升对策研究

### 一、完善高校辅导员晋升机制的原则

#### (一)激励相容原则

激励相容的原则是机制体制设计理论中的一个重要原则,即在机制设计时要考虑每个利益相关者的利益最大化。从辅导员晋升机制设计来看,就是要体现出党和国家、高校以及辅导员个人的需求或者期望的最大满足。这应当是设计辅导员晋升机制的核心原则。

机制所涉及的政策、制度环境应该是真实的,而不是随意捏造的。在机制运行过程中,机制要能够被相应活动的大部分参与者接受,并且活动参与者愿意为实现机制设计的目标而努力。良好的内外部环境和机制的顺利运行是一个机制具有真

实性与可行性的重要体现。

（二）科学完整原则

机制要建立在科学设置的基础上，符合机制设计的基本原理，与其体制相辅相成。机制不是脱离体制的产物，机制中的各个要素不是单独的个体，而是会进行有机组合的整体。某项活动的参与者应该知晓相应机制运行的整个过程、详细规则以及机制运行所要达到的最终目的。最终结果与目的一致是一个机制具有科学性和完整性的重要体现。

（三）公平公正原则

美国心理学家亚当斯（J. S. Adams）提出了"公平理论"。该理论认为，每个人都会计较自己的得失，总希望自己做出的贡献和得到的回报对等，并且也会同其他人做比较，尤其是与自己的条件基本相同的人。如果这两者的贡献与报酬的比值相等，双方都有公平感；如果两者的贡献与报酬的比值不相等，其中一方将会产生不公平感。公平与否都将促进行为人做出相应的行为，该行为有可能是好的行为，也有可能是不好的行为。因此，高校辅导员晋升机制的设计应当遵循公平公正原则。营造公平竞争的晋升氛围，保证辅导员晋升的公正性，对提高辅导员的工作积极性和追求职业素养发展的积极性有非常重要的作用。

二、完善高校辅导员晋升机制的措施

（一）重构辅导员晋升机制的导向

美国明尼苏达大学经济学教授利奥·赫尔维茨（Leonid Hurwicz）在《资源配置过程中的信息效率和最优化》一文中，将机制定义为参与者彼此交换共同决定结果的信息沟通系统。辅导员晋升机制设计的参与者主要有政府、高校和辅导员。政府和高校是构建辅导员晋升机制的重要主体。辅导员既是辅导员晋升机制设计的参与者，也是直接利益相关者。按照机制设计理论，导向合理的辅导员晋升机制设计应该包括信息效率最高和激励相容最优。

1. 充分认识到辅导员队伍的重要性。在政府层面上，高校辅导员队伍的稳定有利于持续地贯彻和落实党和国家的各项教育方针；在高校层面上，辅导员队伍的稳定有利于大学生思想政治教育工作的落实。因此，辅导员队伍的稳定和可持续性发展直接关系到高校和高等教育的育人工作。政府和高校要充分认识到辅导员队伍建设的重要性，切实加强高校辅导员队伍的建设与管理，努力提高辅导员的职业品格、专业素养以及工作能力。政府和高校只有在思想上认识到这一点,才能够在辅导员晋升机制中真正确立以人为本的思想,才能解决目前辅导员晋升机制中存在的问题,稳定辅导员队伍,满足各方面的需求和期待,进而实现激励相容最优。

2. 充分认识到辅导员职业的特殊性。辅导员工作有其特殊性。在工作时空方面,作为学生管理工作者,辅导员需要经常深入学生群体,所以辅导员的工作时间和工作地点是不固定的。无论何时何地,只要学生需要,辅导员就必须准时到达现场。在工作内容方面,辅导员不仅要对大学生进行思想政治教育,还要承担关心学生生活、指导学生学习、提供心理咨询服务等工作。无论大学生遇到什么困难,辅导员都要帮助学生解决困难。相较于专任教师,高校辅导员工作更复杂、更烦琐;相较于行政管理人员,辅导员工作具有更强的专业性。如果学校对辅导员职业特殊性认识不足,辅导员晋升机制设计过程中就会出现信息不对称的情况。这是很多高校在辅导员双线晋升机制设计中投入了大量的人力、物力、财力,结果适得其反的原因。机制设计理论中,信息效率最高是指以最小的投入产生最大的收益。因此,从辅导员职业的特殊性角度来确定辅导员晋升机制的导向,可以实现"投入最小+收效最佳"。

### (二)创新辅导员晋升路径

我国高校辅导员普遍存在社会地位不高、职业认同感低的现实困境。在专业技术职称晋升方面,由于学生事务管理任务繁重,高校辅导员的科学研究进程十分缓慢,政府和高校对辅导员科研能力的提高不够重视;在行政职级晋升方面,辅导员系列管理岗位数量有限,无法满足所有辅导员的职业发展需求。另外,受外界消极因素的影响,部分辅导员对辅导员这一职业存在的价值产生疑虑,工作懈怠。不少辅导员将辅导员岗位视为跳板,时机成熟就跳槽。从马斯洛的需求层次理论来看,人的需求分成生理需要、安全需要、社交需要、尊重需要和自我实现需要五大类。马斯洛认为,人在物质需求得到满足之后,必然会产生精神需求。对于高校辅导员来说,他们不仅有物质需求,也希望得到他人的尊重和认可。

2017年8月,教育部发布的《普通高等学校辅导员队伍建设规定》提出实行辅导员岗位职级制:根据辅导员的学历、资历、工作能力以及工作实绩等,确定相应的辅导员岗位等级。高校辅导员岗位职级制充分遵循了马斯洛的需求层次理论,在构建高校辅导员管理制度的过程中,设置从低等级岗位到高等级岗位的发展路径,注重分层次、分阶段满足辅导员的需求,为辅导员职业发展设立阶段性目标,提高辅导员的工作主动性,增强辅导员的职业认同感,从而增强辅导员队伍的稳定性与专业化。

由于最新修订的《普通高等学校辅导员队伍建设规定》刚颁布不久,多数高校实行的仍然是辅导员专业技术职称晋升与行政职级晋升并行的双线晋升制。创造一条符合高校自身实际情况、有利于本校辅导员职业发展的晋升路径是高校亟待解决的问题。鉴于辅导员岗位职级制还不成熟,并且高校辅导员是高校党政管理干部的重要力量,事实证明很多辅导员转到行政管理岗后在工作上有不俗的表现,高校可以照常进行辅导员专业技术职称晋升,再要求辅导员根据自己的意愿在岗位职级晋升与行政职级晋升中选择一条晋升途径。在此基础上,高校需要设立与各级行政职级相对应的岗位职级,建立合理的人才流动制度,比如:辅导员首次申报岗位职级,按现任职务参照相关要求直接认定;转出辅导员岗位可保留相应职级;学校其他岗位人员转入辅导员队伍满足一定工作年限的,可根据原有的岗位级别直接应聘相应职级的辅导员。这样的晋升路径,不仅给了辅导员追求职业发展的机会与信心,还能鼓励其他岗位的优秀人才加入辅导员队伍中来,从而使辅导员队伍不断壮大、专家型辅导员不断涌现。

**(三)设定入职匹配的资格条件**

1.突出工作实绩。作为针对辅导员的专业技术职务系列、思想政治教育教师专业技术职务系列应明确学生事物管理工作的重要性,注重考核其学生事物管理工作实绩。思想政治教育教师专业技术职称评聘应坚持思想品德、工作实绩、科研成果和教学水平相结合的原则。对于辅导员评聘初级和中级职称,高校应着重考察其思想品德与工作实绩,可从民主测评、班风建设、学生干部队伍建设、学习辅导、心理咨询、生涯辅导等分项目进行考察;对于高级职称,还要着重考察决策能力、组织能力以及科研业绩。

2.强化科学研究能力。辅导员具有较强的科研能力和丰富的专业理论知识,这是大学生思想政治教育工作的关键,要求辅导员不断提高自己的科学研究能力和专业理论水平。高校应引导辅导员向专家型辅导员发展,通过参与相关培训和课题研究以培养自身的科学研究能力。目前,辅导员在长期的学生工作中积累了一定的理论知识、丰富的实践经验,但是由于辅导员的科学研究能力薄弱,因此他们很难在思想政治教育研究中取得成果。因此,高校要专门针对辅导员设立专项课题、专门的培训以及思想政治教育专业,为辅导员开展思想政治教育研究创造条件。

3.注重教学实践。教学是教师的中心任务,辅导员作为思想政治教育教师,思想政治理论教学应当作为其重要职责之一。思想政治理论教学的质量在很大程度上影响着大学生思想政治教育的成效。高校可以每周专门组织辅导员集中备课,安排大学生思想政治理论课的时间,并将思想政治理论教学计入工作量。高校在进行辅导员专业技术职称评聘时,要重点考察思想政治理论课程数量与思想政治理论教学质量。

### (四)健全纠偏机制

1.增强晋升程序的透明度,加大监督力度。权力需要制约的思想由来已久。孟德斯鸠曾说过:"一切有权力的人都容易滥用权力,这是万古不易的一条经验。有权力的人们使用权力一直到遇有界限的地方才休止。"英国历史学家阿克顿曾说过,权力导致腐败,绝对的权力导致绝对的腐败。当前,这些富有哲理的思想已经为人类社会发展的历史所反复证实,并且成为人们普遍认可的真理。毫无疑问,正是由于权力滥用的现象时有发生,对权力的运行进行有效的监督才显得十分必要。在辅导员晋升过程中,如没有人对辅导员晋升过程中的权力运行进行监督,暗箱操作等不公平现象的产生将不可避免。因此,着手建立和完善辅导员晋升监督体系,加大对晋升机制的监督力度具有重要的现实意义。我们在完善辅导员晋升中的监督体系时应注意以下几点:第一,在辅导员晋升过程中,要进一步公开辅导员晋升程序,使晋升过程中的每个操作步骤都公开透明。晋升过程的公开透明是监督得以落实的基础,公开透明度越高,监督工作的成效越大;第二,明确各监督主体的责任,明确各级领导、各个部门以及各位教职工对辅导员晋升工作负有的监督检察职责,并承担相应的责任;第三,加强对重点部门、重点对象的监督,加强对拥有辅导员晋升权力的主要领导,如学校领导及组织部、人事部的主管领导在处理晋升事宜时的监督力度。

2.优化投诉、申诉制度,拓展辅导员维权渠道。为了切实维护高校辅导员的权益,必须优化投诉、申诉制度。首先,明确申诉范围,如辅导员权益被侵犯,辅导员对晋升结果不服,辅导员都可以进行申诉;第二,成立受理申诉的部门,合理配置部门人员;第三,明确投诉、申诉程序,每一个步骤应尽可能地易于操作;第四,调查、听证方法要科学,成立调查小组对申诉材料进行核实,在深入调查的基础上,安排相关领导、教师以及当事人参加听证会,对申诉材料进行复核;第五,学校在一定期限内对申诉进行处理。制定出科学完备的申诉制度后,高校要公开制度,让辅导员熟知申诉制度。有了制度的保障,辅导员在自身权益受到损害时,就会敢于通过规范的投诉、申诉渠道提出异议,保护自身的权益。

3. 明确相关领导的责任,实行责任追究制。构建责任追究制可以有效地解决职权滥用的问题。责任追究制可以使负责辅导员晋升的相关领导对权贵关系有清晰的认识,在行使权力时有压力感,增强责任心,积极履行相应的义务,承担相应的责任,提高自律意识,做到择优录用。明确辅导员晋升资格条件审核、申报材料审核、推荐人选、决定聘用方案等环节的评审人员的责任,对于学校领导、组织部领导以及人事处领导等相关人员在晋升过程中不能如实介绍情况,未履行或未认真履行工作职责,违反工作纪律,导致用人失误、失察并造成严重后果的,应当根据问题的严重程度,追究主要责任人,其他有关人员应负连带责任。

## (五)推进辅导员职业生涯规划的制订

随着党和国家对辅导员工作的不断重视,辅导员的地位越来越高。习近平总书记在2019年全国高校思想政治工作会议上说:"长期以来,高校思想政治工作队伍兢兢业业、甘于奉献、奋发有为,为高等教育事业发展做出了重要贡献。"这个高度的赞扬让辅导员职业的发展前途变得更加光明。高校要抓住这一契机,优化对辅导员职业生涯规划的管理;辅导员要意识到自身在高等教育发展中的重要作用,充分发挥主观能动性,对自己的职业生涯进行合理的规划。将职业生涯规划这一理念引入高校辅导员队伍的建设中,更好地体现了高校管理以人为本的核心思想,同时也为大学生思想政治教育的可持续发展提供了丰富的人才资源。

辅导员是高校管理的核心力量之一。如何引导辅导员做出符合高校发展方向的行为,引导辅导员满足组织的人才需求,从而实现辅导员价值的最大化,是每个高校都应关注的问题。高校只有在和辅导员协商的基础上,帮助辅导员设立好未来职业发展的目标,选择好职业通道,才能真正意义上引导辅导员朝高校需要的方向发展,从而为高校储备一批优秀的人才。

高校要对辅导员职业生涯进行有效的管理与指导,建立辅导员职业生涯档案是基础,搭建平台是关键,完善制度是保障。职业生涯档案中记载的辅导员成长轨迹可以帮助辅导员分析职业的发展潜力,帮助辅导员设定科学完备、切合实际的职业生涯规划。辅导员研修基地的建立以及辅导员岗位交流平台的搭建有利于辅导员素养的提升,为辅导员实现职业发展目标提供了充分的条件。聘用、考核、薪酬待遇、晋升等方面的制度规范是高校科学管理的保障,同时也能够调动辅导员实现职业发展目标的积极性。

辅导员自身要充分发挥主观能动性,对自己的职业生涯进行合理规划,在工作中充分发挥自己的潜能,实现个人价值的最大化。首先,辅导员要进行自我认知和自我定位,即要充分了解自己的个性、兴趣、能力,又要对周围环境进行充分的考察,在此基础上,确定最适合自己的岗位,明确自己的职业发展目标。其次,辅导员要不断学习,寻求发展。当前,很多高校出台了一些辅导员进学科、进科研团队的举措,即根据辅导员的专业背景、学习经历、职业规划、业务实践,鼓励辅导员在做好学生日常教育、管理和服务工作的基础上选择研究方向,支持辅导员围绕相关领域、相关学科开展研究,切实解决学生工作中面临的实际问题,调动辅导员的科研热情,搭建科研平台,以提高科研能力、促进成果产出。辅导员要积极把握机会,提高自身的科研能力,主动追求专业化、职业化。

**三、完善高校辅导员精神机制的路径选择**

高校辅导员的晋升机制对稳定辅导员队伍的重要性不言而喻。晋升机制是一个系统、复杂的工程,要多角度考虑、多方面入手,不是一朝之功,更不能一蹴而就,需要国家在法律、规章、制度、政策等方面予以大力支持,需要学校各级党政部门的全力配合,需要辅导员提高自身素质。在实际的执行过程中,高校要遵循一定的原则,依据国家的相关政策、规定,结合学校实际以及辅导员、学生的需求,制定切实可行的辅导员晋升办法。

**(一)遵循的原则**

1. 公平原则。晋升涉及辅导员的切身利益,一定要坚持公平原则,做到公开、公平、公正、透明。在晋升机制建立的过程中,要广泛征集辅导员、用人单位、学校各个部门及学生的意见和建议,做到事前公开晋升人员的相关信息,晋升过程、晋升制度要透明化、公开化。如果晋升不以公平为前提,那么晋升结果就很难让人信服,晋升机制就很难起到提高辅导员积极性的作用。

2.以人为本原则。晋升机制的完善不是一句空话,我们在完善晋升机制前要多方面了解高校辅导员的需求;要尊重个体的差异性和特殊性,从辅导员的年龄、学历层次、专业背景、具体诉求,用人单位的需要及学生成长成才的需要等多个角度来设计并运用各种激励方法;要重视辅导员个体价值的体现,满足辅导员对职业生涯长远规划的需求;要努力开发辅导员的潜能,鼓励他们去创造。这充分体现了以人为本的原则。

**(二)科学制定晋升机制**

1.高校高度重视多样化平台的搭建。高校要根据辅导员的多样化需求、个性特点为辅导员疏通他们实现职业理想的道路,建议从以下四个方面入手,为辅导员的晋升搭建各种平台,拓展辅导员发展的空间。

第一,高校应当鼓励辅导员参加教育部,省、市各级教育主管部门主办的各种思想政治教育理论课程,也可以聘请相关机构的专业人士,以讲座、交流等形式不断提升辅导员的思想政治素养,提高辅导员教育学生的专业水平。

第二,高校应当定期开设关于提高管理水平、专业能力素质的各种培训班,增强辅导员晋升的竞争力。

第三,高校应当在思想政治课题方面对辅导员有所倾斜,在资金、课题项目上为他们提供更多的便利条件,吸引更多的辅导员参与其中。

第四,高校应当推荐一批优秀辅导员攻读硕士、博士学位,鼓励他们继续深造。有条件的学校还可以推荐辅导员出国进修学习,提高辅导员的学位、学历。高校应当努力搭建提高辅导员能力素质的平台,形成有利于辅导员晋升的发展体系。

2.规范选聘、培训、考评、管理制度。高校在辅导员的选聘、培训、考评、管理过程中,应当逐步健全相关制度。选拔辅导员时,要确保辅导员数量足、质量高,逐步使辅导员的培训系统化、日常化,不仅要有年终考核,还要注重考察辅导员的日常工作表现。

第一,高校在辅导员的选聘阶段,要根据教育部2017年新修订的《普通高等学校辅导员队伍建设规定》对辅导员工作内容、工作职责的要求,严格按照德才兼备的原则,规范选拔程序,选聘优秀人才,从根本上提高辅导员队伍的整体素质。高校在辅导员的准入制度上要切好脉、把好关,在专职为主、专兼结合的要求下,应以专职辅导员为主,同时选聘一部分与辅导员工作相关的优秀学生干部、毕业生加入辅导员队伍，让他们把所学的知识运用到教育工作实践中；还可以选聘一些在本校教授思想政治教育课程的专业老师兼职辅导员。这些有丰富教学经验的专业老师，在思想政治方面素质过硬，与学生接触较多，可以更好地影响学生。同时，有条件的高校还可以聘请心理咨询专家、就业指导专家等专业人士，将他们纳入兼职辅导员队伍中。在高校系统以外的领域招聘辅导员，可以大大拓宽辅导员的视野和思维，为传统的思想政治教育提供新的思路和模式。高校可以通过以上种种渠道不断优化辅导员队伍的年龄结构、知识结构，打造一支年龄更合理、知识互补性强的理想而高效的团队。理想的高校辅导员队伍结构如图4-2所示。

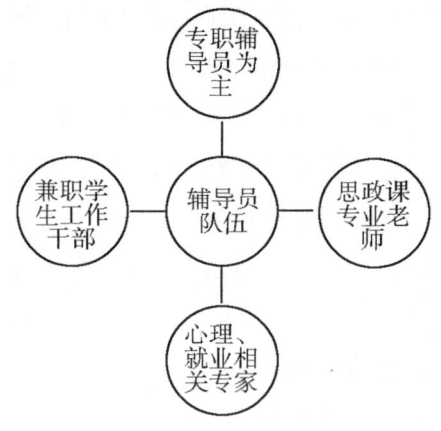

图4-2 理想的高校辅导员队伍结构示意图

第二，高校应当重视辅导员的培训工作，提高辅导员的职业素养和工作能力。新的时代背景、新的社会形势对高校辅导员提出了更高、更严格的要求。辅导员不仅要有过硬的思想政治素质，而且要有较强的组织管理能力、较高的心理素质和应变能力，还要掌握管理学、心理学等多种专业知识。因此，高校应当根据辅导员的岗位需求开展辅导员培训工作。

一方面，高校要做好上岗前的培训工作，开设思想政治理论、心理学、教育学、管理学、职业生涯教育等专业课程，开展工作职责、工作内容等方面的专项培训。另一方面，高校还要做好辅导员的在岗培训。高校虽然也开展过一些辅导员培训工作，但很多辅导员培训工作却成为走过场，沦为形式主义。辅导员真正在培训中学到的实用知识、心得经验很少，真正符合辅导员需求的培训不多。高校可以借鉴国外的经验，成立专门的辅导员培训部门，负责辅导员的日常培训工作，了解辅导员的实际需求。辅导员培训部门只有充分了解辅导员的真正需求,才能有针对性地开展实用的培训,实用的培训才受辅导员的欢迎。高校应当创新培训方式,除了采取心得交流、专题讲座、案例分析的形式,还可以采取参观考察、轮岗学习、挂职锻炼等形式。有条件的学校可以选拔一批优秀的辅导员,为他们提供出国培训、学习交流的机会。高校应通过创新培训方式,不断拓宽辅导员的视野,拓宽辅导员的学习途径,全面提高他们的素质和业务能力,为辅导员将来的晋升做好充分的准备。

第三,高校要不断完善辅导员考评制度。高校应当根据辅导员的工作职责和内容的特殊性,由专门的机构制定科学、合理、易操作的考核评价制度。考核内容应当全面,主要考核辅导员的工作业绩,同时要考察辅导员平时的表现,实现连续管理。高校应当建立辅导员的个人业务档案,记录辅导员的业务学习、考核情况、工作业绩、培训次数、奖惩等内容。考核标准应当明确、切实可行,考核应当采取学校评、用人学院评、其他各部门评、学生评、辅导员互评、自评的方式结合进行。考核的结果将作为辅导员职务评聘、晋升的重要依据。科学合理的考评制度可以有效地督促辅导员开展工作,增强他们的责任感和岗位意识。

第四,高校应当明确辅导员的管理制度。不管辅导员是归学院管理还是归校党委学生工作部管理,学院与学校都应当统筹安排辅导员的工作,不要让辅导员处于"两头忙、两头空"的尴尬境地。高校要不断完善管理制度,增强辅导员的归属感,让辅导员感受到学校、学院对他们的重视与关心,使他们免于担忧,一心一意、踏踏实实地做好辅导员工作。以上四个方面,总结如表4-2所示。

表4-2 高校辅导员选聘、培训、考核、管理措施

| | 选聘 | 培训 | 考核 | 管理 |
| --- | --- | --- | --- | --- |
| 措施 | 专职辅导员为主,兼职学生干部,思想政治专业老师,心理专家,就业指导专家 | 岗前培训,实用的在岗培训,创新培训方式 | 注重平时的表现,建立个人业务档案 | 理清管理制度 |

**(三)逐步实现专业化、职业化**

大学生的思想政治教育是一个系统而复杂的工程,专业性要求很高。使辅导员逐步实现专业化、职业化,对于稳定辅导员队伍至关重要,同时也是《普通高等学校辅导员队伍建设规定》的明确要求。高校辅导员队伍逐渐走上专业化、职业化道

路,是大势所趋,是时代发展的必然。

高校辅导员可以从以下两个方面实现专业化。一是高校可以借鉴国外经验,尝试设置"高校学生事务管理"或"高校学生工作"等相关专业,逐步建立本科、硕士、博士甚至博士后的连续培养机制。高校在制订这门学科的培养计划时,要求学生不但要掌握思想政治教育的相关理论和专业知识,还要具备处理各种具体问题的能力和素质。高校只有培养出专业人才,才能从源头上解决辅导员不专的问题。二是在明确辅导员的工作职责和发展方向的基础上,高校应对辅导员进行更细致、专业的划分,如设立学生公寓辅导员、就业指导和职业生涯规划辅导员、党团建设辅导员、日常事务管理辅导员、心理辅导员等多种专业辅导员岗位。这不仅有利于针对性地解决学生的不同问题,还有利于提高辅导员个人在专业领域内的水平和能力,从而为将来的晋升获得更多的机会。

社会发展的趋势要求社会分工更细致,因此,辅导员的职业化符合当今社会分工更细致的客观要求。高校要逐步使高校辅导员成为一种终身的职业。在国外,高校的学生事务管理者因保障制度健全、晋升机制完善、薪酬较高,已经成为一种终身的职业,而且享有较高的社会地位,是很多人追求和向往的一项职业。而在我国,这些情况并不常见,高校辅导员更多的是以此作为一个进入其他部门或教师行业的跳板。在职业化的道路上,我们可以借鉴国外先进的学生事务管理经验,实行辅导员的职业准入机制,建立辅导员职业资格标准、职业行为标准等内容。首先,辅导员应当爱岗敬业、忠于教育事业、热爱思想政治教育工作、热爱学生;其次,辅导员应当具有良好的思想品德和道德修养,为人师表,言传身教,以身作则,能够给学生树立积极的榜样,给学生传递正能量。高校辅导员实现专业化、职业化的具体措施如表4-3。

表4-3 高校辅导员实现专业化、职业化的具体措施

| | 专业化 | 职业化 |
| --- | --- | --- |
| 具体措施 | 设置相关专业,如高校学生事务管理专业、高校学生工作专业 | 实行职业准入机制 |
| | 对辅导员进行细分,如心理辅导员、学生公寓辅导员等 | 建立辅导员职业资格标准、职业行为标准等 |

## （四）推行辅导员双线晋升，实行序列单列

高校应在考虑辅导员工作特殊性和复杂性的基础上，结合高校实际，在推行辅导员双线晋升的基础上，建立一整套与辅导员岗位职责、个性特点适应的辅导员专业职称评定体系。

一是引导那些教学、科研能力较强的辅导员积极参加教学科研活动，当辅导员的能力水平、硬性指标等达到专业教师的要求时，高校可以根据规定将辅导员转为专职教师，从而使辅导员实现助教、讲师、副教授、教授等职级的晋升。

二是按照行政职务序列，设立科员、副科级、科级、副处级、处级等行政岗位，这是目前辅导员在职务晋升上比较普遍的现象。

三是逐步实现辅导员职务序列单列，在2017年新修订的《普通高等学校辅导员队伍建设》文件中，教育部对辅导员职业序列单列提出了明确的指示和要求。高校在落实相关政策时，可以借鉴国外学生事务管理的模式，设立初级辅导员、中级辅导员、高级辅导员、特级辅导员四个等级。在具体的实施过程中，高校可以参照国家公务员模式，例如，规定辅导员在岗位上连续工作满三年，可以享受副科级待遇；连续工作满五年，可以享受正科级待遇，依此类推。建立这种职级制度能有效地激发辅导员的工作积极性，留住那些经验丰富的辅导员，将有更多的人把辅导员当作一项终生的事业。辅导员的出路示意图如图4-3所示。

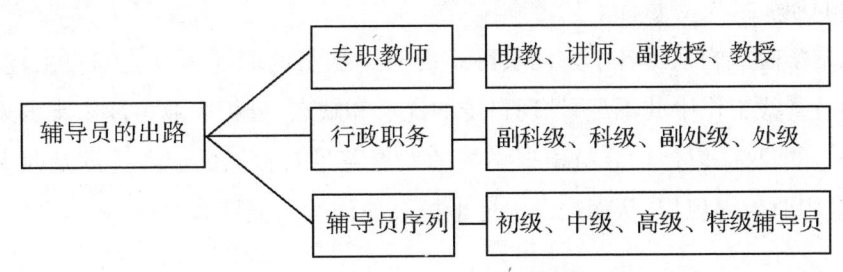

图4-3 高校辅导员出路示意图

## （五）健全基本的保障制度

高校辅导员除了承担大学生思想政治教育及学生事务管理工作，还要在休息时间对学生进行心理疏导、就业指导等。较之专职教师、普通行政人员，辅导员的在岗时间相对较长，投入的精力相对更多。虽然学校各部门领导一般会对辅导员的付出给予肯定，但这些很难形成对辅导员职业认同的长效机制。辅导员要讲奉

献,但不能只讲奉献,他们也希望获得大家的理解、关注与爱护。

高校应充分考虑辅导员工作内容和工作时间的特殊性,制订辅导员岗位补贴方案。高校辅导员的岗位津贴、福利待遇应当不低于学校同级别的专职教师和行政人员的平均水平。完善高校辅导员最基本的保障制度,是加强辅导员队伍建设的重要措施,只有辅导员的工资待遇有了基本的保障,没有后顾之忧,辅导员才会更加认同辅导员工作。因此,高校应当加大力度,采取措施切实提高辅导员的福利待遇:努力改善辅导员的办公条件、设备设施;针对辅导员工作时间不确定的情况,为辅导员提供更好的住宿条件;帮助家里有困难的辅导员,让他们在自己的工作岗位上努力工作、踏实做事,不断创造出新的业绩和新的成果。

### (六)科学规划职业生涯

过去很多高校对辅导员的态度是只"使用"而不重视对辅导员的培养,不重视辅导员职业素养的持续提高。长此以往,辅导员的流失率会越来越高,稳定性会大大降低。高校应当高度重视辅导员职业素养的提高。

一是高校各职能部门应当参与进来,共同推进辅导员职业生涯规划的制订。比如学校人事部门应当在辅导员双线晋升的落实上把好关,督促制度的落地执行,另外在辅导员专业技术职务序列的建立上也应当制定相关政策、规定;党委学生工作部门也要做好辅导员任职培训等工作,为辅导员量身定制与他们自身的情况相适应的职业生涯发展目标。

二是学院应当根据各学院的实际情况对辅导员的职业生涯规划提出建议,帮助辅导员查找工作中的不足,发现自身的优点和缺点,分析职业生涯未来的发展方向与努力的目标,以便辅导员根据学校的发展背景对自己的职业生涯及时做出调整,改进职业生涯规划,从而最大限度地提高他们的积极性和能动性。

## 第四节 高校辅导员发展机制建议

高校辅导员职业化发展体系的提出是为了解决辅导员职责不清、队伍流动快、出路不畅通的问题,保障辅导员队伍的稳定性,以建设一支"政治强、业务精、纪律严、作风正"的高水平辅导员队伍,并逐步在素质、能力、规范和行为方面形成辅导员自身的职业体系,从而促进辅导员工作水平的提高。但接下来,高校还应该出台总体的执行办法。辅导员的职称评审标准是否和专业教师有区别？高级、中级、初级辅导员的评审指标是否单列？辅导员培训时应如何处理工作和学习的关系？辅导员的科研水平应该如何认定和考核？这些都是一些实际操作中要考虑的问题。特别是在高校深化改革，进行内涵式发展、转型发展的阶段，这些问题如何与其他问题一起解决？怎样让辅导员实现转型、发展，实现个人的自我提升？这些涉及高校辅导员职业的科学化管理问题，亟待教育主管部门和高校共同解决。

一、高校辅导员科学化培训的原则

各高校要加强顶层设计，重点抓好辅导员的系统培训，把辅导员的培养培训纳入高等学校师资队伍培训规划和人才培养计划，并将辅导员队伍建设放在与学校教学队伍、科研队伍建设同等重要的位置，同等对待，统筹规划。

（一）坚持全员培训与重点培训相结合

全员培训是针对全体辅导员的培训。学校在辅导员的培训计划中要安排一定的课时，对全体辅导员进行系统、规范的培训，使辅导员对相关专业知识有比较全面、系统的了解与掌握，自觉增强职业意识，主动提高专业能力。重点培训就是根据辅导员的实际工作需要和辅导员的生涯发展规划，分层次、有重点地进行培训，使辅导员成为某一个学生工作领域的专家能手，并根据辅导员职位分工的不同和所带班级的不同进行针对性的专项培训，如对新辅导员进行大学生入学适应方面的心理问题分析及辅导，对毕业班的辅导员进行就业心理指导。加强对培训需求的调研，优化培训内容。制订切实可行的教育培训实施计划，精编注重实效的培训教材。建立高水平的培训和研修基地，努力提高师资水平。建立和完善教育培训评估体系，做到严格考核和管理。

（二）坚持理论培训与实践锻炼相结合

理论培训主要是指对辅导员进行专业知识和高校政策法规等内容的讲授。理论培训除了传授理论知识，还必须注重对辅导员的实践锻炼。实践是培养和锻炼能力的最重要、最有效的途径。所以，培训人员应在辅导员培训中引入案例教学、情景模拟的方法，让培训置身于真实问题构筑的模拟情景中，以增强培训的效果。同时，培训人员还应利用角色扮演、案例分析、小组讨论培训方式创设真实环境。辅导员通过意义建构置身其中，获得属于自己的新知识、新技能，提高职业素养。为此，学校应积极为辅导员提供和创造实践机会，将专业理论和技能渗透到实际工作的每一个细节中,如针对学生心理,引导辅导员捕捉学生的心理问题,提高沟通技巧,正确干预或转介具有心理问题的学生;允许和鼓励辅导员参与心理教学、开设心理知识讲座和开展集体心理咨询工作,通过实际工作不断积累实践经验。紧密联系新形势和新任务,联系辅导员的思想和工作实际,把学习理论同解决问题、总结经验、推进工作结合起来,学以致用,突出辅导员的专业特点。

### (三)坚持校本培训与校外培训相结合

校本培训是指依靠学校自身的学科背景和师资力量对本校辅导员开展的培训。校本培训首先要加强顶层设计、统筹规划,编制培训大纲时要注重培训内容的系统性、针对性和实用性;其次要创新培训方式,比如组织专题报告、案例分析、小组交流、建立网上知识库、观摩录像等,还可通过辅导员沙龙、网上论坛等交流平台,共同研讨学习实践中遇到的难题。选送骨干辅导员攻读更高层次的学位、参加国内外高层次的培训和学术交流等则是校外培训的主要途径。

### (四)坚持研究借鉴与机制创新相结合

遵循教育培训规律,按照理论创新、体制创新、方法创新的要求,积极借鉴国内外优秀的教育研究成果,不断丰富和创新辅导员教育培训的内容与模式,努力体现时代性、规律性、创造性和实效性。坚持中长期学习与短期培训相结合、学历教育与在职培训相结合、国内培训与国外研修相结合、日常培训和专题培训相结合,逐步建立分类别、分层次、领域宽、形式多、重实效的培训格局。

## 二、高校辅导员科学化培训体系架构

### (一)纵向健全"国家、省(市)和高校"三级联动的辅导员培训网络

国家非常重视高校辅导员的培训工作,《2013—2017年普通高等学校辅导员培训规划》和《普通高等学校辅导员队伍建设规定》(2017年修订版)以更详细和具体的方式明确了国家、省(市)和高校在辅导员培训中的角色和地位,"健全完善以教育部举办的全国高校辅导员示范培训为龙头,以教育部、省(区、市)高校辅导员培训和研修基地举办的专题培训、高级研修为重点,以高校举办的岗前培训、日常培训等各类培训为基础,分层次、全覆盖的三级辅导员培训体系"。

1.国家级培训——全国骨干辅导员示范培训。从2005年开始,教育部连续举办了100多期全国高校骨干辅导员示范培训班,培训骨干辅导员近万人。培训采取集中授课和分组讨论相结合的方式,邀请有关部门负责人及相关专家担当培训

老师。内容包括文件精神解读、思想政治教育理论与方法、大学生思想特点与规律、校园文化建设和安全稳定、大学生心理健康教育、学生资助专项、网络管理与舆论引导、大学生就业创业问题等。为了进一步拓宽辅导员视野,教育部在英国和美国分别举办了学生事务高级研修班,到目前为止已经派出近20期,每期选30多个骨干参加为期3个月的研修交流,拓宽了辅导员的视野。实践证明,全国骨干辅导员示范培训作为辅导员培训的龙头,在提高辅导员的专业素养方面发挥了重要的指导性作用。在教育部全国高校骨干辅导员示范培训班的带动下,各地、各高校也加大了辅导员培训力度,积极开展了多层次、多种形式的辅导员培训工作。

2. 省(市)级培训——教育部高校辅导员培训和研修基地建设。加强辅导员的培养培训,推进教育部高校辅导员培训和研修基地建设是重中之重。辅导员培训和研修基地是国家推进辅导员培训、培养的龙头项目,是加强辅导员培养培训的方向的导向性、示范性措施。2007年,教育部确定了首批21个全国高校辅导员培训和研修基地,基地建设工作全面启动。各省、自治区、直辖市教育行政部门随后也建立了高校辅导员培训和研修基地,积极开展与辅导员工作相关的科学研究,承担所在区域内高校辅导员的岗前培训、专题培训和骨干培训。培训内容主要涉及大学生思想政治教育、学生事务管理、教育学、管理学、心理学和就业创业指导。江苏省先后建立了7个辅导员培训和研修基地,负责隶属本、专科院校的辅导员的培训进修、职业能力大赛的筹办和辅导员专题项目的评审等工作。各地通过基地建设,搭建了辅导员培养培训平台,进一步汇聚力量加强对辅导员工作的研究和交流,以科学、规范的方式提高了辅导员的工作水平。

3. 校级培训——"学习型"辅导员培训体系构建。"学习型"辅导员的内涵包括有清晰的发展目标,具有不断增长的学习动力,学会系统思考,主动掌握最新的教育管理理念、方法和技术,具有团队学习精神,建立和谐的师生、同事关系。目前,各高校对辅导员的培养培训基本形成了"岗前培训、在职培训和专题培训"的培训架构。因类别属性和区域差异等客观原因的影响,各高校对辅导员的培养培训的重视程度不同,未能形成系统的辅导员的培养培训体系,常常出现执行不到位或监管不力的现象。现代社会是一个科学技术日新月异、知识更新迅速的社会,一个不学习的人,必将为社会发展所淘汰;一个不善于学习的人,也不可能成为一个与时俱进的人;一个不学习或不善于学习的辅导员,是不可能赢得学生尊重的。所以,辅导员必须树立终身学习的理念,立足自我发展、自我教育和自我开发,成为学习型辅导员,不断提高学习品质和学习能力。

**(二)努力建构"专业培养、系统培训、在职进修与社会化培训"四位一体**

1. 专业培养。加强专业学科建设,提高专业素养和学历层次。社会分工日趋细致,每种职业都有自己的学科依托,越来越多的学科专业进入了高等教育体系,成为国民教育系列的重要组成部分。高校学生工作的专业性、综合性、创造性、重要性也应在高等教育学科专业体系中有所反映。自1999年高校扩招以来,高等教育毛入学率逐年提高,2018年达到48.1%,在校生人数超过3000万。按照教育部师生比1∶200的比例设置本、专科生专职辅导员岗位来计算,全国高校需配备的专职辅导员超过15万人。如此庞大的工作对象和从业人员,为开设辅导员专业提供了巨大的现实支持。因此,高校应专门开设高校辅导员培养专业或研究方向,为辅导员奠定坚实的专业基础。

2. 系统培训。建立完善的培养培训制度。完善的培养培训体系是推进辅导员队伍专业化、职业化建设可持续发展的动力。任何一项职业的专业化,都必须由规范的、可持续发展的培养培训体系来推动,辅导员职业的专业化同样如此。从高校发展的战略高度出发,高校应结合学校的发展规划,制定辅导员培养培训制度,以制度的形式将辅导员的培养培训列入学校师资规划和人才培养计划,统筹安排,科学管理;建立辅导员学习培训制度,针对不同职位、不同发展阶段的辅导员开展有针对性的培训;每年划拨一定的经费建立专项基金,用于辅导员的学习培训,形成科学培养与合理配备相结合的机制,使培养培训工作贯穿于辅导员职业生涯的整个过程。

3. 在职进修。鼓励和支持一批骨干辅导员加强业务进修和攻读思想政治教育专业博士学位,为他们向专业化、职业化、专家化方向发展、终身从事辅导员工作打下坚实的基础。各高校可以将辅导员攻读在职学位纳入辅导员培训计划,在职攻读相关学位的辅导员可以享受有关鼓励政策。实施高校辅导员继续攻读学位计划,使专职辅导员队伍中具有博士学位的比例明显提高,整体提高辅导员队伍的学历层次。

4. 社会化培训。积极推进社会化培训,将辅导员业务培训与职业指导师、创业指导师和心理咨询师等经人力资源和社会保障部认可的专业证书结合在一起。聘请专业的培训师对专职辅导员进行为期一年半的长期、系统的培训。如山东大学针对辅导员进行了专业知识和职业技能培训,2006年,全校就已经有67名辅导员获得了职业指导师资格,12名辅导员获得了心理咨询师资格。早在2007年,上海交通大学就加大了社会培训资源的引入,推出社会化培养计划,建立了心理咨询师、职业咨询师等近十个培训实践基地,先后联合市精神卫生中心开办心理健康教育骨干教师培训班,联合市就业指导中心开办中级、高级职业咨询师和创业指导师培训班,辅导员参训率达到了80%。

(三)由点及面的校本培训体系

1. 样本培训模块体系

一是岗前培训。高校辅导员在上岗前都要接受入职培训,使新任辅导员对本职工作有初步的了解,具备基本的任职基础。新任辅导员的岗前培训不少于40个学时。培训内容包括教育政策法规、教育学、心理学、管理学、思想政治教育理论、辅导员工作职责以及具体工作实务培训等方面的内容。辅导员只有培训合格、取得辅导员上岗资格证书后方能上岗。对于这方面的工作,高校往往委托省级辅导员研修与培训基地来落实。

二是在职培训。"高校要加强辅导员系统培训,每年开展不少于4次的在职培训。辅导员在岗期间每年要参加不少于16个学时的在职培训。"高校要定期组织辅导员进行业务学习,举办辅导员业务培训以及与辅导员工作紧密相连的相关专题讲座、学术报告,如心理健康教育、就业创业指导、就业形势与政治理论辅导等,相互学习、取长补短;开展实践能力培训,通过社会实践、外出考察、岗位轮转、挂职锻炼、调研等方式,增强培养培训的感染力和有效性,帮助辅导员积累经验,提高实践能力。培训内容要满足不同年龄、不同学历、不同性格和生活经历的辅导员的需求;聘任专业领域的知名教授、专家和一线优秀辅导员担任培训教师,为每位学员配备指导老师进行跟踪指导。

三是专题培训。按照《普通高等学校辅导员培训计划》和《普通高等学校辅导员队伍建设规定》的要求,各省(区、市)教育工作部门要加大省级辅导员培训力度,确保每一名专职辅导员每5年参加1次国家级或省级培训。各高校要积极推荐、选送专职辅导员参加国家级或省级辅导员专题培训,加强交流,提高能力。

四是考察交流。高校辅导员的工作具有相似性、普遍性,同时,由于学校地域、性质、规模不同,院系的学科性质、管理体系不同,辅导员工作也具有一定的特殊性。因而,不同学校、不同院系的辅导员既有相似的工作内容,也有各自独特的工作体验。鉴于此,辅导员之间的交流机制的建立尤为重要。辅导员交流平台的搭建可以从以下几个方面着手:第一,在学校范围内建立辅导员基地或辅导员沙龙,为各个院系的辅导员提供定期学习、培训、交流的平台;第二,在校际范围内建立高校辅导员俱乐部,定期组织团体活动,为辅导员提供职业生涯发展讲座和技能培训,邀请有经验的辅导员针对学生日常工作进行案例讲解。此外,积极创造条件,支持辅导员赴国内外参加短期培训、交流,开阔眼界,增强工作的预见性和前瞻性,进一步提高辅导员队伍的整体业务水平。

2. 校本培训课程体系

校本培训主要包括业务培训、专家报告、形势政策讲座、职业能力大赛和考察交流等。

第一,培训学时的安排。按教育部相关政策、规定的指导意见,高校应加强辅导员的培养培训,使其努力成为辅导员队伍中的行家里手。如新任辅导员岗前培训不少于40个学时,在职辅导员培训不少于16个学时的培训任务,高校应该积极落实执行。笔者结合新时期学生工作的特点和辅导员自身职业能力素质的现状,提出了专职辅导员培训学时的总体安排,即全年安排40~50学时的校本培训,其中,自修科目20个学时,专题培训20个学时,实践10个学时。

第二,培训课程体系的编制。培训课程体系的编制表如表4-4所示。

表4-4 培训课程体系的编制表

| 课程名称 | 时间 | 内容 |
| --- | --- | --- |
| 自修科目 | 20学时 | |
| 基础理论 | 10学时 | 马克思主义理论、思想政治教育、教育学、社会学、心理学等相关学科 |
| 形势政策 | 10学时 | 当前国际、国内形势,大学生思想政治教育的新特点、新情况,等等 |
| 必修科目 | 20学时 | |
| 业务技能 | 10学时 | 辅导员应该学习的业务技能培训 |

续表 4-4

| 课程名称 | 时间 | 内容 |
|---|---|---|
| 工作交流 | 10 学时 | 辅导员职业技能大赛、年度优秀辅导员评审汇报会及经验交流会 |
| 选修科目 | 10 学时 | |
| 校内专家报告会 | 2 学时/场次 | 相关专题讲座、学术报告,如心理健康教育、就业形势与职业指导、政治理论辅导 |
| 校内辅导员沙龙、论坛 | 每场次 2 学时,原则上,每学期组织 2~3 场 | |
| 校外培训、考察交流 | 按实际培训学时计算,或按每天 6 学时计算 | |

第三,科研成果可折算培训学时。如表 4-5 所示。

表 4-5 科研成果折算培训学时详情表

| 科研类别 | | 学时 |
|---|---|---|
| 项目类 | 国家级科研成果 | 50 学时 |
| | 省、部级科研成果 | 25 学时 |
| | 市厅级研究成果 | 10 学时 |
| | 校级研究成果 | 5 学时 |
| 期刊类 | CSSCI 期刊 | 15 学时 |
| | 一般核心期刊 | 5 学时 |
| | 国家级、省级刊物 | 2 学时 |
| | 校级各类研究会交流文章 | 2 学时 |

3. 校本培训管理机制

完善辅导员考核机制,将校本培训情况纳入辅导员日常考评体系。对辅导员年度培训学时未修满者,实行当年度评奖评优"一票否决制"。

组建校级督导机制,对辅导员校本培训计划、执行过程加强监管,确保辅导员培训具有针对性和实效性。

### 三、高校辅导员科学化培训"平台"建设

**（一）构建课程平台，促进辅导员的专业化建设**

设立省（市）、校两级以政治素质与专业素质、基础理论与工作技能为主要内容，理论教学与案例教学相结合的教学方法的课程培训体系，旨在为辅导员构建系统完整的专业知识体系。进行包括学生工作、学生党支部建设、共青团建设、辅导员素质与工作要求和学生工作心理学等内容在内的岗前培训。对新任辅导员进行思想政治教育培训、角色培训、技能培训、业务培训。如江苏省每年委托省高校辅导员培训与研修基地对新任辅导员进行岗前培训，共6天48个学时。培训课程内容主要包括"高校辅导员岗位认知，大学生思想特点及思想政治教育的任务、方法（含网络思想政治教育），高校校园文化建设，高校学生党团组织建设，高校学生学业指导与日常事务管理服务（含危机事件应对），大学生心理健康教育与咨询，大学生职业生涯规划及就业创业指导，辅导员自我成长与发展（含理论与实践研究）"八个专题。

**（二）构建进修平台，提高辅导员的学历水平**

每年选拔一定数量的优秀辅导员定向攻读学位，参加境外培训或在职进修，要求各高校给予政策支持。同时，对辅导员进行专业知识和技能培训，鼓励辅导员成为这一领域的专家，为辅导员多样化发展提供制度保障和广阔的空间。教育部在2006年招收高等学校教师在职攻读硕士学位工作的具体事宜中，专门单列了1000个指标，用于鼓励和支持高校辅导员在职攻读思想政治教育专业硕士学位。2008年6月，教育部出台了《教育部办公厅关于做好2008年招收高校辅导员在职攻读思想政治教育专业博士学位研究生工作的通知》。该项工作自2008年试点以来，规模逐步扩大，2010年开始，每年面向辅导员队伍专项招录100名；2014年起，每年面向辅导员队伍专项招录名额增至150名，极大地促进了辅导员队伍的学历层次和整体素质的提高。

**（三）构建交流平台，增强辅导员的职业归属感**

积极创建高校辅导员队伍建设主题网页和"辅导员之家"在线学习网站，建立辅导员学习交流、经验共享的虚拟空间。发挥高校辅导员工作研究会的积极作用，完善高校辅导员之间沟通交流的现实平台。每年有计划地组织校际辅导员队伍的交流，定期组织优秀辅导员进行学习考察。上海市与包括耶鲁大学在内的国外高

校进行联系,建立境外培训基地,每年送4批辅导员去培训基地进行3个月左右的考察,亲身感受国外高校先进的管理方式。

**(四)构建科研平台,加大辅导员专家化建设力度**

各基地和各高校要设立辅导员工作专项科研基金,鼓励和支持高校辅导员积极开展理论探究和实践创新,提高辅导员的科研能力。如上海市哲学社会科学规划办公室的整体规划就将高校学生思想政治教育研究纳入其中,每年出资50万元重点资助10个德育重大决策咨询课题。同济大学、华东师范大学、上海师范大学等多所高校设立了大学生思想政治教育研究专项基金,鼓励辅导员开展德育研究。北京市按照每年人均不少于1000元的标准设立辅导员专项培训经费,组织全市辅导员进行课题研究,建立了北京市高校辅导员网络学习与交流平台。辽宁省教育厅通过争取获得了省社会科学研究立项支持,在教育科研立项和高校科研立项方面,就大学生思想政治教育中迫切需要解决的若干重大问题进行科研立项,每年通过上述渠道立项30余项,资助经费达20余万元。

**四、高校辅导员的科学化考评体系**

笔者依据2014年教育部印发的《高等学校辅导员职业能力标准(暂行)》文件,针对高校辅导员职业活动的具体实践,对高校辅导员的职业内容进行了细致的分类,为辅导员考核指标与考核流程的设计提供了重要的方向性指引,既规定了高校辅导员是履行高校学生工作职责的专业人员,也指明了职业化提升是辅导员科学发展的方向,探讨构建符合时代特点、与辅导员职业化发展目标一致的辅导员科学考评体系。

**(一)对当前高校辅导员考评体系的反思**

所谓"辅导员考评",是指高校考核主体将辅导员工作目标和发展目标作为导向,将辅导员考核指标体系作为依据,通过运用科学方法和系统原理,定量测评和定性评价辅导员的职业素质、工作任务和工作职责履行情况以及专业发展情况的过程。

1. 对考评目的的反思与纠偏。现代人本管理理论认为,人既作为管理的对象,又作为管理的目的而存在。在现代社会,以人为中心是一切管理工作都必须坚持的原则。CIPP模型的创始人、美国教育评价专家斯塔弗尔比姆强调,证明(prove)不是评价最重要的意图,改进(improve)才是。国内也曾有学者指出,有两个目的是评价应该达到的：首先是将有益的反馈提供给评价者个体；其次是提供有用的资料给其周围的管理者，而最终的落脚点是"改进工作、自我完善"。因此，辅导员考评目的应该由以奖惩为目的改为以发展为目的：一是高校要科学地设定、规范地运行辅导员考核评价体系，引导辅导员的思想行为自觉与学校的发展方向保持一致，促进学校实现长远发展目标；二是借助辅导员的综合考评，鞭策后进、树立典型，激发辅导员群体的主观能动性和工作积极性，推进辅导员队伍职业的有效发展；三是利用辅导员考评分析信息，有针对性地对辅导员加强辅导和培训，挖掘潜力、改进方式、提高能力。

2. 对考评内容的反思与纠偏。我们统计和分析多所高校辅导员的考评体系后发现，当前的考评体系主要有以下三种类型：一是辅导员绩效指标考评体系，采用360度评估方法；二是辅导员评估指标体系，参照高校教师绩效评估体系进行设定；三是通过德、能、勤、绩、廉进行考评借鉴，这是常用于党政干部的考核方法。分析表明，这些考评体系的内容多倾向于事务性工作指标，多属于工具性评判，缺点是容易产生方向性误导。辅导员的基本工作职责是对学生进行日常思想政治教育和管理工作，这些工作相较于日常管理、指导服务等事务性工作更隐性，通常具有较长的反馈周期，难以出现立竿见影的工作成效。此外，很多高校在辅导员考评指标中并没有提出针对辅导员作为专业人员应当具备的专业理论和专业技能的要求，这导致许多辅导员对自己的工作领域的研究不够深入，无法产生一定的影响力，同时也降低了对辅导员对专业的认同度，导致了辅导员职业归属感较低。由此可见，在辅导员考评体系中，当务之急是加强对辅导员的专业发展和隐性工作的评价。

3. 对考评主体的反思与纠偏。综合分析以上三种典型的辅导员考评体系，360度考评体系在使用率、评价质量等方面均处于较高水平，但由于评价主体涉及面广，因此在实际操作过程中很难形成合力，主要表现在：由于评价主体，如相关职能部门、家长和同事对辅导员的熟悉程度不同，因此较难统一评判标准。而借鉴党政干部考核方法对辅导员进行"德、能、勤、绩、廉"的评估过程中常常忽略了过程只注重结果，缺乏同行专家的过程性督导。合理的辅导员考评主体应该按照"核心层次、次要层次和辅助层次"的标准，结合不同的考评权重进行具体设置。

核心层次指所辖院系与受益的学生。《普通高等学校辅导员队伍建设规定》（教育部第24号令）指出，辅导员是高等学校教师队伍和管理队伍的重要组成部分,具有教师和干部的双重身份。这就决定了辅导员队伍具有教师和管理的双重性。在院级层面,对辅导员直接进行管理、指导和考核的是院系党委(总支)和行政部门。学生是辅导员工作的直接对象,对辅导员工作评价最有话语权,他们的满意程度应该成为辅导员工作主要的评判标准。

次要层次是学生工作部(处)和同行专家督导组。在校级层面,代表学校党委和行政部门对辅导员实行统一的领导、管理和考评的是学生工作部(处);同行专家督导组对辅导员的日常工作、职业道德、专业发展进行常规指导和监督,侧重于对辅导员工作的过程性评价。

辅助层次是相关职能部门、同事及家长。辅导员工作的多样性和特殊性决定了考评主体的广泛性。辅导员工作作为综合性的工作,离不开相关职能部门的指导与监督。辅导员的工作职责也要求他们必须主动与同事和学生家长进行沟通和交流。只有全面考虑这些主体因素,才能保证辅导员考评工作的客观公正性。

4. 对考评方式的反思与纠偏。当前,多数高校在辅导员考评方式上采用辅导员自评、同事互评与领导评价相结合的办法。事实上,这种考核评价的标准多是个人的主观认知,容易导致考核流于形式,少数高校甚至出现轮流"坐庄"的平均主义做法。如今,为了打破固有的惯性思维,辅导员考评方式应遵循两个选择原则。一是坚持专业评价与职业评价相结合的原则。高校辅导员是一种职业,高校应该建立一套规范的职业评判标准,顺应辅导员队伍专业化、专家化的大趋势,同时加强专业评价,促进辅导员对自身角色的甄别和正确定位,最大限度地激发辅导员的工作热情,挖掘他们的潜能。二是坚持显性评价与隐性评价相结合的原则。辅导员工作以大学生为工作对象,以大学生的全面发展和健康成人成才为工作目标,肩负着培养社会主义合格建设者和可靠接班人的历史使命。工作的特殊性决定了其难以量化,也决定了辅导员考评无法完全适用量化指标考核体系。所以,我们在对辅导员进行考评时不仅要注重对显性工作的考核,也要加强对隐性工作的关注和评价。

5. 对考评结果的反思与纠偏。《高等学校辅导员职业能力标准(暂行)》(教思政〔2014〕2号)指出,高校辅导员是践行高校学生工作的专业人员。所以,辅导员考核不能只局限于对辅导员的奖惩,还要与职称职务、进修培训等激励措施结合起来,从而促进辅导员队伍职业化、专业化的稳定发展。在辅导员队伍建设专业化的背景下,高校辅导员考核工作要改变过去"重结果轻过程、重奖惩轻发展"的模式,要加强对考评工作数据的分析,进一步挖掘考核数据背后的信息,使辅导员考评工作成为不断改进学生教育管理工作和促进辅导员职业发展的优质平台,推动辅导员队伍的职业化、专家化发展。

### (二)高校辅导员考评体系的重构

重构辅导员考评体系应坚持有利于提高学生综合素质、有利于提高学生思想政治教育质量、有利于提高辅导员队伍素质和促进个人发展的根本要求,针对辅导员考评中存在的理论瓶颈和现实困境,从辅导员的工作职责、工作性质、能力素质以及专业化发展要求出发,采取多种理论方法,构建涵盖"职业技能评价体系、受益学生评价体系、同行督导评价体系和专业发展评价体系"等多主体、多维度、多体系的辅导员考评体系。

1. 职业技能评价体系。目前,各高校没有统一的辅导员考评体系标准,在辅导员职业及职业发展问题上还没有统一的导向和标准,使辅导员难以找到归属感和成就感。《高等学校辅导员职业能力标准(暂行)》的出台,为辅导员职业技能考评提供了国家标准。"本标准是国家对合格高校辅导员专业素质的基本要求,是高校辅导员开展学生工作的基本规范,是引领高校辅导员专业化职业化发展的基本准则,是高校辅导员培养、准入、培训、考核等工作的基本依据。"高校辅导员技能考评要根据"国家标准",设立重在考核辅导员职业素质和基本技能的"职业技能考评体系"(如表4-6所示),采用"定量考核与定性考核""辅导员自评与所辖院系考评"相结合的方式进行。当然,高校也可以根据辅导员的不同级别或职称设置不同等级的指标体系。

表4-6 辅导员职业技能评价体系表

| 一级指标 | 二级指标 | 三级指标 |
| --- | --- | --- |
| 职业道德 | 政治素质 | 政治理论素养 |
| | | 政治立场坚定 |
| | 思想品德 | 为人师表 |
| | | 敬业爱生 |
| | 法纪观念 | 遵纪守法 |
| | | 工作执行力 |

续表 4-6

| 一级指标 | 二级指标 | 三级指标 |
| --- | --- | --- |
| 职业能力 | 基本能力 | 组织管理能力 |
| | | 语言文字表达能力 |
| | | 教育引导能力 |
| | | 调查研究能力 |
| | 业务能力 | 学生日常思政教育能力 |
| | | 学生日常事务管理能力 |
| | | 心理健康教育与咨询能力 |
| | | 职业生涯规划与就业指导能力 |
| | | 学生指导能力 |
| | | 党团、班级建设能力 |
| | | 危机事件、突发事件应对与管控能力 |
| | | 公寓文化建设与管理能力 |
| | | 网络思想政治教育 |
| | | 理论和实践研究能力 |
| 职业态度 | 职业认同 | 对角色、职责的认同度 |
| | 职业忠诚 | 长期从事辅导员工作的态度 |
| | 岗位履职 | 学生档案建设情况 |
| | | 深入课堂情况 |
| | | 深入学生宿舍情况 |
| | | 参与指导学生活动情况 |
| | | 与学生谈话次数及解决问题情况 |
| | | 与学生家长沟通次数及反馈情况 |

续表 4-6

| 一级指标 | 二级指标 | 三级指标 |
| --- | --- | --- |
| 工作绩效 | 工作业绩 | 年度工作目标、计划、措施及完成情况 |
| | | 学生成绩优秀单 |
| | | 学生参与竞赛情况 |
| | | 学生参与科研或科技创新情况 |
| | | 学生违纪情况 |
| | | 其他业绩 |
| | 工作荣誉 | 个人荣誉:工作期间的获奖情况和学术科研获奖情况 |
| | | 班级荣誉:班集体所获的荣誉和班级学生所获的荣誉 |
| | | 为学校发展的贡献度:在学校整体工作中做出的贡献 |
| | 特色工作 | 工作创新,形成特色有效的学生管理模式 |

2. 受益学生评价体系。在往常的辅导员考评中,所辖院系和学生工作部(处)等职能部门是辅导员的直接管理部门,在辅导员考评体系中占有较大的比重,容易导致辅导员工作出现"为上不为实"、形式化和行政化严重的倾向。从市场规律的角度来说,服务到位与否、顾客是否满意,才是企业能否有效抢占先机、获得预期收益的决定性因素。同理,大学生是辅导员的直接服务对象,辅导员工作服务到位与否、受益学生是否满意应该作为辅导员考评中最重要的衡量标准之一。为此,高校应积极构建"受益学生评价体系",从辅导员的能力、绩效、素质和综合四个方面进行评价,充分发挥受益学生主体在辅导员考评中的主要作用。考评可采取与新媒体有机融合的方式,通过互联网无记名投票方式进行。考评的周期可按照"学期考评与学年考评"和"期中考评与期末考评"等阶段推进。

表 4-7 学生对辅导员工作评价体系表

| 一级指标 | 二级指标 | 三级指标 |
| --- | --- | --- |
| 素质评价 | 为人师表 | 思想素质高、政治立场坚定,事业心强、工作作风严谨,诚实守信,关爱学生 |
| | 人格魅力 | 优良稳定的心理素质、人际亲和力和人格魅力 |
| | 公平正义 | 对学生日常事务处理的公正性原则的把握 |

续表 4-7

| 一级指标 | 二级指标 | 三级指标 |
| --- | --- | --- |
| 能力评价 | 业务技能 | 包括业务素质、专业知识、工作能力和职业水准等工作要求 |
| | 学风建设 | 营造优良的学习风气、加强"三进"工作（进课堂、进食堂、进寝室）、督促学生学业等促进学风建设的工作情况 |
| | 协调能力 | 与学生沟通的能力，解决学生个案问题的能力 |
| 绩效评价 | 思政教育 | 以社会主义核心价值观为指导，加强大学生价值观、人生观、世界观和发展观教育，提高学生的政治素质和思想道德等工作情况 |
| | 日常管理 | 班级党、团组织建设及日常管理工作的开展情况 |
| | 服务指导 | 指导和组织班级开展第二课堂活动的情况和效果、学生职业生涯规划指导、心理健康咨询等工作的开展情况 |
| 综合评价 | 总体评价 | 对辅导员的工作水平和效果、道德操守和人格的整体评价 |

3.专家督导评价体系的应用实践证明，专家督导在高校教学管理中发挥了极其重要的作用。大多数高校设置了教学评价处等部门，用于对专业教师进行日常教学工作的督导，提高教师对教学的敬畏意识和忧患意识，督促教师不断提高教学水平和教学质量。辅导员是高校教师队伍和管理队伍的重要组成部分，高校可借鉴高校教师督导的成功做法，设立"辅导员工作督导组"，由学校分管副书记或副校长等领导，学生工作部（处）等职能部门参与，进行辅导员工作的日常督导，建立完善常态化的督导机制，对辅导员基础性工作、日常工作和特色工作进行督导，及时与辅导员交换意见，并适时进行针对性的指导。

表 4-8 专家对辅导员工作督导评价体系表

| 一级指标 | 二级指标 | 三级指标 |
| --- | --- | --- |
| 基础工作 | 班团组织建构 | 班团组织结构完整、配备到位，干部选拔得力，社会工作突出 |
| | 学生信息档案 | 学生基本信息档案、特殊群体学生档案等 |
| | 班情熟知程度 | 了解学生的家庭情况和个性差异 |
| 日常工作 | 工作态度 | 工作日志记载情况反馈 |
| | 工作执行力 | 工作计划、任务的完成情况 |
| | 工作效果 | 学生遵纪、课堂纪律、活动组织等情况 |
| 特色工作 | 内容创新 | 典型案例梳理、精品项目建设 |
| | 方式创新 | 教育管理服务方法方式创新 |

4.专业发展评价体系。辅导员队伍职业化、专家化建设思路已被纳入《国家中长期教育改革和发展规划纲要(2010—2020年)》和《国家中长期人才发展规划纲要(2010—2020年)》。要实现高等教育现代化,就必须采取有力的措施稳步推进辅导员的职业化、专家化建设。综观辅导员队伍建设和职业发展的各项研究成果,众多专家学者达成了共识,即辅导员职业发展存在着"无专业化的学科背景、无专业性的发展导向、无专业型的评价体系"的"三无"现象。因此,在辅导员考评体系中要特别增加体现辅导员专业化发展的评价指标,增强辅导员的职业归属感。

表4-9 辅导员专业发展评价体系表

| 一级指标 | 二级指标 | 三级指标 |
| --- | --- | --- |
| 专业理论提升 | 理论调研 | 学习型、专家型方向定位,参加培训进修情况及年度课题申报和论文交流发表情况 |
| 专业业务提升 | 日常思想政治教育 | 学生思想政治教育典型案例集成 |
| 专业业务提升 | 日常管理工作 | 学生活动组织教案、突发事件处理集成 |
| 专业业务提升 | 发展服务 | 心理咨询师、就业指导师、发展辅导师等资格证书 |
| 专业层次提升 | 学历进修 | 在职攻读思想政治教育及相关专业博士学位情况 |
| 专业层次提升 | 非学历进修 | 挂职锻炼、专题培训,国内外访问学者等 |

**(三)高校辅导员考评体系的运行**

1.组织管理。加强高校辅导员队伍职业化、专业化发展,需要创新辅导员队伍领导和管理机制,依托学生工作部(处),成立"辅导员素质拓展中心"和"辅导员工作督导组"。辅导员素质拓展中心重点负责全校专、兼职辅导员的培训指导与日常督导工作,与思想政治教育中心、学生事务服务中心和学生发展指导中心一起,对全校专职辅导员进行分类指导与考评。辅导员工作督导组重点负责全校专、兼职辅导员日常思想政治教育与管理工作的过程性督导和考评。

表4-10 辅导员考评工作组织管理体系

| 考评体系 | 评价主体 | 评价方式 | 评价目的(侧重点) |
| --- | --- | --- | --- |
| 职业技能评价体系 | 辅导员所辖院系 | 点面结合、技能评价 | 侧重于素质能力及日常工作考核 |
| 受益学生评价体系 | 受益学生 | 网上测评、综合评价 | 侧重于对受益学生的总体评价:责任班级学生整体评价、工作受益、人格魅力、工作表现 |

续表 4-10

| 考评体系 | 评价主体 | 评价方式 | 评价目的(侧重点) |
|---|---|---|---|
| 同行督导评价体系 | 辅导员工作督导组 | 过程督导、工作评价 | 侧重于过程性评价：日常工作态度、活动开展的成效、学生及时反馈 |
| 专业发展评价体系 | 辅导员素质拓展中心 | 目标管理、专业评价 | 专业化、专家化发展评价：学生工作案例、理论研讨、工作经验交流 |

2. 权重设置。高校辅导员考评指标权重设置的两个基本原则是师德"一票否决"和指标权重差异化。教育部和中国教科文卫体工会全国委员会联合下发的《高等学校教师职业道德规范》（教人〔2011〕11号）明确指出，大学教师考核师德严格执行"一票否决制"。师德"一票否决"要求高校辅导员立场坚定、公平正义、为人师表、廉洁奉公。执行"一票否决"的情况包括违反党纪国法、违背学校规章制度、影响学校事业发展、阻碍学生健康成长等行为。同时，鉴于各高校存在思想认识差异，评价指标的权重设置必须按照指标权重差异化原则进行。各高校要结合实际情况采用专家咨询法（德尔菲法）和层次分析法（简称 AHP）进行整体设计，可聘请相关行业的专家共同对辅导员的工作成效、职业素质、专业发展等评价指标进行权重赋值，并在实践中不断改进赋值的科学性。

3. 反馈整改。事物是不断向前发展的，中国高等教育的不断改革发展，使得任何评价指标体系都不可能无限适用。反馈整改既是辅导员考评的重要后续环节，又是诸多高校辅导员考核的"死角"，高校必须重视。通过考评反馈，辅导员能够总结工作中的优点和缺点，并进一步思考未来职业发展的方向和路径。

一个有影响力的辅导员考评体系可以支撑辅导员队伍持久的战斗力，而一个优秀的辅导员总是希望自己的努力和成果得到领导或者同事的赏识与承认。随着中国高等教育改革的不断深化和发展，任何工作评价的指标体系都不可能是一成不变的、无限适用的。本书通过对辅导员考评体系的理性反思，从"职业技能评价、受益学生评价、专家督导评价和专业发展评价"四个维度完成了对高校辅导员考评体系的架构。当然，高校辅导员的考评是个动态的过程，仍处于不断探索和完善的阶段。随着辅导员职业化、专业化的发展，专业化分工越来越细，辅导员的考评体系仍需要在理论与实践中不断加强探索和创新。

**五、高校辅导员科学化发展路径**

**(一)高校辅导员科学化路径分析**

职业化发展使辅导员工作成为一个相对独立又十分开放的系统。相对独立意味着辅导员不仅是高校中的一个工作岗位,而是一种得到广泛认可的社会职业。其内部有行业人员发展和升迁的独立通道。而开放意味着辅导员系统与其他社会系统保持紧密和互动的交流机制。因此,辅导员职业发展存在两种基本路径,即系统内部的职业化路径(也称纵向发展路径)和系统外部的其他系统的多元化路径(也可称为横向发展路径)。

1. 职业化路径(内部通道)。辅导员职业发展的职业化路径,就是在辅导员职业系统内设立不同的层级,为辅导员努力发展提供平台。这种平台主要包括两个方面:行政级别的提升、专业职称的晋升。近年来,一些高校对辅导员级别的提升和职称评定进行了改革。许多地区和高校也出台了相应的政策,如根据辅导员工作年限的长短可以聘任其为"初级、中级和高级"辅导员或"副科、正科、副处和正处级"辅导员。因此,高校如果要解决目前辅导员职业系统存在的问题,就要在级别提升上设立辅导员职级制和非领导职务,在职称评定上设立符合辅导员的工作特点和要求的职称评定标准与体系。

一是辅导员专业技术职称晋升。《普通高等学校辅导员队伍建设规定》明确要求,高等学校应根据辅导员岗位的基本职责、任职条件等要求,结合高校实际,制订辅导员评聘专业技术职务的具体条件,突出学生工作的特点。尽管国家相关规定对辅导员的职称评定做出了规定,但这些规定都较笼统,而且具体的细则均授权各高校根据具体情况制定,缺少了权威性和普适性,在操作中形成了各高校各不相同的局面。目前,各高校将辅导员纳入教师职称评定系列,按照教师职称评定要求设置相应的标准,缺乏符合辅导员工作特点的评定要求,为辅导员的职称评定设置了较高的门槛,造成目前高校辅导员整体职称偏低的局面,以致出现目标缺失和职业倦怠的问题。因此,辅导员职称晋升单列,绝不仅仅是计划单列,它应当在辅导员职业化后,针对辅导员的职业特点、工作性质和要求,对辅导员职称晋升的岗位单列、职称序列重新界定,职称评议程序和职称晋升的标准都要重新设置。一句话,高校要针对辅导员职称晋升建立一套符合辅导员岗位要求和队伍实际的职务评聘标准和程序,实现"岗位单列、序列单列、评审单列、标准单列"。

二是辅导员职务职级晋升。职务与职级是我国职员制度发展的重要特征,职级可以根据辅导员的实际工作能力和水平进行设定,不受指标和计划的限制,而职务是有限的。在实际工作中,担任某种职务意味着承担的责任高于没有职务的辅导员。目前,高校通常采用行政级别,如副科级、科级、副处级以及正处级来确定辅导员的职级。如何让具有相应职级而无法安排职务的辅导员得到相应的待遇,从而稳定辅导员队伍?这已经成为许多高校近年来积极探索和实践的重要课题。如2003年12月南京审计学院(现南京审计大学)出台的《科级及其以下职级党政管理干部聘任管理办法》规定,非领导职务系列的职级设置包括系(部)学生辅导员工作岗位设置主任科员、副主任科员、科员、办事员等职级。浙江财经学院(现浙江财经大学)出台的《2004年浙江财经学院非领导职务评聘实施意见》规定:"非领导职务设科员、副主任科员、主任科员、副处级调研员、正处级调研员。非领导职务只限于各二级学院(部)、处室等专职从事党务、行政管理工作的人员和工会、团委专职人员以及从事学生工作的专职政治辅导员。"

三是辅导员"职员制"等级晋升。随着国家职员制的推行及辅导员工作的职业化,辅导员的职级改革成为高校探索的热点,高校开始试行辅导员职级制。2004年6月,上海大学开始试行"五级辅导员制"的职级改革,引起了广泛关注。到目前为止,许多高校施行了职级制,但具体规定差异很大,有的学校四级相当于教授,有的学校五级相当于教授,还有的学校六级相当于教授。由此产生了以下问题:一是辅导员职级制是学校临时制定的,不具有普适性和稳定性;二是各校标准各异,缺乏可比性,系统外认可度低。当前,国家还没有出台关于辅导员职级制的相关文件。在辅导员职务发展空间尚不清晰的情况下,加强职级制度建设,对拓宽辅导员发展空间、保障辅导员待遇、促进职业化发展有显著的推动作用。如何设定辅导员职级,真正稳定辅导员职级制度?这需要有关政府部门统一规划和管理,统一制定评定标准。辅导员职业系统不是封闭的系统,需要与其他系统保持密切的交流互动关系,辅导员职级的设定需要与其他系统的级别保持相应的对称和可比性,为系统间的交流消除障碍。

2. 多元化路径(外部通道)。《普通高等学校辅导员队伍建设规定》第二十条规定,高等学校应把辅导员队伍作为后备干部培养和选拔的重要来源。高校辅导员的发展路径包括高校系统内转岗、设定专岗定向转岗和到地方交流任职三种类型。高校辅导员职业分类的培训和发展,使辅导员在某一领域成为专家,将为辅导员高校系统内转岗和地方交流任职奠定坚实的基础。

一是高校系统内转岗。高校系统内转岗是当前高校辅导员的主要职业发展方向,但目前还无法找到一项完整的制度和相关的机制来实现系统内转岗的长期性、制度性和规范性支撑,这不得不说是辅导员发展的一大遗憾。通常情况下,高校规定"对于考核优秀的辅导员,根据学校的需要转入相应的管理岗位",但由于考核的非标准性和非科学性,所谓"优秀"就成了御用词汇。那些没有转岗的辅导员就成不了优秀的人员,这挫伤了辅导员的积极性。对于那些想转入教师系列的辅导员来说,要么因为辅导员工作精力投入多,难以在学术上得到提高,从而缺乏转为教师的资本;要么专注于学术水平的提高,而忽视了辅导员工作的投入,造成辅导员队伍涣散。

二是设定专岗定向转岗。首先应当建立一整套行之有效的规章制度,使辅导员在工作中明确目标,有章可循,从而有针对性地提高能力;其次,根据辅导员的不同类型,使辅导员有针对性地进行培训、进修、深造甚至出国交流,在组织层面帮助辅导员进行适合自身需要的培养和提升;再次,高校应当将辅导员作为高校干部的储备库,在教师及教学管理岗位的设置过程中充分保留一定比例的岗位给辅导员;最后,高校还应当针对不同教学管理岗位的特点设立考核标准,并明确公示,使辅导员树立信心,明确努力的方向。

三是到地方交流任职。到地方交流任职是高校辅导员职业发展的重要途径,应当得到开发和拓展。就目前来说,辅导员因为职称、行政级别不够,以及公务员任职资格的限制,到地方交流任职还存在较大的障碍。通常情况下,辅导员到地方任职的一种方式是通过组织的推荐,经地方组织部门的考核进入地方任职,另一种方式是辅导员通过努力考上公务员。总体来说,辅导员到地方交流任职还缺乏畅通的渠道和交流机制。

职业化后的辅导员,因在选拔、培训、考核等诸多环节得到了加强,素质和能力得到了较大的提高。尤其是经过分类培养的辅导员,他们在心理咨询、职业规划、就业指导、学生管理以及教育等方面更职业、更专业,在地方交流任职方面具有良好的基础,能更好地适应地方岗位的工作需要。例如,上海市已经建立了专职辅导员与公务员、社会工作者、职业咨询师、心理咨询师等岗位的双向交流机制;制订辅导员挂职锻炼和社会实践规划,每年安排一定数量的优秀辅导员到党政机关、企事业单位、社会团体挂职锻炼;每年选派一定数量的后备干部到高校担任专职辅导员,凡工作表现优秀的后备干部,经双向选择,可留在高校担任专职辅导员。

总之,构建高校辅导员多元化路径,就是要构建校内外"立交桥"式的职业发展路径。在校内,制定各种政策,为部分既有学术造诣又有专业背景的辅导员转入教学、科研岗位创造有利条件,把一些既有管理能力又有政策水平的优秀辅导员列为党政后备干部。在校外,教育主管部门和高校可以与省、市组织部门联手,在辅导员流动问题上齐发力,形成合作共识,逐步构建辅导员与社会工作者、公务员、心理咨询师或职业咨询师等岗位互通联动的"立交桥",为辅导员的多样化发展路径提供制度保障和动力源泉。

**(二)对辅导员科学化路径的反思**

高校辅导员职业化以后,将获得更好的发展前景。无论是职业化路径还是多元化路径,都可以为辅导员的发展助力。辅导员应该考虑的问题是如何选择发展路径,以确定符合自身特点的最佳的职业发展道路。

1.加强辅导员职业规划,明确辅导员职业发展路径。职业发展规划是一个长期的、渐进的过程。辅导员在从事辅导员职业前就要进行职业发展规划,在辅导员工作中,根据职业发展规划,结合工作实际,有目的、有计划并有针对性地提高自己的素质和能力,为今后的职业发展奠定基础。

加强辅导员职业规划,应结合工作需要、辅导员的工作表现和个人意向,进行统筹考虑:一方面,高校应把辅导员队伍作为学校管理干部队伍的后备力量,把学生工作作为培养和锻炼干部的重要途径,使辅导员队伍形成流动机制,在做好推荐优秀辅导员到重要岗位任职的同时,还要建立后备干部梯队培养体系;另一方面,辅导员可根据个人的特点和职业理想,走专业化、专家化的职业化发展道路,成为大学生思想教育、心理辅导、就业指导、学业指导、事务管理等方面的行家能手①。可见,辅导员职业发展路径的选择,大致包括两种方式。一种是组织对辅导员的职业发展加以规划指导。高校可以根据学校干部队伍的配置要求,有针对性地对辅导员进行培养,及早确定辅导员努力的方向,逐步将辅导员培养成合格的干部后备

---

① 薛徽.辅导员队伍专业化培养与职业化发展[J].思想教育研究,2007(12):29-30.

力量。另一种是辅导员个人根据自己的特点和兴趣爱好,选择职业发展方向,在实践中丰富和完善自己。为了辅导员的健康发展,高校应当建立一支专家辅导团队,帮助辅导员进行职业规划指导、心理辅导,为辅导员的发展排忧解难。

2. 加强辅导员人力资源管理,推进辅导员职业终身制改革。现代人力资源理论为辅导员职业发展提供了路线指导。辅导员走上职业化发展道路的前提之一就是实现组织机构与配套制度的专业化。

第一,完善相关法律法规,为辅导员的职业发展路径的选择提供根本保障。只有实现职业身份的合法化,辅导员的职业发展才更加稳固。因此,完善相关法律法规,是推进辅导员职业发展的重要举措。目前,我国已颁布教师法、教育法、高等教育法等法律法规,对教师的资格、职责、待遇、权利、义务等做了明确规定。辅导员虽然是高校教师的重要组成部分,但其工作职责和任务与专业教师有很大的差别,因此其特殊性不可忽略。为了进一步促进大学生成长成才和高校思想政治教育,相关部门应在相关的法律法规中对辅导员的职责、任务等加以明确、单列,确定其合法身份,提高其职业地位,为推进辅导员的职业发展提供根本保障。

第二,完善相关配套政策文件,为辅导员职业发展路径的选择提供制度保障。政府在辅导员的职业发展进程中拥有很大的主导权和控制权,扮演着政策制定者和实施者等重要角色。相关配套政策文件是辅导员职业发展的重要保障,它不仅是政府管理辅导员职业共同体的手段,也是让辅导员职业共同体发挥自主能力的源泉。中央16号文件的出台更是给辅导员职业发展提供了前所未有的政策支持。《普通高等学校辅导员队伍建设规定》和《关于加强高等学校辅导员、班主任队伍建设的意见》是辅导员职业发展的重要政策补充,但要保证高校辅导员职业发展目标的完成,仅有以上文件还远远不够。《辅导员能力建设标准》的发布对高校辅导员职业发展又是一次巨大的推动,它指明了高校辅导员职业化、专业化发展的路径。

第三,建立专门的组织体系,为辅导员职业发展路径的选择提供坚实的组织保障。辅导员职业的可持续发展,离不开选聘配备、培养培训、绩效评价、工作激励的组织体系的建立与完善。根据人力资源管理的相关理论,辅导员职业发展应满足辅导员的需要,高校要有计划地对辅导员进行培养培训,系统设计辅导员职业发展的路径,让辅导员深入了解大学生思想政治教育的目标任务、总体要求及工作规律；要建立辅导员职业发展培养培训课程体系及辅导员职业发展培养培训管理体系；要将绩效考核结果与激励机制相结合，将考核结果运用到相应的激励机制中，给辅导员以动力和支持。要想有力地推进辅导员职业发展进程，专门的领导机构必不可少。领导机构的组成、结构等直接决定了辅导员在各高校人才培养中的地位，也体现了学校对辅导员工作的重视程度。辅导员职业发展领导机构主要负责全校的辅导员职业发展工作，负责战略目标制定、辅导员人力资源规划、辅导员职业发展配套制度安排等，还要负责协调辅导员与其他职能部门之间的关系。此外，高校还应配备相应的保障机构，尤其是辅导员职业发展过程中的薪酬管理、福利保障机构，以确保辅导员职业的健康和可持续发展；应将辅导员的地位提高到与专业教师一致，给予他们同等的薪酬和福利待遇，为辅导员职业发展提供基础保障。以上辅导员职业发展执行机构、领导机构和保障机构，共同构成了专门的组织体系，是实现辅导员职业发展的组织保障。

3. 尊重辅导员自我价值的实现需求，健全辅导员"双通道阶梯式"晋升机制。"双通道阶梯式"晋升机制，是指组织针对不同职位的辅导员，建立相应的职业晋升阶梯，总结各类辅导员成长的内在规律，明确各类辅导员的发展方向，让各类辅导员看到自己的职业前景，避免出现优秀辅导员只能通过担任行政管理职位来体现自身价值的现象。"双通道阶梯式"晋升机制一方面解决了组织行政管理职位稀缺与员工晋升需求之间的矛盾；另一方面，及时认可员工的进步，只要员工的能力提高了，就进行评价鉴定并给予相应的待遇，指明下一步努力的方向，从而强化对员工的激励。结合辅导员职业发展实际，健全辅导员"双通道阶梯式"晋升机制需要在辅导员评定专业技术职务系列（如助教、讲师、副教授和教授）中，让辅导员热爱自己所从事的工作并且看到职业发展的空间（包括这一职业的社会地位），使他们在工作中获得成就感，满足自我实现的需要，从而更科学、更有效地引导辅导员职业发展。

**六、高校辅导员法治化建设保障**

高校辅导员是开展大学生思想政治教育工作的骨干力量，是高校学生日常思想政治教育和管理工作的组织者、实施者和指导者。高校辅导员的职业化是使高校辅导员工作成为一种专门性的职业，符合职业活动所具有的社会性、稳定性、专门性和长期性特点，逐步形成辅导员职业所特有的职业素养、专业技能及行为标准的过程。辅导员工作的质量直接影响着思想政治教育功能的有效发挥,影响着大学生的成长成才和人生走向。在全面推进依法治国的当代中国,加强高校辅导员队伍法治化建设不仅是高校辅导员职业发展的时代诉求,也是深化教育体制改革、促进高校人才培养质量的内在要求。

**(一)高校辅导员法治化的时代背景**

1.高校辅导员法治化建设提出的背景。法治是社会文明程度的重要标志,它既是社会秩序生成的基石,也是社会发展的动力。职业的合法性来自社会对该职业的认可和尊重,突出表现在政府以法律和制度的形式对该职业的职业标准和发展方向做出明确而又具体的规定。2000年,中共教育部党组颁布的《关于进一步加强高等学校学生思想政治工作队伍建设的若干意见》(教党〔2000〕21号)是最早对专、兼职辅导员身份进行明确区分并确定专职辅导员数量的规范性文件。2004年,中共中央、国务院颁布的《关于进一步加强和改进大学生思想政治工作的意见》(中发〔2004〕16号)明确规定了"辅导员的配备应专职为主、专兼结合"的发展方向。《高等学校辅导员职业能力标准(暂行)》(教思政〔2014〕2号)和2017年《普通高等学校辅导员队伍建设规定》(教育部令第24号)的颁布,为辅导员队伍的发展方向提供了指引,为加强辅导员队伍法治化建设创造了机遇。

第一,法治化是实现"依法治国""依法治校"的必然要求。"法者,治之端也。"法治是一个国家治国理政的基本方式。2017年,习近平总书记在党的十九大报告中提出,成立中央全面依法治国领导小组,加强对法治中国建设的统一领导。2018年3月,中共中央印发《深化党和国家机构改革方案》,组建中央全面依法治国委员会,中央全面依法治国委员会办公室设在司法部。在人口众多、经济发展不平衡的当代中国,要实现国家的长治久安、文化昌盛、社会公正,就必须秉持法律这个准绳,用好法治这个良方。社会主义法治化国家的建立,不仅需要有完备的法律体系,更需要全体公民具有良好的法律知识和法律素质,使社会生活和国家建设的各个方面实现有法可依、有法必依、违法必究。高校是人类社会的人才高地、知识高地和精神高地,高校理应成为贯彻落实依法治国的重要决定的先行者,是法治理念的宣传者和践行者。高校辅导员是大学生思想政治教育的主力军,对大学生的言行举止的影响是潜移默化的,对社会行为有重要的示范和导向作用。因此,实现高校辅导员队伍法治化建设本身就是对依法治国方略的弘扬和践行。

第二,法治化是体现辅导员职业化、专业化发展的时代特征。职业化、专业化和法治化是衡量辅导员职业发展的三个重要维度。社会职业发展的进程表明,一个职业的职业化、专业化和法治化发展是相互促进、相互制约的。职业化的发展将促进专业化水平的提高,加速法治化建设的进程,而滞后的法治化建设则会严重影响职业化和专业化的深入发展,进而影响职业功能的有效发挥。辅导员职业化发展就是要实现辅导员职业的标准化、终身化、专门化。首先,辅导员队伍应该有规范的职业标准、明确的职业规范和制度保障;其次,辅导员这项职业可以成为从业者终身从事的行业,从事这项工作的人可以以辅导员职业在社会上安身立命,有职业发展的途径和空间,能够实现人生价值,得到社会的认同;最后,辅导员工作应该是具有一定专业知识和专业技术的专门职业,从业人员应该具有从事辅导员工作的职业道德、职业资质、职业能力标准。辅导员队伍专业化要求辅导员具有从事辅导员工作的专业知识和技能,并且可以在长期从事这项工作中积累丰富的经验,成为这一行的专家能手。法治化不仅为辅导员职业化、专业化发展提供了明确的方向,也为辅导员队伍建设提供了坚实的法律保障。

第三,法治化是增进辅导员职业认可、社会认同的内在要求。合法性、专业性以及社会性是影响职业认同的三个重要因素。马克思·韦伯在论述被社会接受的合法性来源时指出,传统型、魅力型(克里斯马型)以及合法合理型是合法性确立的三种基本类型。传统型合法性来自习俗和传统的影响。我国高校辅导员制度确立较晚,辅导员起初只是一个兼职的角色配备,没有专门的职业标准和明确的职责范围,社会认可度较低,不具备认可辅导员角色、尊重辅导员劳动的传统和习俗。魅力型合法性来源于从业者超凡的人格魅力,从业者通过个人魅力对其他人的心理控制来确立社会地位。韦伯指出,这种权威与个人地位、社会位置或职务无关,纯粹是从业者通过超凡的人格魅力对他人发挥影响作用。在当前的我国高校辅导员队伍中,辅导员素质参差不齐,他们可能在学生时代是优秀的学生干部,但由于自身专业知识欠缺、专业能力不足、角色转换失败等原因的影响,以及辅导员队伍建设中激励机制、培养机制不完善等外部因素的不利影响,因此,具备这种超凡人格魅力的辅导员少之又少。在国家对优秀辅导员的表彰和宣传力度不足的社会现实中,辅导员很难通过人格魅力实现广泛的社会认同。合法合理型合法性来源于明确和清晰的法律界定,与前两种合法性类型相比,这种合法性具有明显的优越性,其优点在于,职业合法性附属于职位本身而非个人,社会认同来自法律的权威而非其他。

2.高校辅导员法治化建设的着力点。

第一,职业与社会认同是高校辅导员法治化建设的基础。高校辅导员职业化,表明辅导员工作将会与教师、公务员及其他社会职业者一样,不再是高校内部的一项从事学生工作的职能,辅导员与社会的交往和交流将成为一种常态。从聘用范围来看,辅导员的选聘不能仅仅局限于应届毕业的本科生、研究生,凡是热爱辅导员工作并具有相应专业技能和理论素养的人员都可以获得应聘资格,跻身辅导员行列。从职业发展的角度来看,专职辅导员的工作内容不能仅限于高校校园,可以立足校园、辐射社会,在全社会范围内合理流动。也就是说,辅导员除了从事大学生思想教育、心理咨询、学业规划、就业指导等工作,还可以从事其他组织的员工培训或服务岗位的工作。甚至有学者认为,高校辅导员不仅仅是高校学生政治辅导员的角色,如今的大学生面临更大的经济、就业和学习压力。多重因素导致不少学生产生不同程度的心理问题,这要求辅导员要运用心理学知识、社会学知识、管理学知识对学生的心理问题加以疏导,引导学生成才。从这个意义上讲,辅导员的专业属于发展中的社会工作专业。① 因此,高校辅导员职业得到社会的广泛认同,而不仅仅在高校系统内获得广泛的赞誉,是辅导员实现职业化并得到持续发展的基础。

第二,管理体制改革是高校辅导员法治化建设的关键。要实现高校辅导员工作职业化,就要构建一支职业化的辅导员队伍,而职业化的辅导员队伍应当具有与之配套的独特的管理体制。高校辅导员管理体制改革是实现辅导员职业化的关键。目前,高校辅导员管理机制存在多头管理的问题。多头管理体现在辅导员的"婆婆"多,有院(系)书记、院长(主任)、校学生处、教务处、团委等。"婆婆"多,不仅仅使辅导员日常工作内容繁多,"两眼一睁,忙到熄灯",没有更多时间和精力去认真分析、研究学生的发展问题,更谈不上用新知识、新理念去指导学生成长成才。这降低了辅导员的工作效能,更重要的是,在辅导员的选拔、培训、管理、职称职务

---

① 栾高明.高校辅导员的专业属性、职业定位及发展趋势[J].陕西教育学院学报,2007(4):22-25.

晋升过程中,往往造成多头管理但谁也管不好的局面。比如,辅导员的关系或者编制基本上在二级学院,其使用和考核也都在学院,但是,学生管理部门有时也要对辅导员的引进和工作进行考核,这使辅导员感到无所适从,造成学院与相关部门产生矛盾,使辅导员感到尴尬。造成多头管理的原因,主要是辅导员性质定位不明确。而辅导员性质定位不清,会带来两个管理上的问题。一是相关政策规定,辅导员既是教师又是行政人员。从形式上来说,这有利于辅导员的发展,但现实中却出现辅导员既不像教师又不像行政人员的情形。比如,职称评定采取教师评定的方法,严重制约了辅导员的职称晋升。此外,辅导员在待遇和福利上究竟是享受教师标准还是行政人员标准,似乎也说不清、道不明。二是对辅导员的培训和考核缺乏权威的机制。对于培训而言,目前的问题主要体现在经费投入不足、培训机构不健全、培训内容的权威性和针对性不强、培训的效果不明显等方面。对于考核而言,问题主要体现在考核主体不明确、考核内容欠科学、考核结果缺乏制约性、考核本身的形式性远远高于实质性等方面,从而使考核失去了引导意义。因此,改革当前的辅导员管理体制成为职业化过程中迫切而艰巨的任务。我们认为,改革高校辅导员管理机制:①要明确辅导员工作性质的准确定位,辅导员作为一项职业,既不同于专职教师,也不同于行政人员,它是大学生健康成长的引路人;②要理顺高校辅导员工作层级的领导关系,即在校党委的领导下,辅导员由院(系)党政直接领导工作,其选拔、考核可在满足学校提出的基本要求的前提下,由学院具体操作,避免多头领导、多头管理;③理顺学生工作相关职能部门之间的关系,学校应建立学生工作指导委员会,由学生部门牵头协调,教务、学工、后勤等相关部门参与,凡涉及学生事务管理的事项,应赋予学生管理部门绝对的核心作用;④学生管理部门应实行"小机关、多中心"的工作机制,充分发挥学生心理健康咨询中心、学生就业指导中心、社团指导中心、社区服务中心、职业规划指导中心的专业咨询作用,辅导员配合咨询人员,发挥中介者作用,从而减轻辅导员的工作负担;⑤加强辅导员管理制度建设,建立严格的辅导员聘任制度,把好入口关,建立有效的辅导员工作激励机制和考核机制,鼓励他们做好本职工作的同时,积极发挥主观能动性和创造性,将专职辅导员在职攻读学位以及国内外业务进修、培训和培养纳入学校教师培养方案,为辅导员个人能力的提升和职业发展建立政策和制度保障,优化辅导员工作环境,提高辅导员的待遇;⑥在职称晋升评审中,辅导员职称晋升的计划应当单列,高校应成立专职辅导员专业技术职务聘任委员会,专门负责本校专职辅导员专业技术职务的评聘工作。职称评审要求可结合各高校实际制订辅导员评聘教师职务的具体条件,重点突出其从事学生工作的成绩。辅导员评聘专业技术职称应坚持政治表现、工作业绩和科研能力相结合的原则,中级以下职称评聘应侧重考察辅导员的工作业绩。

第三,辅导员的权利保障是高校辅导员法治化建设的根本。高校辅导员究竟有什么权利,有多大的权利?在网络上,一些高校学生对辅导员的具体工作提出了相当多的疑问。关于辅导员在学生教育管理中的权利研究,理论界似乎还是一片空白。在强调权利为本位的现代自由民主社会中,这不能不说是一种遗憾。关于权利的概念和内涵,古今中外的理论界给出了相当丰富的答案,尽管其概念和内涵存在差异。人们只有在具有相关权利的基础上,才能更好地做好工作,无论这种权利是自然权利还是法定权利。在法治社会的发展进程中,人们越来越重视法定权利的研究和相关法制的规制。在辅导员工作职业化过程中,辅导员权利的界定和规制,是摆在管理者和理论界面前的紧迫的问题,辅导员权利的保障应当作为辅导员职业化发展的基本要求。首先,规定辅导员的权利,这是法制化管理的必然要求。法律是通过规范人们的权利和义务来实现法律的治理的。辅导员职业在职业化道路上,也必须通过规范其权利和义务来实现对辅导员行为的规范,实现有效的教育管理工作。其次,规定辅导员的权利,有助于辅导员明确什么可以做、什么不可以做,避免侵犯学生的合法权益。在学生越来越注重权利的今天,辅导员工作实践中存在着诸多侵犯学生利益的行为,这其中有制度设计的问题,这主要是辅导员在具体工作中的某些言行造成的。同时,规定辅导员的权利,也有助于保护辅导员的合法权益。

(二)当前的高校辅导员职业发展困境催生辅导员法治化建设

第一,社会认同度低,辅导员队伍不稳定。我国高校辅导员队伍呈现出年轻化和流动快的特点,缺乏稳定性。辅导员是高校开展大学生思想政治教育工作和学生工作的骨干力量,然而,辅导员职称评定困难,福利待遇和社会认可度低,工作强度大,使辅导员的角色认同感、职业责任感逐渐减弱。有些辅导员把辅导员岗位当作自己职业生涯的"跳板",转岗从事教学和科研工作,有的把走上行政岗当作自己的职业发展方向。辅导员队伍流动快降低了辅导员开展学生工作的连续性和稳定性。人员流动过快、工作时间短的现状使多数辅导员和学生互不熟悉,辅导员难以有针对性地开展思想教育、班级党团建设、心理辅导、就业指导等工作。辅导员自身也难以以饱满的工作热情和高度的责任感、使命感投入学生工作中。专业知识的学习得不到加强,经验没有得到丰富,辅导员队伍长期处于"无积累、无层次、无结构"的"实习"状态。辅导员队伍不稳定与辅导员专业化、职业化发展的目标背道而驰,与辅导员是大学生成长成才的人生导师和知心朋友的职业定位南辕北辙,制约着思想政治教育功能的有效发挥和大学生的健康成长。

第二,专业化程度低,辅导员职业功能不明确。专业化是某项工作由专门的人员经过专业培训、专门从事某项工作并不断提高专业素养的过程。辅导员作为大学生思想政治教育的主力军不仅要有"政治强、业务精、纪律严、作风正"的政治素养,有热爱大学生思想政治教育工作、乐于奉献的职业精神,而且应该具备相关的学科专业背景,具备较强的组织管理能力和语言文字表达能力,还应该接受系统的上岗培训并取得合格证书。目前,我国高校辅导员多数是各种不同专业的优秀毕业生,缺乏大学生思想政治教育以及大学生心理健康教育等相关专业的知识。很多辅导员只经过几天的岗前培训就上岗,很难有效抓住辅导员工作的核心问题,也很难有效地解决大学生的实际问题和思想问题。专业化的过程是辅导员职业的形成过程,是获得社会广泛认同的重要基础。专业知识的缺失以及专业技能的匮乏制约着辅导员队伍建设的专业化发展,难以发挥辅导员工作的科学性、艺术性和创造性,使辅导员工作看上去是一种谁都可以胜任的工作,进一步降低了辅导员工作的社会认可度和辅导员的权威性。

第三,管理机制不健全,辅导员职业发展路径模糊。从管理的角度看,辅导员队伍建设存在着缺乏科学的管理机制、激励机制和考核机制,辅导员职业发展前景不明等问题。《普通高等学校辅导员队伍建设规定》规定:"高等学校辅导员实行学校和院(系)双重领导。"这就决定了我国高校辅导员管理制度是党委领导下的党政共管双重管理体制,辅导员既接受学校学生工作处的统一领导,又接受院系党委(总支)的直接领导。辅导员既处于管理结构的最基层,又处于大学生思想政治教育的第一线;既要处理党团建设和班级建设等行政事务,又要处理大学生思想政治教育、心理健康教育、贫困生的资助、宿舍管理、就业指导等日常事务。但是,辅导员的培训、考核却由学生工作处来完成。在双重领导体制下,辅导员工作任务繁重、头绪繁多、职责不明、职业发展路径模糊。

第四，高校重视程度不一，辅导员职业意识淡薄。高校辅导员的主要工作是大学生思想政治教育和学生管理，工作成效不能在短期内立竿见影，与高校教学和科研人员相比明显处于弱势地位。辅导员这一群体在高校里常常处于边缘地位。尽管《普通高等学校辅导员队伍建设规定》中明确规定，"辅导员的培养应纳入高等学校师资培训规划和人才培养计划，享受专任教师培养同等待遇"，但事实并非如此，这从某种程度上说明国家的这些条文只是"意见性"文件，并非法律性文件，约束力不强。辅导员作为高校教师队伍中的一员却享受着与教师不一样的待遇，这直接导致辅导员职业思想不稳定、职业意识淡薄。

### （三）我国高校辅导员现有法律制度的短板

一是法律文件指引的滞后性延缓了辅导员职业化、专业化的进程。从法律文件上看，以专职辅导员为主的工作思路在近几年才予以确定。高校辅导员的角色经历了兼职—以兼职为主的专兼结合—以专职为主的专兼结合的演变过程。由于专职化是职业化、专业化的基础和前提，因此我们可以把这一过程理解为高校辅导员职业化、专业化的走向。最早对专、兼职辅导员的身份进行明确区分并确定专职辅导员数量的法律文件是教党〔2000〕21号文件。直到2004年，中央〔2004〕16号文件中才明确规定了"辅导员的配备应专职为主、专兼结合"。法律文件指引的滞后性，在很大程度上阻碍了辅导员队伍职业化、专业化建设的脚步。长期以来，对"专职性"的忽略不可避免地造成了辅导员队伍的高流动性和非专业化，而高流动性特征恰恰违背了辅导员职业化的稳定性特征。教育部虽然肯定了高校辅导员的专职化，但同时鼓励设置兼职辅导员，或许这是针对高校辅导员队伍数量不足而采取的应急性办法和措施。但不可否认的是，此类规定为辅导员工作的高流动性提供了继续存在的温床。辅导员工作的短周期与辅导员职业化的长期性特点背道而驰，必将导致辅导员职业化发展进程缓慢。

二是相关规范性文件位阶较低，没有将辅导员队伍建设的规定上升到法律层面。从法的效力位阶来看，由全国人大及其常委会制定、修改的法律的效力位阶高于由国务院制定的行政法规，而行政法规的效力位阶高于国务院各部委制定的行政规章。纵观以上关于辅导员队伍建设的规范性文件，大部分规范性文件为教育部等国务院部委颁布的行政规章，法律位阶较低。作为指导性文件的中发〔2004〕

16号文件为中央文件,并不具有法律效力。然而,《中华人民共和国教师法》《中华人民共和国教育法》《中华人民共和国高等教育法》等法律却没有关于辅导员队伍建设的相关规定。高位阶效力的法律的缺乏,使辅导员队伍建设与学校教学、科研队伍建设存在不小的差距。

三是辅导员的法律地位仍不明确。长期以来,高校辅导员存在着角色定位不明、身份不清等问题,高等学校辅导员的教师身份一直颇受质疑,辅导员对自身的规划和发展倍感困惑,这些都减缓了辅导员队伍职业化、专业化的发展进程。教社政〔2005〕2号文中明确指出:"辅导员、班主任是高等学校教师队伍的重要组成部分。"新修订的《普通高等学校辅导员队伍建设规定》第二条规定:"辅导员是开展大学生思想政治教育的骨干力量,是高等学校学生日常思想政治教育和管理工作的组织者、实施者、指导者。辅导员应当努力成为学生成长成才的人生导师和健康生活的知心朋友。"但作为上位法的《中华人民共和国教师法》《中华人民共和国教育法》等法律均没有对高校辅导员的教师属性问题做出明确的规定或说明。由此可见,辅导员的法律地位仍不明确,还需法律做出明文规定。

#### (四)英美高校辅导员法治化建设的经验借鉴

作为一个发达国家,美国的法律法规比较健全。美国高校学生事务工作除了受到相对比较完备的法律的制约,还受到非常完善的行业规范的影响。许多工作只要按照现成的程序、步骤和规范去操作即可。1937年,美国教育总署发布的《学生人事宣言》确立了以培养"完人"为主要目标的学生事务管理。1987年,美国"全国学生人事管理者协会"发布了《学生事务观》。该文件重申了学生事务的宗旨,通过鼓励创新精神并确定辅导员的行为界线,促进学生与学校的共同进步,维护个人权利,鼓励独立思考的精神和学生的联合行动。在入学之初,美国高校会给学生发两本内容详尽的手册——《学生手册》和《学生组织手册》,对学生在校期间的一切事务和规定都进行了详尽的描述,学生权利、学生行为规范、学生办事流程都可以在其中找到。在辅导员职业规范的要求方面,美国还出台了《美国高等学校学生事务管理人员行为规范》《美国高等学校学生事务管理人员伦理标准》《学生事务应用手册》等规范性文件,对高校辅导员工作制度的形成具有非常重要的影响,使高校辅导员职业发展有法可依、有章可循。

目前,我国涉及高校学生管理的法律法规主要有《中华人民共和国高等教育法》《高等学校学生行为准则(试行)》《普通高等学校学生管理规定》《高等学校校园秩序管理的若干规定》《普通高等学校学生安全教育及管理暂行规定》等。然而,这些法律法规还不能完全满足当下学生教育、管理与服务的要求,存在着"真空点多、操作性不强"等相关问题,使高校辅导员工作标准不一,学生行为缺乏权威性的规范。这不仅造成不同高校学生工作方式各异、工作内容千差万别,还导致出现辅导员工作职责不清、职业认同感下降等问题,严重制约了辅导员工作的发展,辅导员在行使自己的工作职责时,面临法律的困惑和职责不明的无奈。因此,在"依法治国""依法治校"的时代背景下以及辅导员合法性来源不足的社会背景下,迫切需要加强辅导员队伍法治化建设,逐步完善相关法律法规,以法律的形式确立辅导员职业的概念和工作内涵,明确辅导员队伍建设的政策导向和职业发展方向,为各级部门推进辅导员队伍建设提供"法理"依据。

**(五)高校辅导员法治化建设的策略思考**

1.完善立法,严格执法。只有不断完善法律法规,高校辅导员队伍建设才能有法可依、有章可循,高校辅导员的职业定位才更加明确,职业行为才更加规范,职业精神才更加高昂。当前,我国法律体系中关于辅导员队伍建设的法律制度还不完善。多年来,辅导员队伍建设一直未形成一整套科学有效的法律规范,辅导员队伍建设的许多方面仍无法可依、执法不严。在"依法治国""依法治校"的大背景下,可通过制定《普通高等学校辅导员职业法》,形成一整套提高辅导员职业规范和保障辅导员职业发展的规章和制度,推动辅导员队伍建设走上职业化、专业化、法治化的发展轨道。

在落实《普通高等学校辅导员职业法》的过程中,可以适当保留高校的"自由裁量权",即各高校可在《普通高等学校辅导员职业法》的法律框架内,根据区域发展情况和高校的实际情况制定《高校辅导员队伍建设实施细则》,实现立法精细化,从而使宏观抽象的法律变得具体可行。

2.弘扬法治文化,让法治成为一种信仰。《普通高等学校辅导员队伍建设规定》对辅导员的工作职责做出了明确规定,辅导员工作涉及学生工作的方方面面,包括思想政治教育、班级和党团建设、学业指导、学生日常事务管理、评优评奖等,这些工作的有序开展都要遵循相关的规章制度,都离不开法治观念的引导。

高校辅导员法治化建设是法律、制度和文化的有机统一。雕刻在石柱或者铜表上的法律条文未必长存,然而,镌刻在人们心中的法治观念和法治文化必将代代流传。高校辅导员要增强法律意识,尤其是平等观念、公正观念、民主观念,要用法治的观念管理学生,尊重学生的合法权利。推进高校辅导员队伍法治化建设,不仅要通过立法的途径规范辅导员的人才选拔机制和职业发展机制,更重要的是,要通过辅导员法治化建设促进辅导员法治思维的形成,通过辅导员的职业角色推动大学生的全面发展,帮助大学生牢固树立法治观念、法治意识和法治思维。

3. 坚持法治与德治相结合。法安天下,德润人心。因此,高校辅导员队伍建设仅仅依靠法治是不够的,法律的有效实施离不开道德的支持,道德的践行也离不开法律强制力的约束。道德约束不及的领域,法律可以惩戒;法律难以规范的领域,道德可以加以约束,以道德滋养法治精神,以德治涵养更高的职业境界。加强高校辅导员队伍建设、法治化建设可以用法律的形式规范高校辅导员的职业人才选拔和培养机制以及职业发展机制,在一定程度上规范辅导员的职业行为,增强辅导员的职业意识,提高辅导员的社会认同度。辅导员队伍整体素质的提升离不开辅导员个人"敬业爱生"的职业追求。学高为师,身正为范,辅导员社会认可度的提高也离不开辅导员模范遵守社会公德、职业道德、家庭美德所带来的道德感召力。因此,推进高校辅导员队伍建设,必须一手抓法治,一手抓德治,法治和德治相辅相成、相得益彰。

在全面推进"依法治国""依法治校"的时代背景下,高校辅导员职业发展中存在诸多问题。高校要积极摆脱当前高校辅导员职业化、专业化发展所面临的困境,肩负高校大学生思想政治教育的时代重任。国家和教育主管部门急需加强辅导员法治化建设,加快推进《普通高等学校辅导员职业法》的制定与落实,从而为推进高校辅导员职业化、专业化发展提供法律保障,为提高大学生思想政治教育质量提供强力支撑,为促进大学生的成长成才提供坚强的后盾。当然,高校辅导员法治化建设不是一蹴而就的,它是一个长期的不断实践和探索的过程。

**七、落实辅导员"双肩挑"政策**

**(一)促进辅导员队伍可持续发展**

辅导员队伍是高校教师队伍和管理队伍的重要组成部分,具有教师和管理干部的双重身份,实行教师和管理干部的双重管理。按照搭台唱戏、戏要唱好的原则,在辅导员可以同时进行专业技术职务、行政职务评聘的前提下,高校要把辅导员的待遇与其学生工作业绩挂钩,将专业技术职务、行政职务晋升与专业水平的提高充分结合,实行双重身份、双重待遇、双线晋升,明确并畅通晋升渠道,不断增强辅导员队伍的活力和凝聚力,促进辅导员队伍的可持续发展。

1. 专业技术职务。辅导员可以按助教、讲师、副教授、教授评聘思想政治教育学科或相关学科的专业技术职务。辅导员的专业技术职务评聘实行单列指标、单设标准、单独评审,制定单独的评聘制度,确定评聘条件,明确评审标准和实施细则。高校在评聘辅导员专业技术职务时要根据辅导员的岗位职责、工作要求等情况,注重结合大学生思想政治教育工作的特点,充分考虑工作实绩、科研能力、学术成果、获奖情况等各方面的情况,对中级以下职务,应侧重考察思想政治教育工作和学生管理工作的成绩,特别是在关键时期、重要事件中的表现;对中级以上职务,建议侧重考察辅导员的组织领导能力、前瞻性和创新性工作能力。高校应结合实际、充分考量,在本校教师岗位总量控制有序、结构比例保持均衡的范围内,合理设置辅导员的思政系列专业技术职务岗位,对副高及以上岗位的设置,要充分考虑辅导员队伍梯队建设的实际需要,在符合评聘条件的前提下,要按实际情况设立岗位数额并确保高级岗位不被占用。高校应成立由校领导、学工部、人事部门、教学部门、科研部门负责人等相关人员组成的专门的辅导员思政系列专业技术职务聘任委员会,具体负责本校辅导员专业技术职务聘任工作,并将具有高级专业技术职务的辅导员比例作为高校人才培养和教师队伍建设的重要评估指标。

2. 行政职务。高校应根据辅导员的任职年限及实际工作考核制定辅导员系列行政职务聘任实施办法(或按照高校党政干部管理规定和聘任程序),根据辅导员平时的表现和实际工作业绩,确定辅导员的行政职务级别,即副科、正科、副处和正处,并给予相应的待遇政策。对副处级及以上行政职务,应充分考虑辅导员的任职年限,给予一定的政策倾斜;一直从事学生思想政治教育工作、表现突出、符合任职条件且将继续从事辅导员工作的人员,经考核合格可评定为副处级及以上职务;学生工作成绩突出或有突出贡献的辅导员,经学工部推荐、高校考核通过,可提前晋级。

3. 职级制。建议在行政职务的晋升上推行岗位职级制。高校应依据辅导员的工龄、学历、任职时间、工作业绩等因素设定职级晋升标准,达到固定年限(如两年或三年)并具有岗位所需的专业和技能条件,就可以获得一次职级晋升机会,确定相应级别的行政待遇。

**（二）努力提高辅导员的地位和待遇**

高校应将辅导员的岗位津贴等待遇纳入整个高校的内部分配体系统筹考虑，确保辅导员的实际收入与高校专业教师的平均收入水平相当，同时确保辅导员的职称与职级待遇就高不就低。高校和学院要关心辅导员的工作和生活情况，切实为他们的成长和发展创造条件，要充分考虑辅导员平时的工作特点，在办公条件、手机话费等方面制定相关政策，为辅导员工作和生活提供必要的保障。条件允许的可以单独为辅导员发放辅导员工作补贴。

高校要加大对辅导员工作的宣传表彰奖励力度，要把辅导员纳入各级各类表彰奖励体系中，划定单独的名额予以表彰。通过评选表彰，树立一批优秀辅导员作为先进典型，宣传辅导员的先进事迹，提高辅导员队伍的社会地位和在校内的地位，营造关心和支持辅导员思想政治教育工作的氛围，充分肯定辅导员工作在大学生思想政治教育中的贡献。

**（三）切实推进辅导员的职业发展**

1. 建立通畅的辅导员发展渠道。学工部要会同组织部门、人事部门和各学院，按照高校建设方向和发展规划，结合人才培养目标，统筹安排辅导员队伍建设，促进辅导员的职业发展。根据工作和岗位需要，结合辅导员的年龄、学历、专业背景、工作成绩、能力素质和发展志向，有计划地对辅导员进行个性化培养，为辅导员的发展创造有利的条件，使其能够在工作一段时间后（一届聘期）分流发展，形成辅导员队伍合理流动、动态建设的发展态势。

在保证辅导员队伍发展的同时，应坚持辅导员队伍建设的相对稳定，鼓励学有所长且愿意长期从事学生工作的辅导员成为思想政治教育、学生事务管理和学生发展指导等方面的专门人才，并将辅导员作为业务骨干进一步培养，使辅导员通过脱产、半脱产或在职攻读相关硕士、博士学位和业务进修，走专家化、职业化的道路。

高校应把辅导员队伍作为高校后备干部培养和选拔的重要来源。对于政治素质高、业务能力强、有发展潜力的优秀的中青年骨干辅导员，高校应给予重点培养和使用。高校管理岗位在招聘人员时，应优先从辅导员中选择，鼓励高校各职能部门优先从辅导员队伍中选拔补充管理干部，尤其是副处级及以上党政管理干部，应优先从具有辅导员任职经历的人员中选拔。

辅导员队伍既是高校后备干部的重要来源，也是专业教师培养的重要环节，应根据辅导员的个人条件、学科背景和教学科研水平，择优向教学、科研工作等岗位积极输送人才。

高校应根据辅导员的工作业绩、工作需要和个人志愿，积极向校外地方组织部门、社会相关单位、其他管理工作岗位选派、推荐和输送人才。高校可以尝试搭建辅导员与政府机关、社会企业的挂职锻炼、考察交流平台，增强辅导员对相关岗位的了解。

2. 加强对辅导员的职业规划指导。高校应对辅导员进行必要的职业规划指导，帮助辅导员强化职业意识，分析个人条件和自身的发展需求，对兴趣、目标、性格和能力进行有效的管理，以确定个人的职业规划和发展目标，选择自己的专业化、职业化发展方向。高校应指导辅导员把个人的职业发展目标与高校辅导员队伍建设的目标规划结合起来，尽快确定自身的努力方向，充分利用高校为辅导员搭建的各种发展平台，充分享受高校为辅导员提供的各种待遇，充分参与高校为辅导员的发展提供的各类培训，最大限度地增强辅导员的职业归属感，实现个人发展的最大效能化。

3. 专业组织、团队建设引导辅导员成长。高校可以建立辅导员协会、辅导员之家或者辅导员年级工作组，为辅导员搭建工作交流平台。辅导员可以利用这些平台交流工作经验，商讨疑难问题，分享成功的做法，互相学习借鉴，通过组织开展读书沙龙、联谊会、户外项目、拓展训练等多种形式的活动，切实消除职业倦怠，提高工作水平，找到专业的发展方向。此外，各高校还可以成立辅导员工作室，为广大辅导员搭建科研创新平台，通过课题研究、项目委托、协同攻关来帮助辅导员消除畏难情绪，设立共同的目标；通过配备工作室、邀请导师答疑解惑来帮助辅导员认清发展方向，确定职业发展目标；通过成立辅导员工作、科研团队，用团队的力量带动个人的发展，切实促进辅导员自身能力的提高，进一步推动辅导员队伍专业化、职业化发展。

# 第五章 高校辅导员工作长效机制构建研究

谈到大学育人,我们很有必要谈一下德国的柏林大学。1810年,时任德国内政部宗教和教育司要职的洪堡先生受命组建了柏林大学。柏林大学是我们今天所说的现代大学诞生的标志。为什么要建这所大学?一个大的历史背景是:1806年,拿破仑率领的法国军队在耶拿击败了普鲁士军队,强迫普鲁士签订了丧权辱国的《提尔西特和约》,并且关闭了耶拿和哈勒大学。德国皇室成员仓皇出逃至梅梅尔地区(今立陶宛克莱佩达)。这一战,使德国上下感到莫大的耻辱。为了用精神力量来补偿这种心灵上的创伤,并重振德国的雄风,普鲁士政府让洪堡创建了柏林大学。首任校长费希特发表了《对德意志民族的演讲》。他大声疾呼,德国只有靠文化和教育的伟大复兴才能真正自立。因此,柏林大学一开始的办学宗旨就非常鲜明:坚决培养为国家服务的人。

我们常用"象牙塔"这个词来形容大学。"象牙塔"是外来语。西方为什么用这个词来形容大学呢?这一方面表明了早期的大学教育是一种精英教育。"象牙"既有稀少的意思,又有尖端的意思。我的理解是,用"象牙塔"来形容大学教育,还有更深层的含义:接受大学教育的人,应当有博大的胸怀,像象牙一样洁白无瑕。

如今,西方的大学已有一千多年的历史,大学的功能充分地体现为传授知识、创造知识、服务社会,而这三大功能的实现,核心体现在人的培养上。大学培养的人,若没有服务社会的精神,就没有文化的传承,就没有文化的再造,就不会有社会的进步。

可见,使青年学生树立和追求国家所倡导的价值观念,从而适应社会生活,并在未来更好地为国家服务,是大学文化育人的一贯传统。

## 第一节　秉承传统，坚定辅育人的信念

我国的大学也有着悠久的历史，如果溯源的话，学界认为，虽然我们"有型的大学出现年代较晚，但是关于对大学育人文化的认同却早已出现"。"四书五经"中有一部重要的书，即《大学》，书中对大学的育人文化做了这样的阐述："大学之道，在明明德，在亲民，在止于至善。""明明德"是指通过教育发扬人性中本来的善，培养健全的人格；"亲民"是指通过教与学的统一，达到修己安人，推己及人，化民成俗，更新民众，改良社会风气；"止于至善"则是教育的终极目标，即通过教育，使整个社会达到谓之"至善"的理想境界。这里的《大学》虽然与我们今天讲的大学有很大的不同，但是这里强调的"大学问"，即通过教育使接受最高等教育的人应当懂得最大的道理，有最高的善性、最高的人格，能成为改造社会、推动社会进步的人的理念，与今天高等教育所要完成的培养人的任务在本质上是一致的。

《论语》中有这样一句话，叫作"君子不器"。这句话是什么意思呢？它是说，称得上君子的人，不应当把自己仅仅当作一种器物。这犹如一只装满了水的杯子，君子不能只把水装进杯子里就完事了，君子应当懂得为什么要装满杯子里的水，这水要给谁喝。君子是接受大学问教育的人，应当有大的智慧、大的责任、大的品行，用学到的本领引领社会前进。这里的深刻内涵也体现了《大学》中的"止于至善"的育人精神。

我国的现代大学诞生于19世纪末，最早的大学是1895年建立的北洋大学（今天津大学），接着1898年建立了京师大学堂（今北京大学），之后更多的大学纷纷建立。为什么我国的现代大学诞生于这个时期？其建立的历史背景与德国柏林大学建立的背景很相像。1894年，中日甲午战争爆发。这场战争的结局是堂堂的大清帝国顷刻间败给了被国人视为弹丸之地的岛国日本。这口怒气，中国人怎么能咽得下呢？于是，在此背景下，一些仁人志士奋发图强，掀起了维新变法运动。维新变法的一个重要举措是废除科举制，创办学校。可见，我国现代大学建立伊始，也像德国的柏林大学一样"坚决培养为国家服务的人"。

1916年，蔡元培先生出任北京大学的校长。他明确提出，大学要培养对国家有用的人。他认为，大学是帮助被教育的人，给他发展自己的能力，完成他的人格，

于人类文化上能尽一份责任,不是把被教育的人造成一种特别的器具,给抱有其他目的的人去用①。他说:"诸君须抱定宗旨,为求学而来。入法科者,非为做官;入商科者,非为致富。宗旨既定,自趋正轨……"蔡元培的教育思想对我国现代大学的发展影响很大。

在中国大学的发展史上,竺可桢先生的贡献也很大。抗日战争处于白热化时期,竺可桢担任浙江大学校长。在学校被迫迁移的途中,一些浙大的学子围在他身边问道:"校长,我们怎样才算读完大学?"他说:"乱世道德堕落,历史上均是如此。但大学犹如海上之灯塔,吾人不能于此时降落道德之标准也。诸生在校尤应切记,异日逢有作弊之机会,是否能涅而不缁,磨而不磷,此乃现代教育之试金石也。""磨而不磷,涅而不缁"出自《论语·阳货》。磨,摩擦的意思;磷,薄的意思;涅,污染的意思;缁,即黑色。这句话的意思是说,就像一件坚硬的器物,即使受到了摩擦,却并不变薄;即使受到了污染,却并不改变颜色。由此可以看出,竺可桢谆谆教诲学生的是,读大学,一定要解决好品行的问题,品行不好,知识再多,也不算读完了大学。

这里还要提一下抗日战争时期的西南联合大学。卢沟桥事变后,日本帝国主义发动全面侵华战争,为保存民族精英免遭毁灭,华北及沿海许多大城市的高校纷纷内迁。1938年5月4日,北京大学、清华大学、南开大学等校联合组建了西南联合大学。"联大"重振"刚毅坚卓"校训,校歌唱道:"万里长征,辞却了五朝宫阙。暂驻足,衡山湘水,又成离别。绝徼移栽桢干质,九州遍洒黎元血。尽笳吹,弦诵在山城,情弥切!千秋耻,终当雪,中兴业,须人杰。便一成三户,壮怀难折。多难殷忧新国运,动心忍性希前哲。待驱除仇寇,复神京,还燕碣。"可见,西南联大创立的重大使命,就是为"驱除仇寇,复神京,还燕碣",为民族解放培养更多敢于牺牲的优秀中华学子。在西南联合大学的旧址,有一座巍然耸立的纪念碑,上面铭刻着抗战时期牺牲的"联大"学子的名字。伫立在纪念碑前,我深深地鞠了一躬,我想到了这些优秀的中华学子们在战场上奋不顾身、勇敢杀敌的场景,也疑惑:难道那时的大学生就没有就业问题,就没有他们的"小家"梦想?大学的育人文化,使他们懂得了国家兴亡,匹夫有责的道理。大学是什么?大学是把莘莘学子塑造成将民

---

① 汪立夏.开启教育新纪元[J].江西教育,2014(31).

族和国家利益看作高于一切、勇于舍得个人的一切这样的人的地方,这个崇高的大学育人文化不能改变。

延安大学成立于1941年9月,是中国共产党创办的第一所综合性大学。抗日战争和解放战争时期,延安大学努力弘扬"学用一致"的文化,贯彻为革命战争服务的方针。虽然这里办学条件艰苦,常常连吃饭都成问题,却吸引了一大批有为青年来到这里,为民族解放、革命胜利和中华人民共和国的建设培养了无数具有献身精神的优秀人才。中国人民大学、中央民族大学、北京理工大学、中国农业大学、中央美术学院、中央音乐学院、中央戏剧学院、东北师范大学、鲁迅美术学院、沈阳音乐学院、西北政法大学、西北民族大学等院校都与延安时期的延安大学有历史渊源。

中华人民共和国成立后,我国的高等教育得到了很大的发展。在坚持社会主义办学方向,为国家培养德、智、体全面发展的社会主义合格建设者和可靠接班人的教育方针的引领下,大学培养了一批又一批优秀的知识分子。他们积极投身到热火朝天的社会主义建设事业中去,为祖国的富强、人民的幸福贡献了智慧和力量。

中华人民共和国第一个五年计划的完成过程,彰显着中国优秀知识分子对大学育人文化的传承。正是靠无数优秀的知识分子的忘我的奋斗,中华人民共和国的发展才有了坚实的基础和坚强的保障。想到这样一些知识分子,自然就想到了大学,这些知识分子之所以能够如此忘我地把个人融入祖国的事业中去,是因为大学是一个育人的地方,把他们培养成了具有高度责任感的有为青年。

受多方面原因的影响,在很长的一段时期,我国的高等教育还处在"精英"阶段,这对一个人口大国来说,仅在数量上就显得不很协调。改革开放之后,特别是在最近这几十年间,我国的高等教育实现了跨越式发展。如今,我国高等教育的毛入学率达到了45.7%,我国已经成为世界第一教育大国。大学以其不变的育人文化,培养了成千上万的知识分子,他们已成为当今中国社会发展十分重要的力量。我国在争取加入世贸组织的谈判过程中,需要一批既懂外语、懂贸易、懂法律,又懂外交的综合型人才。可是那个时候,这样的综合型人才很少。谈判过程中,特别在谈判进入实质性阶段时,我方负责人非常担心某一个成员出意外,找这样的替补很难。如果今天再有这样的谈判,我们完全可以说,哪怕同时进行十次、百次这样的谈判，我们也不缺这类人才。我国高等教育已经由经济的边缘地带，日益走进社会经济发展的中心。改革开放几十年所取得的成就，与高校培养的一批又一批有用的人才密不可分。

大学更加美丽了，真正"大"了起来。可是在一些错误认识的影响下，一些大学不知如何办学了。大学应当以什么为中心？这本是一个很清楚的问题，可现在却引发人们的"争论"。有的说，大学要以教学为中心；有的说，大学要以科研为中心；还有的说，大学要以后勤为中心。在持"后勤中心论"的同志看来，没有后勤的保障，吃在哪？住在哪？还学啥？从问题的角度看，这些年，在大学规模、学科、专业发展的同时，大学的人文精神有所丢失。在谈到这个问题时，华中理工大学原校长杨叔子先生曾痛心地说："我们的学生，只知A、B、C，不知黄河、长江；只知美元、英镑，不知四书五经，真是切中时弊。"杨先生问他的学生，竟没有一人知道"君子不器"是什么意思的。中央16号文件在概括当前大学生的不足时谈了七个方面的问题：政治信仰迷茫、理想信念模糊、价值取向扭曲、诚信意识淡薄、社会责任感缺乏、艰苦奋斗精神淡化、团结协作观念较差、心理素质欠佳。大学生出现这些问题该怨谁呢？当然，"怨"是没有什么意义的，关键是要予以重视，加以改变。就高校自身而言，问题的出现与我们一些同志偏离大学以育人为核心这个轨道有直接的关系。现在有些同志为什么不知道如何办大学了呢？一会儿这个中心，一会儿那个中心，什么都成了中心。大学的中心很明确，中外的大学都如此，就是育人。我们有些同志，有的还是学校的主要负责同志，谈到大学发展时，津津乐道的是大学怎样争取硕士点、博士点，怎样把"什么什么"学院改成"什么什么"大学。他们忘记了早在20世纪30年代，清华大学的老校长梅贻琦先生说过的一句话："大学者，非大楼之谓也，乃大师之谓也。"大学仅仅有"硬"的设施，还不能称为大学，况且说到底，"硬"的设施也必须服从"育人"这个"软"的中心。大学要有大师，大师是学校育人的体现。他们品德高尚，学术精湛，以自己的师德推动和鼓舞学生们勇往直前。伟大的智者培根几百年前针对中世纪的黑暗，勇敢地发出了"知识就是力量"的呐喊。这口号犹如一道闪电，划破漫漫长空，给人以追求真理的力量。什么是知识？"知"和"识"是个完整的统一体。没有"知"，难以"识"；"知"是为了"识"，只"知"不"识"，"知"便失去了目的性，对社会的进步便没有什么意义。人只有既"知"又"识"，对社会的发展才有推动作用。就个人而言，"知"和"识"如果统一了,"知识"就可能成为天使,把你引进天堂;"知"和"识"如果分离了,"知识"就可能成为魔鬼,把你送进地狱。那么多高官纷纷落马,他们没有"知"吗?主要是没有"识"。

很多优秀的学子努力地掌握科学文化知识,在奉献社会中实现人生的价值,真正用知识改变了个人、家庭乃至家族的命运。大学,必须不动摇地坚持育人这个中心。一些辅导员的育人信念不坚定,与他们对大学文化的育人传统缺乏了解有关,与我们一些大学偏离了大学育人这个中心有关。在一些大学,对辅导员工作的重视只是喊一喊口号而已,并没有真抓实做。这在客观上影响了辅导员对自己所从事的育人工作的认识,会使他们产生这样的困惑:辅导员队伍能够长久存在下去吗?有多少学子在辅导员的教育引导下,走向成功,走向辉煌;又多少学子碌碌无为,甚至走向毁灭,这又怎能说与辅导员的工作毫不相干?一个个风华正茂的大学生,代表着民族和国家的未来,做好大学生的工作实在是一项功在当代、利在千秋的伟业。每个大学生的身后都有一个充满期待与渴望的家庭,他们是每一个家庭,甚至每一个家族的希望。我们没有理由瞧不起辅导员,我始终坚定这样一个信念:有价值的东西必会永恒。为什么要有大学?要探索这样一些理念性的东西,就必然要引导人们去实现价值的传承。大学为什么会不朽?支撑大学的永远是大学的育人理念。随着时间的推移,教育的许多内容和方式方法定会有些改变,但是大学育人的传统不可能改变。

毛泽东同志指出,我们的教育方针,应当使受教育者在德育、智育、体育几方面都得到发展,成为有社会主义觉悟、有文化的劳动者。

邓小平同志指出,我们的教育,要培养有理想、有道德、有文化、有纪律的"四有"新人。

江泽民同志在北京大学校庆一百年、清华大学校庆九十年大会上指出,大学生们应当坚持学习科学文化与加强思想修养的统一;坚持学习书本知识与投身社会实践的统一;坚持实现自身价值与服务祖国人民的统一;坚持树立远大理想与艰苦奋斗的统一。

胡锦涛同志在与北京大学的师生代表座谈时,首先强调的一点,就是要大力弘扬爱国主义精神。希望大学生们切实强化社会责任感和历史使命感,把个人的成长进步融入推动国家发展、民族振兴的事业中去,为实现远大的理想而不懈奋斗。

习近平总书记在全国教育大会上强调,广大教师贯彻党的教育方针,教书育人,呕心沥血,默默奉献,为国家的发展和民族的振兴做出了重大的贡献。教师是人类灵魂的工程师,是人类文明的传承者,承载着传播知识、传播思想、传播真理、塑造灵魂、塑造生命、塑造新人的时代重任。全党全社会要弘扬尊师重教的社会风尚,努力提高教师的政治地位、社会地位、职业地位,让广大教师享有应有的社会声望,在教书育人岗位上为党和人民的事业做出更大的贡献。

上述这些话语,也是对我国社会主义大学办学方向的根本要求。大学无论怎样发展,其始终如一的核心都是育人。2018年9月,国家召开了全国教育大会。这次会议对前些年大学生思想政治教育工作的情况进行了总结,站在新的历史起点上,对今后大学生思想政治教育工作进行了部署。大学自身也在思考:今天的大学到底应该怎样办?现在我们欣喜地看到,在国家的大力推动下,大学自身对加强和改进大学生思想政治教育工作的认识有所提高,对加强辅导员队伍建设有了新的认识。大学出现这种变化,无疑受到外部的影响,也有来自大学自身的觉醒。这些年,大学在发展过程中遇到了诸多问题,有些是技术层面的,如学科建设、专业设置、设备投入。这类问题即便一时得不到解决,也可以日后再来解决。如果大学失去了育人的文化传统,就要出大问题了,就失去了存在的价值。虽然现在的大学在育人方面还存在诸多不尽如人意的地方,但是辅导员们应当坚信,正在逐步形成的对大学以文化育人为核心的共识,必然引领大学沿着正确的方向发展下去,属于辅导员的春天一定会到来。这也是建立高校辅导员工作长效机制的前提条件。

## 第二节 职责明晰,划清工作界域

### 一、现阶段辅导员的大量"杂活"

能否建立起长效的辅导员工作机制与辅导员应当做什么有关。本不应属于辅导员做的事务,硬"逼着"辅导员来做,就必然影响辅导员工作的绩效,进而使辅导员产生对辅导员队伍存在的必要性的质疑。一些学校的领导同志不愿意从机制的角度考虑辅导员队伍建设,这与他们对辅导员工作的定位有关,与他们对辅导员工作的评价有关。在这些同志看来,辅导员就是干"杂活"的,这些"杂活"什么人都能干,用不着花大的气力长久地考虑辅导员队伍建设。需要了,就找几个人来做;

不需要了,就让他们各奔东西。这样的认识和做法严重地影响了辅导员队伍的形象,使辅导员队伍建设滞后于学生成长的需要,滞后于高等教育发展的需要。因此,辅导员队伍的长效机制的建设不仅提不到日程上来,有些人甚至连这样的概念都没有。

许多辅导员反映,大量的"杂活"使他们无法安心做自己的事情。有些学校明文规定,辅导员应当参与学校的教学管理,有责任维护课堂的教学秩序,学生旷不旷课、迟不迟到,课堂纪律如何都由辅导员负责。为了维护这样的教学秩序,有的学校便让辅导员检查出勤情况,甚至让辅导员对"违纪"的学生给予处分。辅导员干了不是自己应当干的事情,和学生的关系由此"紧张"起来。这既影响了辅导员在学生心目中的地位,也使辅导员在对学生做其他的教育引导工作时,一些学生产生抵触情绪:先不说辅导员讲的有没有道理,学生首先不愿意接纳辅导员这个人。有的学校规定,教室和寝室的卫生由辅导员负责组织学生打扫。一些学校为了保持学校卫生整洁,经常"巧设"名目地进行卫生评比,要评比,就要进行这样或那样的检查。由于卫生由辅导员负责,这些评比检查就成了评价辅导员工作优劣的重要"指标"(也是一些学校评比辅导员工作的主要指标)。一些辅导员说:"我们整天提心吊胆的,就怕学生在卫生上出点什么事。我们不仅体力上累,心里更累,我们累在这些'杂活'的管理上,累在这些无端的批评上。"学生卫生如何,从个体而言,可以折射出学生的文明程度,教育引导大学生养成文明的习惯,也确实与辅导员工作有关,但这不应是辅导员的主业,这样的"杂活"更不应该由辅导员来负责。

还有一些其他的"杂活"也都交给辅导员来做。有的学校就餐秩序不好,不在提高饭菜质量、文明服务上下功夫,而是让辅导员在学生就餐时到食堂维持秩序;有的学校对公共场所的灯泡丢失情况也实行辅导员承包制;很多学校把催缴学费当成辅导员工作的一项硬任务,能把学生欠的学费收缴上来的辅导员就是好辅导员(有的学校甚至还要给予提成奖励),否则,就是工作能力不行,要挨领导批评;有的学校为了维护校园安全(这是对的),让辅导员带领学生夜间巡逻……辅导员们说:"我们是两眼一睁,忙到熄灯。"

**二、辅导员职责的界定**

辅导员到底应当做些什么?辅导员队伍是我国社会主义大学的一个体现。中华人民共和国成立后,办好社会主义大学,培养社会主义合格建设者和可靠接班人是大学的重要任务。时任清华大学校长蒋南翔同志在清华大学首创了辅导员制度,从此,很多大学纷纷开始建立辅导员队伍。可以肯定地说,辅导员为社会主义大学的发展,为国家人才的培养做出了重大的贡献。现在,各行各业的骨干很多是辅导员出身,有的国家领导人也是辅导员出身。但是,在中华人民共和国成立后的半个多世纪里,辅导员的地位并不十分明确;辅导员队伍建设的发展很不平衡;辅导员的工作界域不十分清晰;很少有学校从长效机制的角度考虑建立什么样的辅导员队伍。人类是在不断总结创新的过程中发展的,辅导员队伍建设也是如此。中央16号文件充分肯定了辅导员在大学生成长过程中所发挥的作用,澄清了长期以来人们在辅导员队伍建设中存在的一些模糊认识,明确了辅导员的工作地位。2006年4月,辅导员队伍建设工作会议在上海召开,这是我国第一次召开的专门研究辅导员队伍建设的会议。根据这次会议的精神,教育部出台了《普通高等学校辅导员队伍建设规定》(以下简称《规定》)。《规定》明确提出,辅导员是高等学校教师队伍和管理队伍的重要组成部分,具有教师和干部的双重身份,辅导员是开展大学生思想政治教育的骨干力量,是高校学生日常思想政治教育和管理工作的组织者、实施者和指导者,辅导员应当努力成为学生的人生导师和健康成长的知心朋友。这个文件的颁布,从法律规定的角度明确了辅导员的地位、作用,给予了辅导员以教师和管理干部的双重"合法"身份。身份明确了,职责自然就明晰了。

  《规定》中把辅导员的工作职责概括为以下八个方面。①帮助高校学生树立正确的世界观、人生观、价值观,确立在中国共产党领导下走中国特色社会主义道路、实现中华民族伟大复兴的共同理想和坚定信念。积极引导学生不断追求更高的目标,使他们中的先进分子树立共产主义的远大理想,确立马克思主义的坚定信念。②帮助高校学生养成良好的道德品质,经常开展谈心活动,引导学生养成良好的心理品质和自尊、自爱、自律、自强的优良品格,增强学生克服困难、经受考验、承受挫折的能力,有针对性地帮助学生处理好学习成才、择业交友、健康生活等方面的具体问题,提高思想认识和精神境界。③了解和掌握高校学生的思想状况,针对学生关心的热点、焦点问题,及时进行教育和引导,化解矛盾冲突,参与处理有关突发事件,维护校园安全和稳定。④落实好对经济困难学生的资助工作,组织高校学生勤工助学,积极帮助经济困难学生完成学业。⑤积极开展就业指导和服务工作,为学生提供优质、高效的就业指导和信息服务,帮助学生树立正确的就业观念。

⑥以班级为基础,以学生为主体,发挥学生班集体在大学生思想政治教育中的组织力量。⑦组织、协调班主任和思想政治理论课教师以及组织员等工作骨干共同做好思想政治教育工作,在学生中开展形式多样的教育活动。⑧指导学生党支部和班委会建设,做好学生骨干的培养工作,激发学生的积极性、主动性。

这八个工作职责可以理解为辅导员工作的界域。评价辅导员工作合不合格,应当以这八个职责为基准点。

### 三、对八个职责的简单分析

一是关于树立正确的世界观、人生观、价值观,确定马克思主义信仰问题。

人是什么？这是个既复杂又简单的命题。人是一种社会动物,既有对自身赖以存在的世界的看法,又有对自身价值的追求。人与其他动物的一个根本的不同在于人有思想。人依赖于现实世界,同时又不满足于现状,人总是在认识—实践—再认识—再实践的循环往复的过程中推动自身的发展和社会的进步。因此,人对世界的看法应当是积极向上的,对社会发展规律的认识应当是科学正确的,对自我教育意义的认识应当是崇高至善的。"学校教育,育人为本；德智体美,德育为先。"人要有一般的品德,更要有大德。何谓大德？大德就是对你赖以存在的民族、国家的情感、责任,有"为中华之崛起而读书"的雄心壮志。在今天的中国,大德就是要使青年学生树立坚定的理想信念,坚信中国共产党的领导,坚定地走中国特色社会主义道路,为实现中华民族的伟大复兴而努力奋斗。大学生要明白一个道理：中国革命和建设的胜利,是马克思主义与中国革命和建设实际相结合的产物,没有马克思主义的指导,中国革命和建设就不会有今天这样如此宏伟的画卷。在未来的征途上,我们要取得更加辉煌的业绩,就必须坚定不移地以马克思主义为指导。这里讲的马克思主义是中国化的马克思主义,即党的纲领中明确表述的马克思列宁主义、毛泽东思想、邓小平理论、"三个代表"重要思想、科学发展观以及习近平新时代中国特色社会主义思想。中国社会正处于大变革时期,国际社会处在政治多样化、经济全球化的浪潮中,各种文化思潮和思想认识交织在一起,大学作为社会主义文化、精神文明的集散地,更应坚定马克思主义在意识形态中的主导地位,使青年学生始终用科学的理论武装自己的头脑,进而成长成才,为建设中国特色社会主义事业做贡献。辅导员的工作千头万绪,这是主业中的主业,是解决根本问题的方法,是大学生思想政治教育工作的重中之重。

二是养成良好的道德品质,引导学生培养健康的心理,处理好择业、交友等方面的问题。

许多事例表明,良好的道德品质是一个人立足社会、走向成功的重要条件。例如诚信问题。中华民族是一个伟大的民族,庞大的文化宝库中盛开着"讲诚信"这样一朵鲜花。《中庸》云:"君子诚之为贵。"君子乃接受大教育、有大学问之人。大学生是社会青年中接受知识教育较多的群体。诚信品质的好坏,无论从个体来论,还是从群体来看,都对个人和社会的发展产生或正面或负面的影响。特别是当今的大学生,正处在经济全球化时代,经济全球化最基本的特征是全球性的市场的形成。我国正处在着力建立和完善社会主义经济体制时期,这意味着这个市场向世界开放,世界市场的形成中必有中国参与。现代市场经济的一个重要特征是信用经济。大学生是未来市场经济的重要组成部分,信用经济需要人们以诚信的道德品质做支撑。大学生不讲诚信,中国就无法建立完善的市场经济,整个社会秩序就将遭到破坏,国家难以繁荣、和谐、稳定。大学在教给学生知识的同时,更重要的是要培养学生良好的诚信品质。辅导员应义不容辞地把这项任务担负起来,使大学生能够成为一名知识丰富、诚实守信的好公民。

健康的心理素质也十分重要。一些大学生心理素质较差,经不起生活的磨炼,遇到一些困难就自暴自弃,甚至轻生。辅导员应教育引导学生坚强起来,让学生懂得这样的道理:每个时代都有每个时代的责任和使命,每个时代的青年在成长过程中都会遇到不如意的"环境"。诚如毛泽东同志讲过的那样:社会主义制度的建立为我们理想的实现开辟了广阔的道路,而理想的实现还要靠我们辛勤的劳动。学会看待、适应成长的环境也是一种能力。"罗马不是一天建成的。"青年学生的理想和愿望不可能一下实现,更不能靠"上帝"恩赐。"从来就没有救世主。"许多成功人士的经历告诉我们,他们的成长不是一帆风顺的,他们的成功靠的是他们身上始终保持着的一种不怨天尤人、不服输的进取精神。今天的中国,正处在发展的关键时期,要做的事情很多,要克服的困难很多,也很大。大学生应具有克服困难的决心和勇气,才能战胜这些困难,从而改变自己、改变社会、改变国家,才能实现心中美好的愿望。

大学生的择业问题也是一个热门话题。其实,自从大学建立那天起,择业问题就产生了。择业问题说到底就是为什么要上大学,读完大学做什么的问题。从这个角度看,有大学就会有择业,择业问题是与大学同时产生的。如今,随着大众化高等教育的到来,择业问题显得尤为突出。这里有政策性的问题,也有学生人生价值追求的问题。人生的幸福是什么,是怎样实现的?有了职业就能实现幸福吗?择业的背后是一个人的幸福观、职业态度。幸福观、职业态度不正确,人生难得幸福。时传祥是一个淘粪工人,他活得很幸福。收入百万元,就一定幸福吗?有人形象地说,床越大,个人越渺小。有钱人活得很痛苦的比比皆是。辅导员非常有必要教育引导学生们树立正确的择业观,这会使学生终身受用。

大学生的交友问题也应当受到辅导员的关注。这个问题常常被忽视,人们一般都把它看成是个人的事情,任其发展,这是不正确的。大学生活是人生最宝贵的时光。作家柳青说,人生的紧要处只有几步,特别是在青年的时候。许多人的成功,后半生只是结果,因为有了前半生的积累,尤其是青年时期的准备。机遇是从不眷顾那些没有准备的人的。朋友分为同性朋友和异性朋友,先说交异性朋友,我非常不赞同大学生一到大学便交异性朋友。恋爱是什么?有人说大学生正值人生最好的恋爱季节,这只是从人的生理年龄来讲的,恋爱是一种社会活动,还需要考虑社会年龄。这就要求学生在考虑恋爱问题时,一定要考虑自己是否达到了社会年龄。社会年龄讲的是对恋爱婚姻及未来生活的态度、追求和准备。大学期间,需要大学生惜时如金,丰富自己的专业知识,培养自己多方面的能力,而恋爱需要投入情感、投入时间、投入精力,甚至投入物力,这在一定程度上势必会影响一个大学生的全面发展。选择同性朋友也需要引导。交友也应该有原则,这个原则就是要尊重与你相识的每一个同学,不能把同学分为三六九等。有些大学生受一些不良的风气的影响,交友没有原则,傍大款、傍势力,看同学的家庭背景如何。现代社会需要有团队精神的人,成功者是广泛结交朋友的人。大学生若是能培养一个团队,这个团队必定是他将来走上社会后应对各种困难的重要支撑。没有一个人能单独靠自己获得成功,许多成功人士的成长经历揭示了这一点。同学之间的这种友谊以及大学培养的尊重每个人的精神品质,使他(她)不断"结识新朋友,不忘老朋友",使他(她)在大学时期形成的团队不断发展壮大,犹如航行在大海中的庞大舰队,不惧任何惊涛骇浪。

三是了解和掌握大学生的思想政治状况,对学生关心的热点、焦点问题及时进行教育引导,维护校园安全稳定。

"'90后''00后'大学生是自我发展的一代,他们只关心与自己利益相关的事情。"有人这样评价"90后""00后"大学生。这种看法,笔者不认同。希望国家繁荣富强是大学生的共同心愿,"90后""00后"大学生同样如此。"九寨沟地震""广州亚运会""中国上海世界博览会",在这些重大事件面前,"90后""00后"大学生们表现出了较高的精神境界,做出了应有的贡献。这充分说明当代大学生是值得信赖、堪担重任、大有希望的一代。但需要我们注意的是,今天中国的发展受世界政治多极化、经济全球化的影响,受经济发展阶段的影响,诸多社会矛盾交织在一起,多元文化思潮此起彼伏,这使大学生的思想政治状况表现出不稳定性。大学要坚持社会主义的办学方向,首先就是要解决培养什么样的人、怎样培养人的问题。这是大的原则,这个原则不可动摇。高校辅导员是大学生思想政治教育的骨干力量,他们工作的重要关注点应当体现为对大学生思想政治状况的关心,应当及时掌握学生的思想动态,特别是要了解和掌握学生在一些大是大非问题上的看法,及时排解学生的思想困惑,使他们安下心来,在正确的学习目的的引导下刻苦学习,培养技能。否则,他们就难以全身心地投入文化知识的学习中去,即便掌握了较丰富的知识技能,于国家、社会的发展益处也不大,甚至会做出一些错误的事情来。今天的大学生思想政治教育绝不是由高校单独进行的。大学生的思想政治教育是一个与社会联系紧密的问题。社会的变化,必然影响到大学生的成长;反过来,大学生的思想、行为如何,也会给社会带来影响,在稳定这个问题上更是如此。大学生群体的稳定状况,直接关系到大学的秩序能否正常地运行。学校的秩序如果遭到破坏,学生就不能正常地学习生活。学校的不稳定,也会给社会带来不稳定,影响社会正常有序地运行。做好大学生的稳定工作是辅导员工作的一个重要方面。关注和做好这项工作,从辅导员自身来讲,也反映了辅导员政治敏锐性如何。这项工作只能做好,不能做坏。[①]

四是做好经济困难的学生的有关工作,积极帮助困难学生完成学业。

做好经济困难学生的有关工作,从大的方面来讲,取决于国家的资助政策:给予生活困难的学生更多经济资助,是困难学生顺利读完大学的重要保证。学校还要做好大学生的勤工助学问题。有这样一些辅导员,他们辛勤地奔波,力所能及地

---

[①] 董东,陈爽.做好辅导员工作的几点思考[J].中国科技信息,2008(1).

为困难学生争取勤工助学岗位,这是必要的,应当予以肯定。但是,我们同样可以说,这样的努力只是杯水车薪,不能从根本上解决问题。勤工助学这个问题还需要社会和学校加强制度性安排。因此,从这个角度看,对生活困难学生的帮助,辅导员是"无能为力"的。积极帮助困难学生完成学业是辅导员工作的一个职责,辅导员除了力所能及地给予困难学生一定的经济帮助,最主要的也是极为重要的是,要解决经济困难学生的思想问题,使他们放下思想包袱,以一种积极乐观的态度看待发生在自己身上的这一切。辅导员可以利用优秀的困难大学生的事迹教育引导其他生活困难的学生。高校要把优秀的贫困生看成是加强和改进大学生思想政治教育的资源,他们的成功有重要的示范意义。辅导员要教育引导他们懂得这样的道理:出身于什么样的家庭是无法选择的,但是人生的价值是可以创造的。一些成功的毕业生在谈到当年的大学生活时,他们庆幸的是当初没有被困难吓倒,挺了过来,于是才有了现今脚下这条光明的人生之路。

五是积极开展就业指导和服务工作,帮助学生树立正确的就业观念。

"找个理想的工作"可以说是许多学生上大学的终极目标。大学教育从技术层面看,的确担负着这样一种职能:把人类创造的先进生产经验和技能总结概括起来,并教授给学生,使这些先进的经验和技能得以代代相传。青年时期,是个人的思想与发展的剧烈变动期,常常是一种想法还没有考虑好,又有了新的想法;今天刚确立的想法,明天又受到影响而产生动摇。辅导员是专职从事大学生思想政治教育的人。他们与学生生活在一起,对学生的思想动态比较了解,可以及时地有针对性地帮助大学生纠正错误的认识,树立正确的价值观。找到一份理想的工作,是每个大学生的心愿。但找不到这样的工作怎么办?理想工作的标准是什么?理想的标准与一个人的择业观、幸福观紧紧联系在一起。从经济收入的角度看,丰厚的经济报酬会给人的快乐提供一定的物质保证。但是,如果一个人极端地追求这种物质利益,恐怕就难以获得长久的幸福。历史上,曾经喊出过"到祖国最需要的地方去"这样振奋人心的口号。今天,祖国需要,仍应是大学生择业的基本价值追求。大学生如果有了正确的择业观,就不会学无用武之地。我们的国家正处在社会主义初级阶段,国家需要发展,自然需要大量的人才。但是,一些大学生只肯待在城市,不肯到祖国最需要的地方去。辅导员帮助学生解决这些认识问题,大学生就会每天精神饱满地投入到学习生活中,才会有正确的成才动机和强烈的成才愿望,才会在未来的职业生涯中有所作为。

六是以班级为基础,以学生为主体,发挥学生集体在大学生思想政治教育中的作用。

高等教育的教学模式采用两种学制：一种是学年制,一种是学分制。我国高等教育的教学模式通常采用学分制。学分制的好处是学生可以自由地选择课程,教师可以"因材施教"。我们既满足了学生"自由"选课的愿望,又把学生归属在一个班级当中,这样既保证了学生得到专业技能培养,又以班级为基本的思想政治教育单位对学生进行必要的教育管理,使学生在有序状态下发展。如何统一班级成员的思想,规范和引导他们的行为？一个良好的班集体就显得十分有必要。加强和改进大学生思想政治教育,必须充分认识到班集体是重要的教育载体,一定要把它利用好。辅导员是大学生思想政治教育工作的具体组织者和实施者,有责任把大学生班集体建设好。所谓建设好班集体,就是要营造良好的班风。班风建设要早抓,从组建班级那天起就应当认真地考虑这个问题。心理学家勒温认为,一个人的行为是个性与环境中各种力量相互作用的结果。班集体是大学生所处的重要环境,影响着学生的行为及个性心理特征、道德规范和行为准则。

七是组织协调班主任、思想政治理论课教师和组织员等工作骨干,做好思想政治教育工作,在学生中间开展形式多样的教育活动。

大学生的思想政治教育需要全员配合,学校无闲人,人人育人应成为大学生思想政治教育的一个重要理念。为了加强大学生的思想政治教育,在大学里,许多班级都配备了班主任来配合辅导员做好大学生思想政治教育工作。为了保证这一制度的顺利实施,教育部还出台了相关文件,规定没有班主任经历、没有从事学生工作经历的教师不得晋升教师职称。我们应看到,这些班主任在完成自己的专业课教学的同时,做了大量的学生教育工作,为辅导员的工作解了难、添了力。因为班主任的"主业"是文化教育,所以当他们对学生进行教育引导时,学生就不会产生"不得已而为之"的感觉。这有利于增进师生间的亲和力,使学生更乐于接受班主任的教育。但是,教育是有规律性的,是分"时节"的。什么时候该做什么,应当制订规划,这些规划需要辅导员来设计。辅导员一定要多与班主任加强沟通,使班主任工作始终围绕辅导员的规划来开展。这样班主任的工作才会更有针对性,才会与辅导员的工作形成合力。

同时,辅导员也可以在日常的思想政治教育中多与理论课教师沟通,让理论课教师多参加学生活动,增进理论课教师对学生的了解,让理论课教师配合自己做好个别学生的教育引导工作。思想政治教育既要有"说",也要有"做"。辅导员可以组织学生参观一些爱国主义教育基地。大家一致认为,中华民族曾经受到巨大的耻辱,我们作为后来人,有责任使我们的国家变得更加强大。从现在起,我们一定要刻苦学习,努力成长。辅导员也可以组织学生参观工厂,让他们感受改革开放给国家带来的迅猛发展,这充分说明走中国特色社会主义道路是正确的。另外,辅导员还应适当组织学生开展"休闲游",这对大学生的成长也有好处。在大自然面前,学生的视野开阔了,心情愉悦了,生活就更快乐了。一些大学生表现得比较消沉,原因在于他们失去了生活的乐趣。

八是指导学生党支部和班委会建设,做好学生骨干的培养工作。

大学生思想政治教育的一条经验是:要充分重视大学生的党建工作,以党建带动学生工作。大学生群体是未来中国特色社会主义事业的建设者和接班人,他们中的一些优秀分子还将走上党和国家的各级领导岗位。大学要重点培养一批青年马克思主义者,使他们较早地树立起忠于党、忠于人民、忠于马克思主义的信仰。这是一项功在当代、利在千秋的伟大工程。从长远讲,大学生党建工作关系到建设有中国特色社会主义事业是否后继有人的问题;从现实看,学生党建搞好了,有利于促进大学生思想政治教育工作的开展。辅导员通过学生党员开展思想政治教育,会使同学更容易感受到学校对他们的关心、帮助,从而通过学生党员的影响确立起发展的目标。辅导员必须抓好班级干部队伍建设,队伍建设好了,就会形成一种良好的班风,这有利于开展大学生的思想政治教育工作。学生骨干队伍是辅导员开展大学生思想政治教育工作的桥梁。很多时候,辅导员需要通过学生骨干来实现学校的一些要求的上传下达。因此,辅导员在要求学生骨干管好自身的同时,一定要充分发挥他们在同学中的影响力、感染力,使学生骨干成为辅导员工作的左膀右臂,提高广大同学自我教育、自我管理、自我服务的能力。辅导员要与学生骨干密切联系,及时了解他们的所思、所想,并通过他们更多地了解学生的所思、所想、所为。

## 第三节 培养培训,提高工作水平

辅导员队伍建设,伴随着我国高等教育事业的发展走过了大半个世纪的路程。辅导员队伍在完成大学德育的目标,保证高等教育的有序发展,培养社会主义事业的建设者和接班人这些方面发挥了积极的作用。2018年12月,在全国高校思想政治工作会议上,习近平总书记强调,教师是人类灵魂的工程师,承担着神圣的使命。传道者自己首先要明道、信道。高校教师要坚持教育者先受教育,努力成为先进的思想文化的传播者、党执政的坚定支持者,更好地担起学生健康成长指导者和引路人的责任。要加强师德师风建设,坚持教书和育人相统一,坚持言传和身教相统一,坚持潜心问道和关注社会相统一,坚持学术自由和学术规范相统一,引导广大教师以德立身、以德立学、以德施教。

这些阐述对于加强辅导员队伍长效机制建设具有重要的意义。从实际情况看,要提高辅导员的能力和素质,就要加强对辅导员的培养培训。

### 一、为什么要加强对辅导员的培养培训

#### (一)从辅导员队伍自身来看

正如在前面章节里提到的那样,由于辅导员对从事辅导员工作应当具备的条件认识不同,辅导员的选聘存在"先天不足"。一些同志因为学历高被选聘为辅导员,一些同志因性别优势当上了辅导员,一些同志因为专业能力强而被选聘做了辅导员工作。从辅导员的能力和素质要求上看,辅导员队伍的整体能力和素质与辅导员工作所要完成的任务还有不小的差距。特别是这几年,为了满足辅导员队伍数量的需要,许多高校选聘了大量年轻的辅导员。由于年轻,这些辅导员的工作热情很高,整天与学生在一起。但也正因为年轻,加上选聘时对辅导员应具备的条件认识不足,许多新选聘的辅导员在做辅导员工作时感到力不从心。大学生思想政治教育工作是做人的工作,是做有一定知识的人的工作,这对于年轻辅导员来说的确有难度。有些辅导员想把工作做好,可是不知从何处着手;有些辅导员想把工作做好,可是效果不尽如人意;有些辅导员缺乏科学性、预见性、主动性,把握不住规律。辅导队伍对学生的成长至关重要,必须从长效机制上来加强辅导员队伍建设,以保证辅导员队伍整体能力和素质的提高,完成辅导员所担负的工

作职责。

### (二) 从当今的国际政治形势来看

我们培养的学生,应当是全面发展的人,而思想政治素质是大学生最重要的素质。帮助学生确立正确的政治观,是辅导员工作的一项重要内容。要做到这一点,辅导员首先要讲政治,也就是有政治头脑,能从政治上考虑问题。改革开放以来的历史进程,显示了中国共产党的伟大,显现出中国特色社会主义道路的强大生命力,这些是对大学生确立正确的政治观最生动、最有说服力的教育。但是,由于急于把经济搞上去,在经济全球化的过程中,我们不同程度地忽视了对学生的政治观念的培养。特别是在国际交往中,如何从政治角度把握中国在国际上的地位、作用?如何理性地处理我们在发展中遇到的一些干扰和困难?在处理这些问题时,无论是大学生还是辅导员都可能会表现出不成熟的一面。在21世纪,大学生们看到了什么,想到了什么?如果不从政治角度考虑问题,大学生看到的会是人类社会所创造的巨大的物质财富,想到的会是"一个世界,一个梦想"的早日实现。其实,如果从政治角度考虑问题的话,大学生应当看到,回顾过去的一个世纪,人类社会发生的最大变化不是物质层面的,而是精神层面的,即在马克思主义思想体系的光辉照耀下,人类社会诞生了一种崭新的社会制度:想一想1848年《共产党宣言》发表后,为什么资产阶级把它视为"幽灵";想一想"巴黎公社"为什么遭到了如此血腥的镇压;想一想"十月革命"胜利后,新生的苏维埃为什么会遭到帝国主义国家的联合围攻;想一想我国在发展过程中西方社会制造的诸多麻烦。想清楚了这些问题,大学生自然就会想到,由于两种制度的政治斗争格局将长期存在,因此西方国家"西化""分化"我们的图谋就不会停止,而且随着中国的不断发展,这种麻烦只会增加,不会减少。辅导员要想帮助大学生在政治上始终保持清醒的头脑,就需要不断提高自己的能力和素质,以帮助学生在大是大非面前站稳立场,坚定前进的方向。①

### (三) 从当今社会发展的形势来看

今天,"大学已由经济的边缘走向经济的中心",人们常用这样一句话来形容大学同社会的联系。这一点是明确的,大学与社会的联系的确从来没有像今天这

---

① 王玲云. 如何做好辅导员工作[J]. 科学导报,2015(24).

样紧密。这种紧密的联系无论是对大学的发展还是对社会的发展都产生了极大的推动作用。这里想要说明的一点是,正是有了这样的紧密联系,大学作为思想的集散地,在产生和辐射思想的同时,也不可避免地受到社会各种思潮的影响,特别是在科学技术迅猛发展的今天,这种影响具有便捷性、及时性、广泛性的特点。大学再也不是深居高墙、独来独往的师生联合体。社会思潮对大学生的影响是直接的、不遮掩的。学生们在校园里了解到的、所掌握的一些思想信息和初步确立起来的价值观,常常会在社会思潮的"诱惑"和冲击下变得"弱不禁风""不堪一击"。谁对谁错呢?在应对社会思潮的影响面前,大学生并不是"孤立无援"的,在他们身边站着一支从事大学生思想政治教育工作的队伍。辅导员的主业就是帮助大学生从接触到的社会思潮中"去伪存真""取其精华"。因此,辅导员应当比大学生更"高明些",对社会思潮的分析、评价应当更准确。只有这样,辅导员才能够送给大学生打造思想的锐器。辅导员的"高明"也不是自然获得的,实事求是地讲,由于多种因素的影响,辅导员自身在应对社会思潮的影响方面也存在着亟待提高的地方。这个问题如何解决?一靠自我提高;二靠系统化、制度化、科学化的培养培训。

**二、怎么加强对辅导员的培养培训**

当前,我国正处在社会转型的特殊时期。随着经济体制、社会结构、利益格局的深刻改革和调整,利益主体多元化和价值取向多样化日益明显,人们的思想活动呈现多样化和复杂性。以人民内部矛盾为主的社会矛盾也呈现出多样性和复杂化,这是影响社会和谐稳定和社会发展的突出问题。例如,大学生们经常谈论到的"贫富差距"问题就属于这样的问题。近些年来,我国的一些地区、行业、群体间的收入差距有所加大,分配格局失衡导致部分财富向少数人集中,收入差距超过了基尼系数标志的警戒"红线"。这种差距在大学生群体中已有明显的表现。一些富家子弟,可以一心扑在学习上,"挥金如土";而那些来自贫困家庭的学生,既要考虑怎样好好学习,更要为自己每天的生活费犯愁。这便使得许多来自困难家庭的学生对社会产生了看法,甚至对"共同富裕"、中国特色社会主义道路产生怀疑。如何帮助大学生正确地看待这类社会问题?这需要辅导员做许多努力。但是,对辅导员来说,他们是把握大学生思想脉搏的第一人,他们有条件在第一时间了解学生的所思、所想。辅导员不能眼睁睁地看着学生在错误思想的引领下走上错误的路。辅导员要想成为大学生的人生导师,首先要成为大学生人生成长的思想领路人,这就需要增强辅导员"以理服人"的能力。这种能力要通过培养培训来提高。

毛泽东同志曾经讲过,情况是在不断变化的。要使自己的思想不断适应新的情况就得学习。今天高等教育所面临的环境的变化,不都来自外部,高等教育自身也发生了很大的变化。随着学分制的实施,学生的教育管理模式改变了。在传统的思想政治教育中,班级是基本的思想政治教育单位,很多思想政治教育活动都是通过班级来开展的。学生的集体荣誉感比较强,大家争先恐后地参加集体活动,为班级争光,在活动中培养了集体主义精神和组织纪律观念。可是现在,由于学分制固有的选课自由的特性,学生们化"班级为零"了。同属一个班级的学生,除了上一些必修的专业课能在一起外,很难再保证统一的班级活动时间了。在这种情况下,怎样进行大学生的集体主义教育?学校教育的一个基本规律是"教育是在集体当中进行的"。这些问题如何解决?靠每个辅导员慢慢地摸索、亲自实践?显然这会耽误辅导员的工作,也没有这个必要。全国有上千所大学,十几万辅导员在做大学生思想政治教育工作,许多带有共性的问题可以通过"集体攻关"的方式加以解决,一些好的经验可以相互借鉴。加强辅导员的培养培训无疑是为这种经验的相互借鉴搭设的有效载体。

伴随着高等教育大众化的进程,在大学生数量增加的同时,大学生群体也发生了一些较大的变化:一是独生子女增加了;二是贫困学生增加了。这些学生在思想和行为上有些什么特点?如何做好他们的思想政治教育工作?辅导员必然会遇到许多在以往的思想政治教育工作中没有遇到的问题。现在的大学生群体生活在信息时代,科技的进步在一定程度上改变了大学生的学习、生活方式。教育真正实现了"秀才不出门,全知天下事"。这对传统的教育理念是个冲击和挑战。传统的教育理念认为,学校教育就是"围墙"教育、课堂教育、教师教育。所谓教师教育,就是在教和学中,只有教师有知识,学生是被教育的对象,教师怎样教,学生就怎样学。这种教育理念体现在辅导员工作中,就常常表现为辅导员的"一言堂","我打你通""灌输为主"的生硬的方法。现在的学生是有"知识"的受教育对象,他们通过多种渠道在头脑里储存了大量的教育信息和教育资源,而且他们对这些教育信息和资源进行过一些初步的选择和判断。在这样的条件下,辅导员学会应对这样的变化,充分尊重受教育者的主体地位,尊重他们的选择和判断,帮助他们很好地实现自我教育、自我管理、自我服务就显得尤为重要。因此,高校很有必要通过培养培训的方式,使辅导员树立正确的教育理念,改进工作的方式方法,增强工作的主动性,切实做好大学生的思想政治教育工作。

加强对辅导员的培养培训已得到有关方面的重视,特别是一些从事这项具体工作的同志,无论在理论上还是实践上都做了大量富有成效的探索。

**(一)采取分层次培养培训的办法提高辅导员学历**

1.免试。通过免试的办法,将一些高职高专中表现最优的学生保送到本省高校设立的辅导员培养培训基地攻读思想政治教育专业(辅导员方向)学士学位。这些学生毕业后再回到原来的学校做专职辅导员。一开始有的同志会有这样的想法:这些年,高等教育已经实现了大众化,研究生毕业想做辅导员的人有很多,怎么还要培养培训本科层次的辅导员呢?这种想法乍一听有它的道理,也会得到许多同志的赞同。但是认真地分析一下,我们会发现这种看法并不符合大众化条件下的高等教育的实际。若从研究生中选聘辅导员应当不成问题,哪里还有必要再培养培训专科起点的辅导员呢?其实,许多经济不发达地区的高职高专院校,别说选聘"像样的"(具备中共党员、在校期间担任过主要学生干部、工作能力强等条件)硕士研究生做辅导员,就是选聘个"像样的"本科生做辅导员都很难。原因很简单,辅导员工作还没热门到成为大学生职业选择的第一追求。在这些地区,若真是具备了辅导员条件的硕士生,哪怕是本科生,他们选择工作的第一去向一般是党政机关,"实在不行"了才会考虑要不要到学校工作。因此,一些坐落在经济不发达地区的高校,尽管选聘了一些"愿意"从事辅导员工作的同志,但总的看来,他们的能力和素质并不令人满意。采取将高职高专院校中表现最优的学生保送攻读思想政治教育专业(辅导员方向)学士学位的办法可以弥补这方面的一些不足。这些被保送的"准辅导员",可以说是千里挑一、"精心"挑选的。虽然他们考大学时因成绩不太理想没有考上本科高校,但是他们的长处是能力较强、素质较高,对所在学校既熟悉又有感情。他们通过公开选拔免试保送的方式才有了继续深造的机会,这既给他们提供了高起点就业的机会(这些学生毕业后能在高职高专院校工作,他们已经很"满足"了),又解决了他们的学历问题。因此,他们始终抱着一种感恩的情怀,而这种情怀正是他们刻苦学习、忘我工作的思想基础。培养单位围绕辅导员方向设计专门的培养方案,整个教学过程与大学生思想政治教育工作密切相关。特别是加大社会实践考察力度后，这种学以致用的培养方式针对性更强，见效更快。从学校和学生的评价看，他们的工作得到了大家的认可。有的辅导员说，他们在读书时对即将开始的辅导员工作就有跃跃欲试之感，所以，一到工作岗位上，他们就能全身心地投入到学生的教育管理工作中。当然，我们并不认为，这些地区的高职高专院校的辅导员都要通过"准辅导员"培养的方式选聘，这只是为这类院校选聘辅导员提供了一种模式。

2. 考试录取。采取考试录取的办法，培养硕士层次的辅导员。有的同志又会产生疑问：直接从硕士毕业生中选聘不就可以了吗？采取这种做法也是从实际出发的结果。客观地讲，大学近几年来对辅导员队伍建设越来越重视。因此，与前些年相比，这些年，高校辅导员的数量有了明显的增加，并且新选聘的辅导员一般具有硕士学历。但是，由于历史原因，现在高校里仍有很多辅导员为本科学历。这些辅导员心理压力较大，一方面担心高校教师整体素质很快提高后，自己在今后的发展中首先在学历上就输给了其他专业教师；另一方面又担心自身的能力和素质适应不了日益发展变化的辅导员工作的需要。因此，在这种"双重压力"下，一些辅导员被"逼"得把考取硕士研究生当成自己的中心工作和首要任务。许多辅导员只是为了取得硕士毕业证，他们所选学的硕士专业与辅导员工作的需要根本没有关联性。这个矛盾怎样解决？高校其实可以面向这类辅导员招收思想政治教育专业（辅导员方向）的硕士研究生，有三种做法。第一种是依托有思想政治教育博士点的学校，通过举办在职高校教师班的方式招收攻读硕士学位的辅导员。第二种是针对外语基础比较好的辅导员，依托有思想政治教育专业硕士点的高校招收普通全日制的硕士研究生。设立辅导员培养培训基地，列出专门的计划招收这些专职辅导员。课程内容和授课方式都充分地考虑辅导员工作的需要。对每个录取的辅导员，省里还应安排专项资金给予一定的资助。这种培养方式不仅满足了这些辅导员提升学历的要求，而且这些辅导员都是从实践中来，他们是带着问题来学习的，因此他们学习的过程充分体现了理论与实践的相统一，可以说，他们的学历获得之日，即是能力和素质提升之时。第三种是通过免试推荐的办法，培养攻读思想政治教育专业（辅导员方向）硕士学位的辅导员。设立辅导员培养基地，每年从全省有资格推免研究生的高校，挑选一些既符合硕士研究生推免条件又基本具备辅导员条件的本科生免试保送到培养基地，提升他们的学历。学校为这些"准硕士学历的辅导员"单独设计培养方案,在学习思想政治教育相关理论的同时,加大实践教学力度。这些"准硕士学历的辅导员"与推免研究生的学校有密切的联系,有的在推免研究生的学校任兼职辅导员。由于他们都是自愿选择思想政治教育专业(辅导员方向)的,从专业角度来说,这为他们毕业后尽快地适应辅导员工作打下了基础。从已经毕业的这些具有硕士学历的辅导员的情况看,他们体现出职业化、专业化的特点,工作起来得心应手,他们的工作普遍得到所在单位同事们的认可。

3.推荐考试。采取推荐考试的办法,培养攻读思想政治教育专业(辅导员方向)博士学位的辅导员。设立辅导员培养基地,每年面向全省辅导员招收10名攻读思想政治教育专业(辅导员方向)博士学位的辅导员。这些报考攻读博士学位的辅导员,除国家规定的条件外,获得省级以上优秀辅导员荣誉称号的才有资格报考。这条规定的意义是,这些辅导员在日常工作中表现突出,表明他们具有职业化、专业化辅导员的"潜质"。如果他们再考上、攻读辅导员方向的博士,这会使他们如虎添翼,在思想政治教育理论的指导下,把辅导员工作做得更有成效。如果没有这条规定,许多辅导员一开始参加工作便"奔着"考博士去了。结果是那些一心扑在辅导员工作上的同志由于"准备"不充分难以在考试上与那些一心扑在考试上的辅导员"竞争"。这会产生很不好的导向作用,也违背了设立培养博士辅导员基地的初衷。培训基地应为这些辅导员博士单独设置课程,采取适合辅导员学习的方式,把一些课程集中安排在假期讲授。为了拓宽他们的视野,培训基地还要专门组织他们到革命老区考察。他们要带着问题学,把学术研究和辅导员工作结合起来。省教育厅协调省级科研立项部门,要求这些博士采取委托科研项目的办法来研究撰写毕业论文。这样,论文通过了,课题也结了。这种培养方式对提高辅导员的学术水平有很强的针对性,从而有力地促进了辅导员工作的科学化水平。

**(二)采取集中培训的办法,提升辅导员的能力和素质**

1.针对新上岗的辅导员培训。这几年,高校对辅导员队伍建设的重要性有了更深的认识,每年都选聘一些新辅导员。为了使这些新上岗的辅导员对辅导员的工作尽快产生认同感,早日进入角色,高校每年暑假都要对新上岗的辅导员进行集中培训,培训内容分为四个方面。①对辅导员工作责任感、使命感的认识。请一些优秀的辅导给新辅导员做报告,用榜样示范来引领这些新上岗的辅导员,进而使这些新辅导员认清辅导员工作的意义,关心学生的成长。②请一些专家、学者给新上岗的辅导员做学术报告,丰富新上岗的辅导员的理论素养。③请一些有实践经验的辅导员介绍他们的工作经验和体会:如何组建新生班集体,如何与学生谈话,如何做好个别学生的思想政治教育工作,如何开展好班集体活动等内容都囊括其中。这些培训使新上岗的辅导员一开始就将辅导员工作置于自己的"掌控"之中,从而避免了工作的被动性。④对新上岗的辅导员进行素质拓展训练。辅导员工作需要相互交流,仅仅对新辅导员的培训采取集中授课的方式,未免有些"缺憾",这会使这些新辅导员失去难得的互相熟悉的机会。通过素质拓展训练,这些新上岗的辅导员将迅速融入辅导员这个大家庭中,这既增强了他们的团队精神,又为他们建立起相互之间的联系。每期新上岗的辅导员培训结束后,都建立了QQ群、微信群,经常相互交流他们的工作体会。对新上岗的辅导员的培训,很好地实现了相互学习、相互借鉴、相互鼓励、共同提高的目的。

2. 分专题集中培训。根据工作的需要和辅导员自身的实际,采取分专题培训的办法提高辅导员的能力和素质。培训方式主要有两种。

①确立一个主题,将辅导员集中起来请专家授课。如大学生的心理健康教育问题,现在的大学生心理上确实存在一些问题,但是,许多问题如果仅从心理咨询的角度加以解决,效果未必最佳。在大学生群体中,有些学生因为家庭贫困确实有自卑的心理,如果不能及时地解决好这个问题,有的学生就会失去生活的信心走上轻生的道路。这显然是大学生思想政治教育工作应当关注和帮助解决的问题。实际工作中常常会出现这样的情况:从事心理咨询的同志往往会借机渲染这类问题的严重性,以强调心理咨询的地位和作用,而从事辅导员工作的同志又容易单从思想政治教育的角度把这种自卑心理看成大学生世界观、人生观、价值观方面出了问题,把问题简单化。在实践中,对于类似的问题,我们最好将这两个方面结合起来。也就是说,学生中的一些问题,既可以采用心理咨询的一些知识和方法来解决,也可以采取思想政治教育的一些方法来解决,"双管齐下",效果会更好。前面谈到,从能力和素质的要求看,辅导员不可能"十全十美",更不可能一下子"十全十美"。解决"双管齐下"的一个好办法就是加强日常培训,做出规划,对辅导员进行心理素质能力方面的培训。培训过程中既有专家讲授理论知识,又有实际工作者进行案例分析。辅导员们一边学习理论,一边进行交流研讨,"双管齐下",使自身的能力和素质得到提高。

②通过举办"沙龙"的办法,针对大学生思想政治教育工作中的某个突出问题进行研讨培训。这种培训的目的主要是提高辅导员解决实际问题的能力。例如,大学生的寝室文化建设问题。寝室不仅是学生住宿的场所,也是思想文化建设的阵地。怎样建设寝室文化?通过"沙龙"这种培训方式,辅导员可以各抒己见,从而集思广益,找到解决问题的最佳办法。再如,针对学生干部队伍建设的"沙龙"培训。高等教育大众化后,学生的教育管理出现了许多新情况、新问题。在这样的背景下,如何及时有的放矢地做好大学生的思想政治教育工作?这需要辅导员认真地进行研究。怎样建设学生干部队伍?有的新上岗的辅导员一入学就急于组建班级干部队伍;有的辅导员在新生过了几个月大学生活,相互了解了之后再组建班级干部队伍;有的辅导员采取民主的办法,由班级学生投票产生班级干部队伍;对于班级的班长、团支部书记,有的辅导员直接指派,其他班委会和团支部成员则由班级成员和班级团员选举产生;有的辅导员对班级学生干部实行轮换制;只要学生干部不犯大的"错误",便实行终身制。哪种办法有利于学生干部队伍建设呢?通过"沙龙"这种方式,辅导员们集中在一起,结合各自的工作实际,对各种做法的利弊得失畅所欲言,交流看法,这非常有利于辅导员们在比较鉴别中扬长避短,进而把学生干部队伍建设好,使学生干部队伍真正起到辅导员工作好帮手的作用。

3.采取实践考察的办法培养培训辅导员。高校可以采取以下几种办法进行培训。第一种是面向全体辅导员队伍进行实践考察。大学生的思想政治教育工作不都是在课堂上完成的,许多理论上的认识需要在实践中进一步感受、体验,这样会使学生们在课堂上学到的理论得到升华。高校可以创造条件使学生有机会参加省内外的考察培训,开阔视野、增长见识非常重要。尽量组织学生开展一些"红色之旅"活动,以增强学生的使命感和责任心。

实践证明,这样的实践考察活动十分有必要,学生如此,辅导员更有必要。许多辅导员也是从校门到校门,对祖国的历史文化、自然风光、爱国主义教育基地、改革开放前沿地区缺乏亲身考察、实践的感受。因此,辅导员在对学生进行思想政治教育时,常常照本宣科,说服力不强。高校应创造条件让辅导员和学生游览考察祖国的大好河山,这既增强了辅导员的使命感、责任感,同时也可以增强学生的思想政治教育的效果。高校应拨出专项经费,保证辅导员实践考察的正常进行。仅这两年,有近千名辅导员先后赴北京、上海、天津、广东、井冈山、延安等地实践考察。

这种"红色之旅",使辅导员对自己所从事的工作有了新的认识,使命感、责任感普遍增强,更加坚定了做好辅导员工作的信念。结合"红色之旅",特别安排辅导员到一些辅导员工作突出的高校学习调研。每到一地,都请当地高校的优秀辅导员做报告。这使辅导员们深受教育,在看到自身的不足时,也明确了努力的方向。这种实践考察的目的性很强,辅导员们在出发伊始便进入了"角色",大家相互交流着工作体会。有些辅导员还带着"问题"参加了实践考察;有些辅导员在考察培训途中将自己的一些体会、收获写成博文,发到网络上分享给大家。

第二种是加大骨干辅导员的实践考察力度。实践证明,一些骨干辅导员的引领,是带动广大辅导员做好辅导员工作的有效方法。因此,高校必须在全面组织辅导员实践考察的基础上,重点组织一批骨干辅导员开展实践考察。每两到三年评选百名省级"优秀辅导员",每年在辅导员中评选十名"优秀辅导员年度人物",不定期地评选一批"辅导员名师"和骨干辅导员。这些辅导员工作努力,有突出的工作业绩,在同行中威信较高。加强对他们的实践考察力度,会使这些他们感到组织对他们的格外重视和期待,会使他们更加努力地做好辅导员工作。在红色景点考察时,辅导员们为牺牲的革命烈士献了花圈,并感慨地说,辅导员工作虽然辛苦,但是与革命烈士相比,我们太渺小了,做出的贡献也太少了。我们一定要鼓足干劲,把辅导员工作做好。在这里,他们接受了历史的洗礼,坚定了党的领导的信念。面对鲜艳而庄严的党旗,他们会高高地举起右手再次庄严宣誓:誓为共产主义而奋斗。他们懂得中国革命的胜利来之不易,懂得了"星星之火,可以燎原"的道理。尽管现在的辅导员工作还没有得到应有的重视,但是只要他们不断努力,把辅导员工作当成事业来做,就能为国家培养更多合格的社会主义事业建设者和接班人。高校在对骨干辅导员的实践考察时,还应尽量多地安排他们实地考察一些高校。他们每到一所高校,就会感受到高校同人的满腔热情,这会使骨干辅导员们增加对从事辅导员工作的自豪感。这些高校的辅导员工作的经验,为这些骨干辅导员们提高辅导员工作的科学化水平提供了借鉴。

实践证明,这种实践考察是效果很好的培训。经过考察培训,辅导员回到学校后,在辅导员工作岗位上会干得更起劲。而这些骨干辅导员的言传身教,又使更多的辅导员得到了"间接"的培训。

第三种做法是创造条件让优秀的辅导员赴国外实践考察,拓宽辅导员国际化的视野。西方高等教育的发展有着悠久的历史。一些世界知名大学积累了丰富的办学经验。抛开社会制度、意识形态等因素,从传承人类先进文化的角度看,东、西方高等教育有许多可以相互借鉴的地方,西方大学曾经历的一些过程,我们早晚也会经历,在学生的教育管理方面即是如此。例如,学分制的学生教育管理会带来什么样的问题?我们认真地考察一下西方大学的学分制,就会知道问题所在。西方大学的学分制教育管理经验,将对中国大学实施学分制后,学生教育管理出现的若干问题提供有益的借鉴。虽然因诸多因素的制约,不可能大批辅导员出国实践考察,但是,我们可以有计划地创造条件,选派优秀的辅导员走出国门。这种考察培训使辅导员有两大收获:一是对西方国家不再感到神秘,通过切身的体验激发了辅导员的爱国主义情感,离开祖国后,才知道祖国好,祖国可爱;二是通过实践考察学到了人家的一些优点。虽然走出国门实践考察的辅导员人数并不多,但是他们每个人都是"教师",他们可以把"知识"传授给更多的"学生"。为了使更多的辅导员能够"间接"出国实践考察,高校可以要求凡是出国实践考察归来的辅导员,都要给本校的辅导员介绍自己的所见所闻,安排他们以国外学生事务管理为主题举办辅导员"沙龙",使更多的辅导员能够分享学习他们的成果。通过"沙龙",那些未出国的辅导员了解了国外学生事务管理的诸多做法,知道在辅导员工作中应当怎样解决一些西方大学曾遇到过的问题,从而避免一些不该出现的问题的发生,创新自己的辅导员工作。

4. 采取"自我培训"的办法提高辅导员的能力和素质。20世纪60年代,法国学者保罗·朗格朗提出了"终身教育"的概念。这个概念给我们的启发是:在当今时代,任何人都不可能依靠以往在大学里学到的知识或通过其他途径学习掌握的知识技能,一劳永逸地应对日益发展的社会所提出的新的要求,并满足自身工作和生活的需要。要想适应社会的发展就得不断学习,当然学习的方式有多种,自我提高自然是一种"简捷"的学习培训方式,因为,今天的学习不再是传统的灌输为主的教育方式,学生的学习过程既是老师教的过程,也是学生学的过程。甚至可以说,好学生不是教出来的,而是学出来的。这里所说的"自我培训",强调的是终身教育概念中的一个层面。生活在社会中的每个成员都有必要自我设计培训计划,不断达到自我培训的要求,以顺应社会的发展。这一点对辅导员来说同样适用。辅导员必须根据工作的需要,不断地"自我培训",从而不断提高自身的能力和素质。

所谓"自我培训",并不是自己想怎么"培训"就怎么"培训",它是有制度安排的。高校应根据辅导员工作的需要和辅导员自身的特点,对辅导员的"自我培训"加强引导。

(1)建立"大学生在线联盟"等类型的网站。这种网站主题鲜明,是加强大学生思想政治教育的专题网站。该网站下设若干个与辅导员工作联系紧密的子网站。例如,"联盟网站"中设立的"人生导师"网站,就是专为辅导员提供的一个实用性很强的子网站。这个网站介绍了国家和省里众多优秀辅导员的工作事迹,每一个事迹都十分感人,每一个辅导员都是一面镜子。广大辅导员可以从他们身上学到许多好的思想品质和工作态度、工作方法,从而提升自己的精神境界,并把学到的好的工作方法运用到自己的工作中。这个子网站还刊载了众多由辅导员撰写的理论文章。通过研读这些文章,辅导员可以对自己的工作进行理性的思考,从而提升自身的理论素养。"联盟网站"还开设了"方式方法"子网站。这个子网站介绍了若干辅导员工作的方式方法:从班级干部怎样产生,到学生社团活动如何开展;从怎样与大学生谈话,到怎样做好个别学生的教育工作,内容应有尽有。该子网站还为辅导员工作的有效开展提供切实可靠的帮助。"联盟网站"还可以开设"理海泛舟"子网站,集中介绍党和国家领导人关于加强和改进大学生思想政治教育的若干论述,对当前的形势进行研究,对一些政治理论书籍进行导读,对大学生的思想状况进行分析。通过这个子网站,辅导员对当前大学生思想政治教育工作的前沿问题会有基本的把握,在用科学的理论武装自身的同时,增强工作的预见性和创造性。"联盟网站"还组织辅导员开展推荐"经典文章"活动。该活动要求辅导员对自己读过的对自己人生有启迪、对工作有促进作用的书籍和文章写导读,由省里组织专家集中进行评选。凡评选上的优秀导读文章除编辑成册外,还在"联盟网站"上公开"发表"。每个辅导员参加此类活动的过程,都是自我学习、自我培训、自我提高的过程。

(2)集中购买辅导员工作用书分发给各高校和骨干辅导员。辅导员的理论素养需要培养,各高校存在的一个很现实的问题是:在各高校的图书馆里,几乎看不到有关辅导员工作的理论书籍,在一些有思想政治教育专业硕士培养任务的高校,情况略微好些。我们暂且不论各个大学是否重视辅导员队伍建设,在购买思想政治类图书方面是否舍得投入经费的问题,仅从业务分工看,负责图书馆工作的同志就很难按照辅导员队伍建设的需要,购买辅导员工作的有关书籍。为了解决这个问题,高校可以在学校图书馆设立辅导员工作用书专栏,由省里安排专项资金分期分批统一购买满足辅导员工作需要的用书分发给各高校图书馆。结合学习型社会建设,各高校应每周至少安排半天时间让辅导员到图书馆学习关于辅导员工作的理论书籍。各高校要对辅导员的理论学习情况进行总结评比,通过读书知识竞赛、开展书评、撰写读书体会、进行案例分析等方式,检查辅导员自我"培训"的情况。高校还应同时为每位骨干辅导员购买辅导员工作用书,要求这些骨干辅导员带头学好理论,把所学理论在辅导员工作中加以运用,增强工作的实效。这种统一购买辅导员工作用书的做法,调动了广大辅导员参与"自我培训"的积极性,让辅导员列出理论提升计划,把以往"随意"浪费掉的时间都用到理论学习上。所有辅导员工作用书都是经过精心挑选的,书中的理论问题具有前沿性,实践问题具有现实性和可操作性,这为辅导员提升理论素养、创造性地开展工作搭建了很好的载体。

(3)通过征集论文的方式引导辅导员加强自我培训。在理论学习方面,辅导员队伍中存在这样几个问题。一是对理论学习不感兴趣。许多辅导员觉得辅导员工作就是做些具体的事情,用不着什么理论。二是所研究的理论问题太宽泛或者说太大,与辅导员的身份不太相符。例如,有的辅导员刚参加工作不久,便撰写《用科学发展观统领大学生思想政治教育》《高校辅导员队伍建设对策研究》这样的论文。三是可操作性不强。许多辅导员的理论研究从理论到理论,缺乏针对性,对实践没有指导意义。这也反映出一些辅导员学习理论的态度,如果任其发展下去,辅导员在理论研究上将形成"假大空"的风气。为抓好辅导员在理论研究上的自我培训,高校应面向辅导员群体开展一些有针对性、引导性的论文征集活动。例如,要求每个辅导员以"大学生思想政治教育实例述评"为论文题目,写一篇自己亲身实践过的、有成效的、有理论指导意义的论文。论文字数在3000字左右,论述清楚案例部分、效果部分和理论分析部分即可。通过这种引导性的论文征集,辅导员的理论研究将形成一种好的风气,既注重理论研究的深度,又注重理论与实际的联系。

(4)通过课题立项的办法,提高辅导员的理论素养。从以往的省级人文哲学社会科学课题立项的情况来看,辅导员事实上是被排除在科研大门之外的。虽然没有哪个省级人文哲学社会科学课题立项部门在申报课题时不许辅导员申报,但是辅导员很少能够获批去承担省级人文哲学社会科学部门设立的科研项目。这严重挫伤了辅导员研究理论的积极性,对辅导员提高自身的理论素养也不利。造成这种状况出现的原因有这样几个:一是课题立项从一开始就没有考虑单独为大学生思想政治教育工作尤其是辅导员工作方向立项;二是课题的立项评委从事大学思想政治教育研究的较少,研究辅导员工作的专家评委更少;三是辅导员的教师身份还没有得到广泛的认可,辅导员队伍建设很难像其他专业教师队伍建设那样受到重视。省委宣传部、省社科联、省教育厅科技处、省教育研究院等几个负责省级人文哲学社会科学立项的部门应协调起来,每年专门设立高校辅导员课题,这样就保证了每年都有数量可观的人文哲学社会科学课题(辅导员方向)由辅导员担负课题负责人,一些课题还可以采取委托优秀辅导员进行研究的办法来进行。这些辅导员工作必须非常优秀,组织开展了许多"精品活动",在同行中有广泛的影响。对这些"精品活动"采取直接委托的办法,让组织开展"精品活动"的辅导员对"精品活动"进行深入的研究,从理论研究的视角进一步论证"精品活动"的理论意义、实践意义及运用前景。这种做法对加强辅导员的理论研究起到了极大的促进作用。辅导员研究理论的过程,即是自我培训的过程。即使对没有主持过研究课题的辅导员来说,这种做法也会使他们形成问题意识,产生研究的冲动。这势必激发广大辅导员在理论研究方面加强自我培训的积极性,尽快提高自身的理论水平和研究能力。

## 第四节 制度保障,增大发展空间

2018年9月10日至11日,党中央在北京召开了全国教育大会,这是在中国特色社会主义进入新时代、全面建成小康社会进入决胜阶段的大背景下,党中央召开的第一次全国教育大会。习近平总书记在大会上的重要讲话,充分体现了以习近平同志为核心的党中央对教育工作的高度重视,凸显了教育在党和国家事业中的基础性、先导性、全局性地位,对动员全党全社会加快推进教育现代化、建设教育强国、办好人民满意的教育具有重大的现实意义和深远的历史影响,是我国教育史上一个新的里程碑。

这次会议，标志着中国教育进入了现代化建设的新阶段，开启了加快教育现代化的新征程。教育系统要牢牢抓住这次教育大会的历史新机遇，坚持以习近平新时代中国特色社会主义思想统领教育工作，强化责任担当，着力攻坚克难，加快推进教育现代化，建设教育强国，办好人民满意的教育，为实现中华民族伟大复兴的中国梦提供有力的支撑。

这需要我们对高等教育在建设中国特色社会主义事业中的地位、作用有清醒的认识，需要我们不动摇地坚持党对高校的领导，需要我们坚持马克思主义意识形态在高校领域的指导地位，需要我们坚持高校的社会主义办学方向，需要我们很好地处理好改革、发展、稳定的关系，而要做到这些，更需要我们从根本上解决大学培养什么样的人、怎样培养人的问题。我们必须加强和改进大学生思想政治教育工作，加强高校辅导员队伍建设。以科学发展观统领高等教育的发展，需要不断深化改革事业，促进教育现代化进程。但是，稳定是改革和发展的前提。高校辅导员队伍在高校改革、发展、稳定三者的关系中处在十分重要的位置，辅导员队伍是学校保持稳定的重要力量。高校之所以能够连续保持 30 多年的稳定，是因为高校加强和改进大学生的思想政治教育，不断加强辅导员队伍建设。因此，站在新的历史起点上审视当今高等教育的发展，在强调规模和数量发展的同时，必须从机制建设上考虑如何加强辅导员队伍建设，使其在为高等教育发展创设稳定环境的同时，充分地发挥高等教育在培养高质量人才中的作用。

制度是一种行为规范，是大家共同遵守的办事规则或行动准则。它具有指向性，引导人们的行动方向；具有约束力，规定人们应当做什么，并且必须去做。制度建设具有长期性、根本性的特点。没有制度的引导，行为是盲目的；没有制度的约束，行为是随意的；没有制度的保证，再好的事情也可能半途而废。加强辅导员队伍长效机制建设，是高等教育发展的需要，符合科学发展观的内在要求，因此必须以制度作为保障。在总结近年来的高校辅导员队伍建设经验后，我们完全可以说，正是因为《关于进一步加强和改进大学生思想政治教育的意见》（简称 16 号文件）和《普通高等学校辅导员队伍建设规定》这两个具有根本性和全局性的制度的出台，全国高校辅导员队伍建设获得了更快的发展，出现了从未有过的可喜局面。文件明确提出，辅导员队伍是加强和改进大学生思想政治教育的组织保证；辅导员是大学生思想政治教育工作主体队伍的一部分，要采取有力措施，着力建设一支高水平的辅导员队伍;辅导员在大学生思想政治教育第一线,任务繁重,责任重大,学校要在政治上、工作上、生活上关心他们,在政策和待遇方面给予倾斜;高等学校应当把辅导员队伍建设作为教师队伍和管理队伍建设的重要内容;辅导员是高等学校教师队伍和管理队伍的重要组成部分,具有教师和干部的双重身份;辅导员是开展大学生思想政治教育的骨干力量,是高校学生日常思想政治教育和管理工作的组织者和指导者;高等院校总体上要按师生比不低于1∶200的比例设置本、专科生一线专职辅导员岗位;高等学校应结合实际,按各校统一的教师职务岗位结构合理比例设置专职辅导员的相应教师职务岗位;高等学校要积极为辅导员的工作和生活创造便利的条件,应根据辅导员的工作特点,在岗位津贴、办公条件、通信经费等方面制定相关政策,为辅导员的工作和生活提供必要的保障。

以制度保障推进辅导员队伍长效机制建设,为辅导员的发展增大空间,涉及多个层面、多个角度。本文结合目前辅导员队伍建设实际阐述一下这个问题。

**一、形成制度合力问题**

与一些西方大学相比,我国的大学有一个很大的不同,这个不同也是我们的优势。在高等教育的发展过程中,国家的办学方针和办学要求对大学的发展起着根本性的引导和保证作用。学校的办学自主权再大,学校在发展中也不能背离国家的大政方针。加强高校辅导员队伍建设,是国家对高等教育发展的一个规律性认识,是高等教育发展的一个基本保证。正是基于这样的认识,国家才制定了《关于进一步加强和改进大学生思想政治教育的意见》和《普通高等学校辅导员队伍建设规定》这些具有根本性、制度性的文件,以加强高等院校辅导员队伍建设。既然制度已经建立了,那么,凡是与高等教育发展有联系的部门(包括高校)在考虑和安排本部门、本地区、本学校的工作时,就要考虑自身制定的一些制度性文件是否符合高等教育发展的全局性、整体性利益,与国家的要求是否一致,有多大的推动作用,是否有利于形成制度合力等问题。如果不考虑好这些问题,即便是一些很好的制度,贯彻落实起来也要大打折扣。一些地区和高校的辅导员队伍建设之所以还没有达到令人比较满意的程度,就是因为没有形成制度合力。

这里首先分析一下教育部相关司局制定的涉及高等教育发展的若干文件是否形成合力的问题。从这些年的情况看,尽管教育部的各有关司局在推进辅导员队伍建设方面做了一些相应的工作,但是,保障机制方面还缺乏有力度的、引导明确的制度和工作安排。从教育部内部工作分工上来看,加强辅导员队伍建设是由思想政治工作司负责的。但是由思想政治工作司负责辅导员队伍建设并不意味着这项工作就是思想政治工作司一个司局的事,思想政治工作司只是代表教育部来做这项工作。实践证明,这项工作要想做好,仅靠思想政治工作司孤军奋战是不行的,必须靠相关司局的相互配合。例如,加强高校辅导员队伍建设的人力、物力投入问题,高校应按照思想政治工作司代表教育部制定的加强辅导员队伍建设的有关要求配备一定比例的辅导员,从思想政治工作司的角度看,提出这样的工作要求是合理的。

如果对高校是否按要求配备一定比例的辅导员有强有力制约作用的其他教育部部门不配合这项工作,思想政治工作司的工作目标就难以实现,最终势必会影响教育部工作目标的实现。在教育部思想政治工作司强调加强辅导员队伍建设的前后,教育部高等教育司开展了全国高等院校本科教学水平的评估工作。尽管对于这种做法众说纷纭,但从总体来看,评估工作利大于弊。它对于提升高等教育的办学质量起到了"以评促建,以评促改,评建结合,重在建设"的作用。美中不足的是,这样大规模的本科教学水平评估对推动高校加强辅导员队伍建设应起的作用却没能得到充分的发挥,使高校辅导员队伍建设失去了很好的发展"机遇"。为什么这样说呢?我们不得不承认的一个事实是:今天的大学还存在重教学、轻思想政治教育的倾向。学校的思想政治教育好不好,许多学校的领导并不在乎。他们在乎的是学校的教学工作能够得到什么样的评价。为了使教学评估优秀,各高校可以说举全校之力来迎接评估,对照评估方案逐项检查,凡是达不到优秀标准的都想方设法地达到。教学场地不达优的、师资配备不达优的、图书资料不达优的,这些都好办,缺什么补什么。经过评估,全国高校大部分被评为优秀。事实上,一所大学优不优秀,当然可以有这样或那样标准进行评估,但是,无论怎样都不能没有思想政治教育这个标准。

高等院校本科教学工作水平评估必须充分体现"学校教育,育人为本;德智体美,德育为先"的办学理念,而在被评为优秀的诸多大学里,大学生的思想政治教育即德育并没有得到应有的重视。从辅导员与学生的比例来看,许多学校根本就没有达到1∶200的设置要求,有的低至1∶600,还有的高校辅导员仅仅是"点缀"而已。人都没有,还怎么保证"育人为本、德育为先"?学校教学没有德育,还怎么保证大学培养的学生的质量,怎么保证本科教学水平优秀?许多同志说,"评估"是杠杆,是"晴雨表",是"指挥棒",它评估什么,我们就准备什么,它指向哪里,我们就奔向哪里。既然"评估"指标中没有对辅导员队伍建设的指标要求,那么学校对此就可以"忽略不计"了。不仅在高校工作的同志这样看,一些省级教育管理部门的负责人也这样看。这些同志"关心"的是本地区有多少高校在评估中能够获得优秀,既然教育部的评估指标中没有辅导员队伍建设的要求,他们就采取"多一事不如少一事"的态度,把力量放在那些应急的事情上,至于辅导员队伍建设,以后再说吧。鉴于评估对地方政府和高校有如此巨大的"威力"和如此明确的导向作用,我们认为,要想建立辅导员工作的长效机制,就必须将辅导员队伍建设纳入教育部的本科教学水平评估中。

特别是在当前人们的思想认识还不是很统一的情况下,通过设定评估指标来统一上上下下的思想非常有必要,表明国家在加强辅导员队伍建设方面的态度和决心,充分发挥评估的杠杆和导向作用,以给地方教育行政部门和高校更大的"威慑力"。一些地方教育行政部门和高校本来就对加强辅导员队伍建设缺乏正确的认识,如果不设定相关的指标,他们就更会"理直气壮"地忽视辅导员队伍建设。其实,即便如此,也不能全怨地方高校和教育行政部门。道理很简单,加强辅导员队伍建设是教育部思想政治工作司的意见,高等院校本科水平评估标准是教育部高教司的意见,两个司都是教育部的,都代表国家在行使工作的职能,地方教育行政部门和高校应当遵从哪一个呢?"无奈"之下,只能是哪个意见"硬",哪个"实",哪个"利益"大,那就抓哪个了。学校能不能评为优秀,既关系到学校的声誉、领导的"面子",也关系到学校的招生乃至学校的"生死存亡",而加强辅导员队伍建设是"功在当代""利在千秋"的长远之事,是"虚"的。

国家在形成辅导员队伍长效机制建设制度合力上还有两点需要加以整合。

1. 学科建设问题。按照《普通高等学校辅导员队伍建设的规定》,辅导员现在都有了明确的身份,他们是高等院校教师队伍的组成部分。这个定位的意义是,辅导员已不再是传统的那种只负责学生日常管理的工作人员,他们还是通过课堂教学来完成德育任务的教学人员。这就要求对辅导员的培养培训应当遵循管理能力和教学、学术水平共同提高的原则。怎么解决这个问题?一个重要的途径就是把辅导员的教学、学术水平的提高依托在相应的学科建设中。从教育部的有关文件中可以明确地看到,教育部把辅导员教师所依托的学科确定为马克思主义理论一级学科下属的思想政治教育二级学科。这是有道理的,这里不再赘述。现在的问题是这个学科应当如何按辅导员教师的身份特点和辅导员工作的需要建立起科学的学科体系。目前,国家在马克思主义理论一级学科下面设立了若干个思想政治教育博士点和思想政治教育硕士点。

为了提高辅导员队伍的学术水平,国家在21个有马克思主义理论一级学科博士点单位,每年招收50名辅导员攻读思想政治教育专业的博士研究生,招收500名辅导员攻读思想政治教育专业的硕士研究生。首先这个举措是应当被充分肯定的。但在培养过程中我们发现,马克思主义理论一级学科下的思想政治教育学科,还没有为辅导员提高学术水平发挥应有的作用。这里所说的辅导员的学术水平,是指单为辅导员工作提供职业化、专业化理论支撑的学术素养,而不是泛指的人文哲学社会科学领域的学术范畴。为什么会出现这样的问题?这与思想政治教育学科的定位有关。

国家设立思想政治教育专业博士、硕士点的初衷是明确的,就是为了培养从事大学生思想政治教育工作的高级人才。由于思想政治教育学科博士点的导师队伍基本上是由从事宽泛的人文哲学社会科学研究的人员组成的,因此,许多思想政治教育学科博士、硕士点导师的学术研究领域归属于思想政治教育范畴,但是这些研究与大学生思想政治教育相关性不是很大,与辅导员工作所需要的理论相关性也不大。受导师的专业背景的影响,许多辅导员即使考到了思想政治教育专业攻读博士学位,也无法结合辅导员工作的需要研究符合辅导员教师身份的学术问题,这使得一些辅导员的博士学习过程成了一个"为文凭而文凭"的过程。结果是,许多辅导员的学历提升了,但学术研究方向离辅导员工作反而更远了。这个问题的解决,仍然需要国家层面的制度设计和引导。

国家学位办应当加强马克思主义理论一级学科下的思想政治教育专业博士点的建设,要着力加强导师队伍建设。思想政治教育博士点的导师不能搞"大杂烩":好一点的有从事党史、近现代史研究、西方思想史研究的,有从事法学、伦理学、社会学研究的,还有从事区域经济问题研究的。这就有点太"离谱"了。国家学位办应当对思想政治教育专业博士点的建设制定相应的标准,特别在方向带头人的学术背景和前期研究成果方面要按照有利于思想政治教育学科建设,特别是有利于辅导员队伍建设的标准来进行认真的审核。高校的研究成果再多,如果与思想政治教育学科(辅导员方向)发展建设的要求不相符,就不能将其批准为思想政治教育学科的博士点。

  我们这样强调加强思想政治教育学科导师队伍建设的意义在于:导师的专业背景和学术研究领域属于思想政治教育学科范畴,他们在对思想政治教育专业博士生进行培养时会把辅导员的学术研究和实践能力统一起来,辅导员博士就会在导师的引导下研究问题,为辅导员工作提供强有力的学术支撑。不然的话,博士学位得到了,反而"没法"安心了,因为这些辅导员博士所研究的学术领域并不属于辅导员教师所应当研究的学术范畴,这使得一些辅导员有了转行的"资本"。显然,这违背了设立思想政治教育专业招收辅导员攻读思想政治教育博士学位的初衷。因此,思想政治教育专业招收的攻读博士学位的辅导员,一定要学用一致,在他们获得博士学位后,应安心做辅导员工作,要乐于发挥自己的学术特长朝着职业化、专业化辅导员方向发展,这样就会有力地促进辅导员队伍长效机制建设。应当考虑到的一点是,以思想政治教育学科为依托,招收辅导员攻读思想政治教育专业(辅导员方向)博士研究生还是个新鲜事物。一定要趁这棵"小苗"刚出土的有利时机,浇好水、施好肥,保证这棵"小苗"的茁壮成长。等到枝繁叶茂才发现这棵"小苗"并不是我们希望长成的那个样子,此时再纠正就晚了,其带来的负面作用也会很大。既然各高校对设立思想政治教育专业的博士点、硕士点有很大的"内趋力",我们就完全可以"利用"这一点,重新制定马克思主义理论一级学科下的思想政治教育专业博士、硕士点的申报条件,要求各申报高校一定要按照国家的要求做好思想政治教育学科建设。

  2. 利用好一些高校"升格""换牌"的机会,加强对这类院校的评估,用制度杠杆引导高校重视对辅导员队伍长效机制的建设。受多方利益的驱动,有些专科学校急于升为本科院校;一些已经是本科的院校"嫌"学校的称谓是"某某学院",与那些"某某大学"相比,好像自己"低人一等",于是想尽办法要将"某某学院"换为"某某大学"。与高等院校本科教学水平评估产生的效果一样,凡是想"升本""换牌"的学校,都非常关心教育部关于"升本""换牌"的评审条件是怎样制定的。这些学校也都按照"升本""换牌"的条件逐一对照。此时,若是在"升本""换牌"的条件中加入加强辅导员队伍建设这一标准,一定会引起要"升本""换牌"的学校的高度重视。为了保证学校的"升本""换牌"工作万无一失,这些学校是绝不会漏项的。

可以肯定地说,"升本""换牌"的条件中若是有对学校加强辅导员队伍建设的条件规定,这些学校就会"没有条件,创造条件"也要把辅导员队伍建设好。遗憾的是,与高等院校本科教学水平评估一样,"升本""换牌"的条件中恰恰没有明确提出对辅导员队伍建设的要求。结果是,一些根本就没有按照一定比例配备辅导员的学校照样"升本""换牌"了。有的学校即便有辅导员队伍,与其他系列教师相比,不是严重缺编,就是待遇不同。这些辅导员要么是以人事代理的方式聘用的(这还是好的),要么就是"临时工",学校聘一个月就付一个月的工钱,如果学校不聘了,辅导员就卷铺盖走人。前面说过,评审条件即是追求的目标,评审过程指引行动的方向。这样的"升本""换牌"评审,从条件的制定到评审过程的结束,给高校的信号就是,学校有没有辅导员队伍对能否"升本"、能否"换牌"无关紧要。这种评审带来的直接影响就是上行下效,还有哪所学校会去考虑加强辅导员队伍长效机制建设呢?其实,无论是高等院校的本科教学水平评估、高等院校的马克思主义理论学科下的思想政治教育学科建设,还是一些学校的"升本""换牌",都是由教育部下属的高教司、学位办和规划司分工负责的,这些司局代表教育部在行使职责。因此,各相关司局在制定有关文件时,一定要确保制定的文件与教育部对高等教育发展的总体要求一致,要形成制度的合力。

思想政治工作司也是教育部下属的一个司局,代表教育部行使工作职能。思想政治工作司提出的加强辅导员队伍建设的制度要求,既不是该司局自己的事,也不可能靠该司局就能完成,各相关司局要通力合作才能完成。如果政出多门,各司局强调各司局的,不仅高校没法贯彻落实,就是省级教育行政部门贯彻落实起来也"底气"不足,不知如何是好。可以说,这也是一些省级教育行政部门和高校对辅导员队伍建设抓得不紧的一个"借口"。事实证明,正是这些明确的制度要求,使得地方教育行政部门和高校对辅导员队伍建设的重视程度有所加强,换句话说,如果来自教育部各司局的工作要求对辅导员队伍建设都有明确一致的意见,那么形成的制度合力势必会极大地推动辅导员队伍长效机制的建设,也可以说,这种合力正是辅导员队伍长效机制建设的根本保障。

## 二、建立完善的督导检查制度

《关于进一步加强和改进大学生思想政治教育的意见》和《普通高等学校辅导员队伍建设规定》文件下发后,为了推进各省级教育行政部门和高校贯彻落实好这两个文件,教育部组建了督导检查组对各省级教育行政部门和高校贯彻落实这两个文件的情况进行了督导检查。这种督导检查针对性比较强,力度也比较大。各省级教育行政部门和相关高校对此高度重视,纷纷按照文件的要求,结合本地和本校的实际做了很多具体的工作,特别是在加强辅导员队伍建设方面做了很大的改进。事实证明,教育部主导的这种督导检查是有必要的,应当坚持。这里还需要探讨的一个问题是,这种督导检查怎样进行会更有效。对此,我们认为很有必要建立更完善的辅导员队伍建设督导检查制度。

2017年,《普通高等学校辅导员队伍建设规定》下发以后,各地、各部门、各高校认真贯彻落实中央决策部署,紧紧围绕立德树人这一根本任务,抓住关键环节,采取有效措施,创新途径方法,完善决策部署,扎实推进各项工作。大学生思想政治教育工作呈现良好的态势,大学生思想政治面貌出现了可喜的变化,主流积极健康向上。同时,我们也要看到,与党和国家的事业发展的要求相比,与大学生健康成长的需要相比,与广大人民群众的期望相比,大学生思想政治教育工作还存在较大的差距。我们要充分认清大学生思想政治教育工作面临的新形势、新挑战,进一步增强责任感、紧迫感和使命感,保持清醒的头脑,采取有力的措施,推动大学生思想政治工作取得新进展、新成效。李长春同志在指出大学生思想政治教育取得的成绩的同时,也指出了大学生思想政治教育工作还存在的差距。差距都表现在哪些方面呢?我们认为,辅导员队伍建设参差不齐就是其中一个方面。

某大学在十几天前出现过这样一个案例:有个即将毕业的学生在宿舍自缢身亡。家属找到了学校,学校的解释是,学校有教育责任,没有管理责任。学生是自杀,学校也没有什么办法。家长认为,学校不仅有教育责任,也有管理责任。国家规定,高校要按照1∶200的比例配备专职辅导员,而该校的师生比高达1∶500,这怎么能教育管理好学生呢?我们暂且不去讨论谁说的有道理,这件事的确暴露出这样一个事实,即在有些大学,辅导员队伍建设还是薄弱环节。一些高校的辅导员队伍建设已经有了起色,但是仅仅表现在由原来的没有辅导员到有了辅导员而已,至于辅导员与学生的比例应达到多少,辅导员的职业化、专业化的能力素质的提升,以及辅导员工作长效机制建设则根本没有排上议事日程。也正是因为如此,在2010年5月召开的全国加强和改进大学生思想政治教育工作座谈会上,李长春同志再次强调,要大力加强队伍建设,切实提高大学生思想政治教育工作者的育人能力。如今,又一个十年过去了,各高校的辅导员队伍建设依然参差不齐。且不论辅导员队伍的素质、能力、水平如何,客观地讲,素质、能力、水平也不是一下子就能提高的,需要一个过程。各高校起码应按照1∶200的要求,保证有足够数量的人从事辅导员工作。

人是一切事物中最重要的因素。没有足够数量的辅导员队伍做保证,大学生思想政治教育工作是很难做好的。如何保证有足够数量的人从事辅导员工作?一个行之有效的办法就是进一步加强对这项工作的督导检查。我们认为,督导检查的形式应当是多种多样的。首先应当自上而下地全面督查。前几年,为督查"16号文件"的贯彻落实情况,中央有关部门组建了联合督查组赴部分省区进行督查。这种督查对地方和高校贯彻落实"16号文件"起了极大的推动作用。遗憾的是,以中央名义督查的只是少数几个省区和数量有限的高校。并不是说,中央督查组没去的省份和高校的大学生思想政治教育工作就没有得到重视,而是说,中央督查这个契机,无论对地方教育行政部门还是对高校贯彻落实"16号文件"精神的情况都会产生极大的推进作用。既然贯彻落实"16号文件"精神是一项全局性工作,需要整体推进,那督查组就有必要以中央的名义对全国各省区和部分有代表性的高校贯彻落实"16号文件"的情况进行一次全面的督查。这有利于中央从全局把握各地贯彻落实"16号文件"精神的情况。以辅导员队伍建设为例,督查组会更了解辅导员队伍的现状、加强辅导员队伍长效机制建设存在的瓶颈,找到共性的问题,从而采取切实有效的举措加强辅导员队伍长效机制建设。

实事求是地讲,以中央的名义对地方教育行政部门和高校进行督导检查,对地方教育行政部门和高校贯彻落实中央有关要求在态度上、决心上和举措上所起的作用是不一样的。从这个角度说,实施以中央的名义开展的督查工作,对加强辅导员工作长效机制建设无疑会产生极大的推动作用。当然,中央开展大规模的督查,也会受人力、物力的限制。其实这个问题很好解决:可以把全国划为若干片区,采取从各省区抽调力量,以中央的名义组成督导检查组对各片区进行互检的办法解决这个问题。当前,辅导员队伍建设正处于历史上最好的时期。2010年5月,中央召开了全国加强和改进大学生思想政治教育工作座谈会,会议强调,加强辅导员队伍建设。因此,相关部门很有必要乘势推进,以中央的名义对各地和各高校加强辅导员队伍建设的情况进行一次全面的督查,这不仅有利于巩固前期辅导员队伍建设取得的成果,而且对今后的辅导员队伍长效机制建设也将产生深远的影响。其次,督导检查也可以是单项的。例如,检查组可以抓住辅导员队伍建设这个关键环节进行专项督查。这几年,检查组每年都要对高校的辅导员队伍建设情况进行督查。督查采取自查和自上而下两种办法进行。对一些辅导员队伍建设工作做得好的学校和一些好的做法通过发简报和会议介绍的方式进行宣传;对检查出来的一些问题和不足则予以批评。督查的内容不仅包括辅导员的数量,辅导员是否单独设定条件、设定比例,单独评审教师系列职称,还包括学校是否为辅导员工作创造良好的条件。比如,某高校每月给辅导员的工作补贴只有30元。省高校工委领导在一次全省大学生思想政治教育会议上批评了这所学校。该学校负责辅导员队伍建设的领导将通报情况汇报给了学校党委。学校"面子"挂不住了,立即制定政策将辅导员工作补贴由30元提到200元。

现在,高校辅导员每月的工作条件补贴都达到了200元以上。各省区、高校应当给个说法,不能做了的和不做的一个样。辅导员队伍建设没有达到国家要求的省份和高校要说明原因,限期改正,或者在全国范围内进行通报批评。在评选文明高校时,将学校是否单独设定指标、设定条件,单独评审辅导员的职称作为必备条件,并实行"一票否决制"。这几年,国家为加强辅导员队伍长效机制建设采取了许多办法,加强督导检查不失为一种有效的手段。还有一点是,加强督导检查要把省级教育主管部门作为重点。我们强调,加强辅导员队伍长效机制建设,是面向所有高校的一个总的要求。做到这一点,对一些部属院校、"211院校"来说,并不是太难。一般来说,这类院校层次高、基础好,只要认识到位,辅导员队伍长效机制建设不是问题。加强辅导员队伍长效机制建设的重点、难点是省、市所属的一些地方高校,尤其是高职高专院校。大家都承认的一个事实是,我国的高等教育已经实现了大众化。可是再深入思考就会发现,大众化的高等教育的"底盘"很大程度上是由高职高专院校铺垫的。这类院校有的是伴随着高等教育大众化的浪潮新建的,即从零开始,从无到有;有的由原来的几百人、上千人发展到现在的几千甚至上万人的规模。这类院校的一个共同特点是,虽然学校的规模扩大了,学校的思想政治教育也有所加强,但是与加强和改进大学生思想政治教育工作的总的要求相比还存在较大的差距。从某种意义上说,加强辅导员队伍长效机制建设的任务完成得如何,主要还是看这类院校的工作完成得如何。这类院校都能解决好这个问题,其他院校就没有理由解决不好这个问题了。这类院校有的坐落在经济不发达地区,若是没有强有力的督导检查,辅导员队伍长效机制建设的难度就会很大,这类院校虽然只占全国高校的一部分,但是部分影响整体,这类高校的辅导员队伍长效机制建设搞不好,会影响到全局。

显然,以国家的名义进行的督查是不可能"一竿子插到底"的,这个责任必须由各省教育行政部门担负起来。国家可以通过重点督查各省教育行政部门的办法来推进各省教育行政部门和其管辖区域内的高校的辅导员队伍长效机制建设。这种督查十分有必要。打个比方,如果将国家教育行政主管部门比作人的大脑,各省教育行政主管部门就相当于人的腰部,各高校特别是上面提到的高职高专类院校就相当于人的脚。大脑是各种信息指令的发送机关,腰部是各种信息指令的中枢传导系统,脚是各种信息指令的接受系统。大脑的信息指令能否传送到脚,脚接收信息指令的多少,完全取决于腰部功能的发挥。腰部功能发挥得好,脚接收的信息指令就多、就强。国家对各省教育行政部门的督导检查有多种方式:组织督导检查组互检;由各省教育行政部门自检,然后将自检报告报送教育部;还可以实行"抽检"。国家教育行政部门每年做一份各省加强辅导员队伍长效机制建设督导检查报告,并将此报告通报各省教育行政部门。这样做不仅可以使各省教育行政部门学到其他省区的好的经验,而且有利于省级教育行政部门向省委、省政府汇报有关情况,以引起省委、省政府的高度重视,进而督促高校结合本地区的实际,切实加强辅导员队伍长效机制建设。

### 三、完善职称评聘制度

最近几年,辅导员队伍有很大的发展。形成这样一个喜人的局面的原因是多方面的,把辅导员列入教师行列并且给他们评聘职称就是一个重要原因。20世纪80年代,当时大多数高校的辅导员不是教师身份,自然"享受"不到评聘教师职称的政策。辅导员不仅是教师,要通过课堂主渠道对学生进行思想政治教育;辅导员也是人师,要通过人格的力量引领学生的成长。因此,不给辅导员评聘教师职称是没有道理的。许多辅导员说,明确辅导员的教师身份,给辅导员评聘教师职称,是他们乐于从事辅导员工作的一个直接的动因。

"名不正,言不顺。"有了教师的身份,辅导员们就吃上了"定心丸",他们再也不用为"出路"犯愁了。在大学当教授是辅导员们梦寐以求的事情。国家把辅导员列为教师编制,给他们评聘教师系列职称,是加强辅导队伍长效机制建设的明智之举、战略之举、兴旺之举。在职称杠杆的引导下,辅导员队伍长效机制建设一定会得到有力的推进。然而,在贯彻国家对辅导员评聘职称的规定方面,一些省份和高校至今还没有明确的落实意见,辅导员评聘职称还做不到"指标单列、条件单列、评审单列"。这严重影响了辅导员的工作积极性,使许多辅导员安不下心来,他们时时为今后的前途担忧。这样下去,怎能不影响辅导员队伍长效机制建设呢?因此,各地教育行政部门和各高校必须按照国家的要求,明确辅导员的教师身份,对辅导员评聘职称实行"三单"的做法。有的同志问,为什么偏偏对辅导员实行"三单"呢?这里简单地回答一下这个问题。所谓"指标单列",就是要求高校在评聘职称时按照一定的比例为辅导员单独划出名额。工作中可以发现,有的高校也不是不给辅导员评聘职称,而是每年评聘职称时,"借口"指标紧张,不给辅导员系列名额,这与不给辅导员评聘职称没有什么本质的区别。辅导员评聘职称怎么会没有名额呢?按照我们的算法,辅导员是有指标的,辅导员与学生的比为1∶200,在一所万人规模的大学里,应当有50名专职辅导员。如果按照20%的比例设教授岗位(许多高校其他教师系列的教授岗位数已远远高于这个数),50名辅导员应有10个教授名额;按照40%的比例设副教授岗位(许多高校其他教师系列的副教授岗位也高于这个比例),50名辅导员应有20个副教授的名额。

从目前的情况看,辅导员评聘职称还是"新鲜事物",所以,与其他专业的教师比,具有高级职称的辅导员仍旧偏低。打个比方,其他专业具有副高级以上职称的教师如果有一整筐,那么,具有副高级以上职称的辅导员充其量只盖过筐底。许多高校其他教师系列的教授、副教授的比例已经远远超过教师数的20%和40%,那为什么每年评聘职称时照样有名额呢?一些高校的辅导员队伍建设得较晚,辅导员队伍相对比较年轻,这些高校或许会出现没有辅导员达到教授、副教授条件的情况,但绝不应当出现没有名额的情况。因此,给不给辅导员评聘职称,问题不是出在名额上,而是出在认识上。各高校在评聘职称的时候,对辅导员系列应当本着够一个评一个的原则,多搞"雪中送炭",而不应"挤占"辅导员的名额对其他专业教师搞"锦上添花"。辅导员也是教师,是学校教师队伍中的重要组成部分。高校应当像重视其他专业教师队伍一样重视辅导员队伍,像重视其他专业教师的发展一样重视辅导员的发展。

特别是在目前的情况下,辅导员队伍尚处在发展建设时期,辅导员评聘职称的制度还不完善,高校更需要从关心、爱护这支队伍的角度出发,在对辅导员评聘职称时,从政策上予以适当的倾斜。这对辅导员来说是一种极大的鼓舞和鞭策,会极大地提高辅导员的工作热情,推进辅导员队伍长效机制建设。所谓"单独条件",指的是各学科、各专业都有不同的学术范畴,应当有不同的学术标准和职称评聘条件。为什么从事音乐、美术教学的教师评聘职称的条件与从事其他人文哲学社会科学(如历史、哲学、经济学)教学的教师的条件可以有所不同?原因在于,对从事音乐、美术教学的教师的学术水平的评价,不仅看他发表了多少篇论文,而且要看他完成的艺术作品的质量。同样的道理,辅导员教师的学术水平也不能仅仅通过其发表的论文来评价。

换句话说,辅导员教师的学术水平如何,在某种意义上说,是由其工作业绩来体现的。一个著作众多的辅导员管理的学生没有理想、没有道德、没有文化、没有纪律,他怎能有资格评聘德育教师职称呢?与上面曾提到的一个问题相同,许多高校不是不给辅导员评职称,而是没有从辅导员教师的专业特点出发,对辅导员教师的学术水平的评价缺乏科学性。对辅导员职称的评聘过于强调论文的做法,直接导致辅导员不能把工作的重心放在对学生的教育管理上。辅导员工作如果仅仅局限在"说理"的层面而远离"三贴近"的原则,那大学生思想政治教育工作怎能取得实效呢?我们清楚地知道辅导员教师的专业特点,他们既要通过课堂这个主渠道对大学生进行思想政治教育,同时还要通过"第二课堂"加强对大学生的思想政治教育。

因此,评价辅导员的学术水平,一方面要看他们撰写的学术论文的质量,更要看他们工作的实际效果。事实上,许多大学在评聘职称时,从事音乐、美术这类专业教学的教师的学术水平的评价标准与从事哲学、经济学、法学等人文哲学社会科学教学的教师的学术水平的评价标准是有区别的,前者要求的论文数量要少于后者。这里所考虑的不正是从事音乐、美术这类专业教学的教师与从事哲学、经济学、法学等人文哲学社会科学专业教学的教师有不同的专业教学特点吗?从事音乐、美术这类专业教学的教师的学术评价标准可以"单列",辅导员教师的学术水平的评价标准同样可以"单列"。这样做,并不是要给辅导员特别的"照顾"。从"一票否决制"的角度看,学术论文只是一个基本条件,工作业绩则是必备条件;前者可以"弱些",而后者必须要强。众所周知,职称评聘条件是重要的"杠杆"。支点放在哪,力的重心就在哪。如果没有学术要求,辅导员会整天陷于事务处理当中;如果过于强调学术研究,又会导致理论脱离实际。

从目前一些省份已经出台的关于辅导员评聘职称的条件看,基本上还是以科研为重心,这不利于辅导员工作长效机制建设。给辅导员评聘教师职称是好事,但好事要办好。要切实从辅导员教师的专业特点出发,制定科学合理的辅导员职称评聘条件,以充分发挥给辅导员评聘职称这个"杠杆"在推进辅导员工作长效机制建设中的作用。

所谓"单独评审",是指辅导员评职称时应成立单独的学科评审组。教育部颁布的《普通高等学校辅导员队伍建设规定》要求,高等学校应当成立专职辅导员专业技术职务聘任委员会,具体负责本校专职辅导员专业技术职务聘任工作。高等学校专职辅导员专业技术职务聘任委员会一般应由有关校领导、学生工作、组织、人事、教学、科研部门负责人等相关人员,以及思想政治理论课教学科研部的负责人,或从事马克思主义理论课教学的专家学者组成。

为什么要单独成立评审组?这也是从辅导员教师的专业特点来考虑的。从大的学术范畴讲,辅导员是高等院校中从事人文哲学社会科学教学的研究人员,他们的工作重点是帮助大学生树立正确的世界观、人生观、价值观。他们的教学成果的最终检验是看大学生们是否按照辅导员的教育引导树立正确的世界观、人生观、价值观。虽然这项工作不是由辅导员单独完成的,但是,由于辅导员是专门从事大学生思想政治教育工作的人,因此对辅导员工作效果的评价,应当主要看辅导员所做的大学生思想政治教育工作的效果,而要想评价得准确,就必须确保评价方法正确。

对辅导员专业技术职务聘任工作采取"单独评审"的办法,为正确评价辅导员的工作效果提供了基本保证。原因很简单,术业有专攻。要想正确地评价辅导员的工作效果,熟悉辅导员工作的职业特点是重要前提。从实践来看,一些高校不是不给辅导员评聘职称,而是把辅导员纳入由所有人文哲学社会科学学科组成的评审组一起来评。由于对辅导员工作的职业特点缺乏了解,评委们只好采取"简单化"的评审办法:发表过几篇论文;都在什么刊物上发表的;获得过何种级别的科研奖励;年平均教学时长是多少等。与从事其他人文哲学社会科学教学的教师相比,用这些"统一"的条件来评聘职称的辅导员显然处于"劣势"。因此,从当前的实际来看,给辅导员评聘职称,即便指标和条件单列了,如果不单独评审,辅导员想评上高级职称的难度也很大。这同样会使辅导员对未来担忧,同样会影响辅导员工作长效机制建设。因此,省级教育行政部门有必要成立"单独评审"委员会。道理与上面谈到的学校应成立单独评审组差不多。

我们在工作中发现,一些由学校单独评审通过的辅导员报到省级评委会复审时却被否定了。这里有学校评审时对辅导员评聘职称条件掌握的尺度问题,但主要原因是学校对辅导员评聘职称的认识,对评价辅导员职业的学术标准有偏差。省级教育行政部门成立的辅导员职称评聘委员会,主要负责审核各学校报送的辅导员评职材料。评委会成员由省内从事大学生思想政治教育的专家组成。虽然每次评审都有不符合条件的人被评委会否定,但这种评审保证了符合条件的一定能评得上。这些年,辅导员们的工作积极性有了很大的提高,辅导员队伍长效机制建设有了很好的发展,这种局面的出现与辅导员单独评聘职称有直接的关系。

# 结 束 语

高校的辅导员队伍一直是高校思想政治教育工作的前沿部队与主力军。但辅导员队伍不稳定、晋升难等问题一直是高校普遍存在的共性问题。本书从优化工作地位、创新管理体制、建立培养机制、完善激励机制和提供科研平台六个方面来构建高校辅导员队伍建设长效机制，并通过保障措施确保长效机制的可持续运行。随着社会的发展、时代的进步，当代高校大学生出现了就业难、心理问题多等诸多新情况，这对高校辅导员队伍建设提出了更高的要求。而如何提高辅导员队伍工作水平，创新辅导员队伍管理机制体制，从而扎实地做好高校各项思想政治教育工作，已经成为当前高校乃至整个社会共同关注的问题。高校辅导员队伍长效机制建设与辅导员自身的发展息息相关，也直接影响到高校思想政治教育工作的实效。笔者基于高校辅导员建设存在的问题，提出构建辅导员队伍建设长效机制的举措，并通过保障措施保证长效机制的有效运行。

**一、辅导员工作的现状**

辅导员在大学生思想政治教育工作的第一线，承担着多项学生工作任务，包括学生的日常管理、心理辅导、就业服务等。辅导员队伍综合素质的高低直接影响到思想政治教育工作的成效。当前国内很多高校的辅导员队伍建设依然存在一些共性问题，主要有以下几点。①人员数量不足。教育部要求高校的专职辅导员与学生数量比必须达到1∶200。但在实际中，辅导员人数与学生的比例并未达到规定的数字。有的高校为达到此比例把班主任、兼职辅导员等也纳入专职辅导员队伍，导致很多工作的开展达不到预期的效果。②身兼数职。辅导员除了要处理学生事务，还要处理很多学院内部事务。很多高校的辅导员不仅是政治辅导员，还是党务专干、校友专干、就业专干、心理咨询师、创业指导师等。辅导员花费过多精力去处理繁杂的日常事务，无法找到自己的角色定位，这严重影响了高校思想政治教育工作的正常、有序开展。③素质有待提高。高校辅导员不但要有过硬的政治素质，还需具备相关的专业知识，包括心理学、教育学等方面的知识。但在实际工作中，很多辅导员不具备相关专业知识,工作中缺乏专业理论的指导,在心理辅导、就业指导方面也缺乏经验,这与辅导员工作的专职化要求有一定差距。④队伍不稳定。这是当前很多高校存在的一个共性问题。因为辅导员在工资待遇、自身发展等方面与其他教师有较大的差距,因此,部分辅导员对这一职业的发展前景不看好。甚至有些辅导员把从事该工作作为权宜之计、作为将来转到教学或科研工作岗位的跳板,没有牢固树立做好本职工作的事业心。⑤考核方式滞后。很多高校对辅导员的考核缺乏科学性、公平性。对辅导员工作绩效量化模糊,职称评审不合理,这些都直接影响辅导员的职业发展。有些高校将学校发生的一些重大问题与辅导员的考核直接挂钩,甚至采取"一票否决制",否定辅导员的所有工作成绩。这在很大程度上影响了辅导员的工作积极性。

**二、建立长效机制的原因**

要解决当前高校辅导员队伍建设中存在的这些问题,高校就要构建科学、系统的长效机制。只有这样,高校辅导员队伍才能得到长远的发展。高校可以从工作地位、管理体制、培养机制、激励机制、科研平台五个方面进行构建。

1. 优化工作地位。改变对辅导员工作的认识,让辅导员从事的工作内容和辅导员的工作职责相匹配,避免辅导员长期被繁重的日常事务包围,让他们有足够的时间和精力完成自己的本职工作;提高大学生思想政治教育工作的地位,优化辅导员的工作职责,保证辅导员队伍的专职化。

2. 创新管理体制。在管理体制上对辅导员队伍进行改革创新。首先,在辅导员的选拔和引进方面,高校应尽可能地引进思想政治教育及相关专业的本科或以上学历的毕业生,保证辅导员队伍的专业化。其次,引入竞争机制,不同年限、不同工作表现的辅导员在工资待遇和职称、职务晋级上要体现差别,形成良性竞争。

3. 建立培养机制。人才需要持续不断的培养,良好的培养机制是辅导员提高工作能力和综合素质的前提,也是高校思想政治教育工作向前发展的基础。高校要构建合理的培训体系,对新入职的辅导员和在岗工作达一定年限的辅导员设置不同的培训内容。新入职的辅导员应注重政治素养的提升和基本业务技能的掌握;对于有一定工作年限的辅导员,则要帮助他们进一步提升相关技能,使之成为某一领域的业务精英。

4. 完善激励机制。保证辅导员的工作积极性才能保证高校思想政治教育工作的效果。高校应通过考核奖励、职称评聘等措施,完善辅导员工作的激励机制。首先,健全辅导员各工作模块的相关考核制度,营造良好的工作氛围,使辅导员感受到工作的压力,产生工作的动力。其次,把辅导员作为高校行政管理干部的主要来源,将政治素质高、工作成绩突出的优秀辅导员提拔到党政领导岗位,多层次、多角度地为辅导员的职业发展拓宽道路。

5. 提供科研支持。辅导员要把思想政治教育的工作实践与理论创新相结合,逐步向高水平发展,成为就业指导、心理咨询、职业规划等相关领域的专家。首先,高校应积极鼓励和支持辅导员结合自身工作开展研究,为辅导员创造良好的实践环境,以帮助辅导员更好地进行相关工作的理论研究;其次,高校可以设立大学生思想政治教育专项课题,并进行专项资助,利用课题研究成果指导大学生思想政治教育工作的有效开展。

**三、影响高校辅导员队伍长效机制实施的因素**

高校辅导员队伍长效机制的实施受到各方面因素的影响与制约,需引入相关的保障机制来保驾护航,才能保证其有效实施。

1. 领导体制保障。领导体制保障对辅导员队伍建设至关重要,领导需高度重视思想政治教育工作,为辅导员队伍建设给予政策支持和经费保障。同时,这也有利于保障各个系统的良好运行,有利于确保辅导员队伍建设的各项机制得到落实。

2. 监督体制保障。教育主管部门要把对高校辅导员队伍建设的各项监督、检查纳入高校的常态管理和考核评比中,对辅导员队伍建设合格的学校给予荣誉和奖励;对辅导员队伍建设不达标的高校,制定具体的措施进行管理和处罚。

3. 联动作用保障。当前很多辅导员的工作方式和方法比较单一,交流的平台和机会比较少。各高校可以通过建立辅导员行业协会,开设辅导员工作论坛等形式和其他教育群体进行联动,互相交流与切磋,从而不断提高辅导员队伍工作的科学性和创新性,提高高校思想政治教育工作的实效。

4. 宣传作用保障。加强对高校辅导员工作的宣传力度,重点宣传优秀辅导员的先进事迹,让人们更了解辅导员和辅导员工作,引导人们尊重一线的辅导员,这样才能提高辅导员的社会地位及社会影响力,才能为辅导员队伍建设营造良好的社会氛围,从而形成全员参与、齐抓共管的思想政治教育工作新格局。

作为高校思想政治教育的主力部队,辅导员既是教师也是干部,应该在待遇、发展、培养等方面得到足够的重视,应该获得切合自身工作成绩的地位。高校应培养他们对辅导员工作的感情,让他们在思想政治教育工作中确立自己的职业目标、职业规划,充分调动他们的工作积极性,让他们发自内心地热爱这个神圣的职业。

## 高校辅导员誓词

我志愿成为一名高校辅导员,
拥护党的领导,献身教育事业,
恪守职业规范,提升专业素养,
情系学生成长,做好良师益友。
为培养社会主义合格建设者和可靠接班人而努力奋斗!

# 参 考 文 献

[1] 陈立民. 高校辅导员理论与实务[M]. 北京:中国言实出版社,2006.

[2] 高杨,韩家清. 高校辅导员100系列丛书:高校辅导员"微"心语100篇[M]. 桂林:广西师范大学出版社,2014.

[3] 郭春雷,马富春,王娜. 高校辅导员工作手册[M]. 石家庄:河北人民出版社,2015.

[4] 江沈红. 高校辅导员教师身份内涵及身份实现路径研究[M]. 武汉:武汉大学出版社,2016.

[5] 张纳. 大学生思想政治教育实践与探索[M]. 成都:电子科技大学出版社,2007.

[6] 刘志超. 建设学习型党组织高校辅导员读本[M]. 沈阳:辽宁大学出版社,2010.

[7] 史仁民. 高校辅导员专业发展论[M]. 北京:中央编译出版社,2018.

[8] 唐德斌. 职业化背景下高校辅导员的专业化发展[M]. 成都:四川人民出版社,2013.

[9] 滕云. 高校辅导员职业化研究[M]. 上海:上海交通大学出版社,2013.

[10] 张世泽. 高校辅导员工作指南[M]. 沈阳:东北大学出版社,2013.

[11] 赵海丰. 高校辅导员制度的演进与发展趋势研究[D]. 沈阳:辽宁大学,2014.